新概念教材：换代型系列

高等院校本科市场营销专业教材新系

中国高等院校市场学研究会组编

REGIONAL AND
INTERNATIONAL
MARKETING ANALYSIS

区域与国别市场营销分析

刘苍劲 等 编著

东北财经大学出版社
Dongbei University of Finance & Economics Press

大连

图书在版编目（CIP）数据

区域与国别市场营销分析 / 刘苍劲等编著. —大连：东北财经大学出版社，2018.4
（高等院校本科市场营销专业教材新系）
ISBN 978-7-5654-3113-5

Ⅰ．区… Ⅱ．刘… Ⅲ．国际营销-高等学校-教材 Ⅳ．F740.2

中国版本图书馆CIP数据核字（2018）第042195号

东北财经大学出版社出版
（大连市黑石礁尖山街217号　邮政编码　116025）
网　　　址：http://www.dufep.cn
读者信箱：dufep@dufe.edu.cn
大连图腾彩色印刷有限公司印刷　东北财经大学出版社发行
幅面尺寸：185mm×260mm　字数：334千字　印张：15　插页：1
2018年4月第1版　　　　2018年4月第1次印刷
责任编辑：石真珍　　责任校对：孙晓梅　孙冰洁　周　晗
封面设计：冀贵收　　版式设计：钟福建

定价：35.00元

前　言

　　1995年7月，受邓小平"南方谈话"的影响，怀着总想去看看外面的"世界"的美好愿望，我离开生活了30多年的美丽山城重庆，举家南迁，以引进人才的身份正式调到广东工作。从1999年开始，我在广东财经大学先后担任人文社会科学系主任、人文与传播学院院长、政治与教育学院院长。在市场经济高度发达、高校数量超过100所、人才济济的改革开放前沿之地，凭着自己的勤奋和努力，应该说我还算小有成就，30出头就评上教授，被广东省教育厅授予"教学名师"称号，又被广东省委教育工委派到教育系统的黄埔军校——国家教育行政学院——中青年干部班学习。按正常人的思路，我就这样"干"下去，混个一官半职直到退休应该没问题。但我在工作之余常思念家乡重庆的两江山水，疲惫之后常想起家乡重庆的毛肚火锅，假日闲时常思念养育我的父母亲人。

　　2003年年底，重庆工商大学正处于飞速发展时期，时任校长王崇举教授带领考察团到广东引进人才，我在第一时间毫不犹豫地决定，我要回重庆，回家乡，回到我熟悉的地方工作，在家乡的土地上教书育人，这样我才更有主人翁的感觉，我才更能体现我的价值。于是，我不计较名利，不计较条件，在老校长王崇举教授的人格感召下，于2004年4月又以引进人才的身份从广东回到了重庆，进入了重庆工商大学。老校长王崇举教授可能考虑到我是从广东沿海地区回来的，而且又担任过广东财经大学人文与传播学院院长，还是广州市委书记亲聘的广州市社会经济发展研究中心研究员，于是他在百忙之中在他当时简陋的办公室和我认真地谈了一次话。他决定不安排我进入我的原有专业——马克思主义理论与思想政治教育——所在的马克思主义学院工作，而是果断地安排我到商务策划学院工作。商务策划学院的专业主要是市场营销、商务策划。于是，我从2004年5月开始进入一个全新的学科领域。从2004年至今（2017年），我甘于寂寞，不求有功，但求无过，坚持有所为、有所不为，淡泊名利，在重庆工商大学这片充满朝气和奋发向上的热土上默默耕耘，承担了"市场营销""区域与国别市场营销分析""商务策划""商业模式"等多门核心课程的教学工作，而且始终以教书育人为己任，为事业终身努力。我始终坚持认为，一名大学教授终身的自豪感和荣誉感来自认真教书、教好书，使自己能够真正成为学生内心认可和欢迎的老师。2006年11月，我申报并获教育部批准的普通高等教育"十一五"国家级规划教材《国际市场营销》由东北财经大学出版社出版，该书多次再版，已经连续印刷10多次。2015年10月，我申报并获教育部批准的普遍高等教育"十二五"国家级规划教材《国际市场营销——理论、实务、案例、实训》由高等教育出版社出版。这本《区域与国别市场营销分析》，是我带着我的市场营销专业前后4届研究生，在我给本科生开设"区域与国别市场营销分析"课程讲稿的基础上，历时4年，几易其稿，共同完成的。

目前，国内开设市场营销专业的高校中，有很多把"区域与国别市场营销分析"作为专业细分课程，重庆工商大学商务策划学院早在2009年就开设了这门课程。随着中国经济的全方位开放，大量的企业走出去拓展海外市场，特别是2012年中共十八大召开后，习近平总书记提出"一带一路"的重大倡议，鼓励和要求中国企业勇敢地走向世界，在更大的国际舞台上为发展中国经济争取更大的市场份额和更大的发展空间。中国企业要走向海外，就必须了解目标国家和地区的基本情况，包括人口、地理、法律、宗教、贸易规则、营销程序、经济状况和消费结构等；否则，中国企业的海外市场营销只能是向失败"交学费"。道听途说，终归无法实现海外市场的拓展。这就是我们写作本书的重大现实意义和价值所在。作为一本专业性的教材，本书为大学的"区域与国别市场营销分析"课程提出了基本框架，为即将拓展海外市场的企业营销人员提供参考。

与同类书相比，本书有以下几个特点：一是全面介绍国际主要市场及国际组织管辖范围内的国家和地区的土地面积、人口、民族、经济状况、法律体系等，便于读者从客观上全面了解相关国家和地区的市场概况；二是结合我们到这些国家实地参观、考察和调研的体会，提出一系列市场分析观点和思路，这对于读者从事国际市场分析和学习相关课程有一定的参考价值；三是本书设置了一些二维码链接，内容包括与教材主要内容相关的拓展知识和案例，读者使用手机扫描二维码即可阅读。

本书体系由笔者设计，受学术水平和资料所限，书中的错漏之处肯定不少，敬请读者批评指正，待以后再版时修正。在写作过程中，编者参阅了众多专家学者的研究成果，受本书篇幅所限，未及在书后参考文献中一一注明，在此谨表谢意！

刘苍劲

2018年1月于重庆工商大学

目　录

第 1 章

国际区域市场的基本理论

学习目标 ◉

通过本章学习，你应该达到以下目标：

知识目标：了解国际区域市场的基本概念，理解国际区域市场的成因及类型。

技能目标：能辨析地区性合作集团、自由贸易区、完全海关联盟、共同市场、货币联盟间的差异，能确认具体的区域市场属于何种模式。

能力目标：能分析各个区域市场的形成过程及因素，把握其特点，预测其趋势。

1.1 国际区域市场的概念

国际区域市场，又称为多国集团市场，是由若干个国家或地区，出于一定的目的，通过协议的形式，结成一定紧密程度的、以一定形式存在的国际区域经济联合体而形成的国际市场。第二次世界大战（以下简称二战）后国际区域市场日益流行，早先以欧洲经济共同体为代表，之后一系列国际区域市场相继产生。

1.1.1 国际区域市场的成因

国际区域市场已经成为当今世界市场发展的一大趋势。国际区域市场的产生和流行，大大改变了整个世界市场的格局，世界市场一体化与区域化两大趋势并存是当今世界经济的一大特点。

国际市场区域化的根本原因是，国际经济发展要求市场不断扩大和贸易保护主义这两者之间的矛盾运动。随着科学技术的飞速发展，社会经济随之快速发展。社会经济的发展必然导致经济规模扩大，经济联系日益广泛，与此相适应，需要一个扩大的国际市场。从理论上说，一个统一的全球市场，即世界市场是适应社会经济发展的必然要求。但是，各个国家出于自身利益的考虑，均倾向于让别的国家或地区向自己开放市场，而自己的市场则尽可能保持封闭。问题在于国际经济交往总是双向的，这种想法在当今世界很难实现。这一对矛盾运动的结果是，某些具有共同利益或共同语言的国家或地区，通过谈判，结成联合体，互相之间开放市场，并进行一定程度的协作。由于国际区域市场比国别市场在规模上要大得多，且在区域市场内部实行一定程度的市场开放，从而能在一定程度上适应市场扩大的需要；同时，由于国际区域市场的开放市场和优惠条件仅限在区域内部，因而能在一定程度上实现保护自身利益的目的。

除了上述根本原因之外，还有以下几方面的因素影响和决定国际区域市场的形成和发展：

1）经济因素

一般而言，国际区域市场的成员之间，在经济上总有一定的互补性，而且具有一定的经济规模。任何一个国家或地区，之所以与其他国家或地区结成联合体，就是想在经济上有所获益。只有在经济上具有互补性，才会在经济交往中相互得益，而经济规模则是经济发展和交换扩大的前提条件。比如，北美自由贸易区的成员方美国、加拿大和墨西哥之间，既有较强的经济互补性，又使市场规模得以扩大。

2）政治因素

政治是经济的集中表现，一些国家或地区结成经济联合体，与政治总是有着种种关系。显然，敌对国家或地区之间是难以结成经济联盟的，经济集团的建立本身说明成员方之间在政治上有一定的关系。当然，有些多国集团的成立，本身就具有较强的政治色彩。例如，欧洲共同市场和东南亚国家联盟的成立带有较强的政治色彩，这是众所周知的事实。

3）地理因素

从已经建立的国际区域市场来看，其成员均在地理上相邻或相近，具有一定的地缘关系。经济联系，市场交往，无非是人流、物流、信息流和资金流等的沟通与交换，在地理上相邻或相近，往往有利于沟通的实现，体现效率优势和成本优势。

4）社会文化因素

社会文化的联系与亲和是经济联系的润滑剂和纽带。一般而言，结成联合体的国家或地区，往往具有某种相近的文化背景，或者是在文化上比较容易融合与交流。

1.1.2　国际区域市场的类型

1）地区性合作集团

地区性合作集团，也称为区域合作开发组织，由几个国家或地区的政府协商同意联合参加某些对经济发展有益的基础工业项目，开展某些经济合作，以促进经济的发展。地区性合作集团是一种联合程度较低的多国合作组织，并没有消除或降低关税，仅属于由参加各方的政府共同提供资金，购买一定量的商品，推动新的联合组织的发展。

2）自由贸易区

自由贸易区，是由签订自由贸易协定的国家或地区组成的区域贸易组织或多国集团。集团各成员方之间消除贸易限制，商品和劳务可以自由流动，但成员方的经济政策以及对第三国的关税政策独立。显然，自由贸易区比地区性合作集团在市场开放和联合程度上均有较大提高。

3）完全海关联盟

完全海关联盟，是多边贸易组织或多国集团的一种形式，除了商品、劳务可以自由流动外，成员方设置共同的对外关税。完全海关联盟在自由贸易区的基础上有了更进一步的协作，即共同协调对第三国的关税。

4）共同市场

共同市场，是多边贸易组织或多国集团的一种形式，成员方中的商品、劳务和各种资源自由流动，并协调相互之间的国际国内经济政策，汇率相对稳定。共同市场是一种联合程度较高的多国集团，在共同市场内，各国通常有着协调的税收政策、社会福利体系，劳动力和资本也可以自由流动。此外，尽管成员方仍有自己的货币，但汇率通常是固定的，或只允许有小幅度的浮动。所以，共同市场的真正建成，意味着一个相对统一的经济体的形成。

5）货币联盟

货币联盟，是多边贸易组织或多国集团的一种形式，在共同市场的基础上，成员方之间进一步统一货币。显然，一旦货币联盟建成，即形成一个高度统一的经济联合体，它同一个统一的国家的差别仅在于政治上是否结盟。

1.2 国家分类

根据联合国的数据，截止到 2016 年，世界共有 249 个国家和地区，其中发达国家和地区 29 个，发展中国家和地区 156 个。

近年来，随着国际形势的发展，国际上使用的国家分类及名称出现了一些变化，突出地表现在以下 3 个方面：

一是由于发展不平衡，发展中国家和地区在分化，出现若干个不同的层次，个别国家经济发展水平提高，已进入发达国家行列；

二是由于冷战结束、苏联和南斯拉夫解体，以及东欧国家发生政治剧变，"东方国家"概念不复存在，出现"转轨国家"的新概念；

三是随着经济全球化的进展，不少发展中国家和转轨国家建立市场经济体制，除商品市场外，金融市场也在发展和开放，成为发达国家重点开拓的"新兴市场"。

发达国家通常指生产力水平高度发达、市场经济相当完善的一些西方国家；由于其工业化程度极高，因而又称其为工业发达国家。

这类国家具有两个特征：一是经济发展水平极高，国民生活相对富裕。这类国家一般都比较早地实现了工业化，科学与技术发达，并且在国民经济各部门中得到广泛应用，生产自动化与劳动生产率都居于先进水平。二是生产的全球化得到较快发展。伴随着跨国公司的发展，发达国家的生产已经超越了本国的领域而向世界各地延伸，本国的对外贸易、对外投资在国民生产总值中所占比重较高，同全球各种类型的国家和地区有着密切的经济贸易联系。

一般而言，人们往往将经济合作与发展组织（OECD）的成员方同发达国家画等号。经济合作与发展组织成立于 1961 年，到 1973 年拥有 24 个成员方，包括欧洲的奥地利、比利时、丹麦、法国、德国、希腊、冰岛、爱尔兰、意大利、卢森堡、荷兰、挪威、葡萄牙、瑞典、瑞士、芬兰、英国和西班牙，亚洲的日本、土耳其，北美洲的美国、加拿大，大洋洲的澳大利亚、新西兰。1994 年到 2000 年，经济合作与发展组织又增加了 6 名新成员：墨西哥（1994 年）、捷克（1995 年）、匈牙利（1996 年）、波兰（1996年）、韩国（1996年）和斯洛伐克（2000年）。2010年5月7日，智利正式加入经济合作与发展组织，成为该组织第31个成员方，也是第一个加入该组织的南美洲国家。2010年7月21日，斯洛文尼亚成为该组织成员方。2010年9月7日，以色列成为该组织成员方，它是第一个加入该组织的中东地区国家。2010年12月9日，爱沙尼亚加入经济合作与发展组织。2016年7月1日，拉脱维亚正式加入经济合作与发展组织，成为其第35个成员方。但这35个国家是否都属于发达国家，国际社会尚存争议。这35个国家的人口不到世界总人口的20%，但为全世界提供了超过60%的商品和服务。

发展中国家主要分布在亚非拉地区，经济上落后于发达国家。发展中国家与第三世界国家所涵盖的范围是基本相同的，所不同的是，前者属于经济概念，而后者属于政治概念。从经济的角度观察，发展中国家具有两个特征：一是正在发展生产力；二是正在发展市场经济。国际组织尚未对发展中国家做出定义，但在实践中可能需要对"发展中国家"进行认定，通常的做法是将人均国民收入或国内生产总值作为衡量的主要参数。这一方法尽管简单易行，但并不总是适用的，在许多场合可能还需要结合其他指标进行判断。

根据联合国的标准，156个发展中国家和地区可以分为三类：低收入经济体（2010年平均收入在1 005美元以下）；中低收入经济体（2010年平均收入为1 006~3 975美元）；中高收入经济体（2010年平均收入为3 976~12 275美元）。根据联合国的标准，截至2015年，全世界经联合国批准的最不发达国家已经有44个。其中，亚洲9国，非洲31国，大洋洲3国，北美洲1国。一些石油输出国，如阿拉伯联合酋长国（简称阿联酋）和科威特等，它们的人均国民收入在世界上名列前茅，但它们缺乏广大的工业基地，一般被当作发展中国家，而不是发达国家。

此外，按主要出口种类国家和地区分类（即全部出口额的50%以上均来自该种出口品），发展中国家和地区还可分为：制成品出口国和地区、非燃料初级产品出口国和地区、燃料（主要是石油）出口国和地区、劳务出口国和地区、综合出口国和地区（即没有一种出口品占到出口总额的50%以上）。据世界银行分类标准，中国已属于中等收入国家，属于制成品出口的发展中国家，2015年人均国民收入为7 930美元。

在世界贸易组织的许多协议中都有"发展中成员"的提法，还有专门为"发展中成员"制定的条款。世界贸易组织中的发展中成员基本上可分为三大类：第一类是最不发达国家和地区（以联合国认定为依据），按联合国的现行标准，截至2015年，这样的国家有44个，它们三年人均国内生产总值都小于900美元，其中28个是世界贸易组织成员。第二类是年人均国内生产总值低于1 000美元的国家，世界贸易组织曾列举过这类国家，主要指玻利维亚、喀麦隆、埃及、加纳、印度、印度尼西亚、肯尼亚、摩洛哥、尼加拉瓜、尼日利亚、巴基斯坦、菲律宾、塞内加尔、斯里兰卡和津巴布韦等。第三类是"其他发展中成员"，即不属于上述两类的发展中国家。但是，世界贸易组织没对这类成员，也没对"发达成员"规定判断标准。这会给一些协定、协议的执行带来不确定因素。

新兴工业化经济体（又称半工业化、半发达国家和地区）是指一些已基本完成工业化任务、经济结构较合理、发展水平已接近或已赶上发达国家的发展中国家和地区，主要包括新加坡、韩国、中国香港特别行政区和中国台湾省。它们都属于高收入国家和地区，其中新加坡和中国香港2016年人均GDP分别为52 962美元和43 649美元。一些国际机构把马来西亚、巴西、智利、阿根廷、墨西哥等也列入新兴工业化经济体。

"新兴大市场"概念的明确提出始于美国商务部1994年公布的《国家出口促进战略》报告。该报告确定一些国家和地区为美国出口和投资的重点，共有10个主要大市场：中国经济区（含中国内地、香港、澳门和台湾）、印度、东盟、韩国、墨西哥、巴西、阿根廷、南非、波兰和土耳其。

近20年来，新兴市场国家、地区的经济快速增长。包括新兴市场国家在内的发展中国家的经济增长水平明显高于世界平均水平，主要就是由于新兴市场的快速增长。例如，在这20年（1997—2016年）内，中国国内生产总值的平均增长率为8.92%，印度为6.97%。

1.3 国际市场区域化的发展特点

1）国际市场区域化具有加速的趋势

近几十年来，国际区域市场的发展非常迅速。从20世纪50年代的欧共体和欧洲自由贸易联盟等，20世纪60年代的东南亚国家联盟、安第斯集团等，20世纪70年代的西非国家经济共同体等，20年代80年代的北美自由贸易区、亚太经合组织等，到20世纪90年代的三国集团、南方共同市场、东南非共同市场等，区域市场的数量不断增加。至今，世界上绝大多数国家或地区均加入某一或某几个国际区域市场。

2）国际区域市场有扩大的趋势

大多数区域市场的成员方不断增加，规模不断扩大。比如，由美国、加拿大和墨西哥组成的北美自由贸易区是在美、加自由贸易区基础上扩大组成的。其他如欧盟、亚太经合组织、东南亚国家联盟等区域市场的成员方均逐步增加。

3）国际区域市场具有一定程度的交叉性

不少区域市场相互交叉，你中有我，我中有你，一个国家或地区往往既是某一个区域市场的成员，又是另一个区域市场的成员。比如，墨西哥既是北美自贸区的成员，又是哥伦比亚、墨西哥和委内瑞拉等组成的三国集团的成员。

4）国际区域市场有高度化的趋势

所谓高度化，是指国际区域市场的模式由低层次到高层次演进，即从地区性合作集团梯次向自由贸易区、完全海关联盟、共同市场、货币联盟提升。比如东盟，成立之初属于地区性合作集团，后又向自由贸易区过渡；又如欧盟，已从共同市场向货币联盟过渡等。

5）经济因素日益成为主要的因素

在政治、经济、文化和地理等因素中，经济因素越来越成为不同国家或地区结成国际区域市场的主要因素。

本章小结 ✏

目前国际区域市场已经成为当今世界市场发展的一大趋势，国际区域市场的产生和流行，大大改变了整个世界市场的格局，世界市场一体化与区域化两大趋势并存是当今世界经济的一大特点。各个国家或企业应该根据本国或者目标市场国的经济、政治、文化情况，采取适当的方式进入国际区域市场，制定适当的营销组合策略。

思考题 👥

1.名词解释：

国际区域市场　地区性合作集团　自由贸易区　完全海关联盟　共同市场　货币联盟

2.国际区域市场的影响因素有哪些？

3.试区分完全海关联盟与货币联盟。

4.国际市场区域化的发展特点是什么？未来发展趋势如何？

资料链接：可用于区域与国别市场分析与研究的网址

第 2 章

欧盟国家市场营销分析

学习目标 ◉

通过本章学习，你应该达到以下目标：

知识目标：了解欧盟的发展史、组织机构及现状，理解欧盟的贸易政策。

技能目标：通过学习欧盟国家的贸易政策、营销环境，能够辨析欧盟国家市场的优劣。

能力目标：通过学习针对欧盟国家的市场营销方法，分析企业进入并开拓欧盟市场的途径，并对中欧关系的发展得出可借鉴的经验。

2.1 欧盟的形成与现状

2.1.1 欧盟概述

欧洲联盟（European Union，EU），简称欧盟，总部设在比利时首都布鲁塞尔，是由欧洲共同体（European Community，又称欧洲共同市场）发展而来的。它主要经历了三个阶段：荷卢比三国经济联盟、欧洲共同体、欧盟。

欧盟是一组国家在各自政府逐步转交主权的共同机构下，通过建立一个共同市场、经济与货币联盟和政治联盟，使成员方在平等互利的基础上结合成为区域经济和政治联盟。1991 年 12 月，欧洲共同体马斯特里赫特首脑会议通过《欧洲联盟条约》，通称《马斯特里赫特条约》（简称《马约》）。1993 年 11 月 1 日，《马约》正式生效，欧盟正式诞生。

欧盟现有 28 个成员方（包括英国①），人口 5.1 亿，总面积 438 万平方千米。2016 年欧盟 28 国 GDP 约为 16.4 万亿美元。

2.1.2 欧盟发展历程

1）欧盟形成的过程

欧洲的统一思潮存在已久，早在中世纪就已经出现，在第二次世界大战后进入高潮。

---

① 2017 年 3 月 16 日，英国女王伊丽莎白二世批准"脱欧"法案，授权英国首相特雷莎·梅正式启动脱欧程序。

1946年9月，英国首相丘吉尔曾提议建立"欧洲合众国"。

1950年5月9日，法国外长罗伯特·舒曼提出欧洲煤钢共同体计划（即舒曼计划），旨在约束联邦德国。

1951年4月18日，法国、联邦德国、意大利、荷兰、比利时和卢森堡6国在法国首都巴黎签署关于建立欧洲煤钢共同体的条约（又称《巴黎条约》），1952年7月25日，欧洲煤钢共同体正式成立。

1957年3月25日，法国、联邦德国、意大利、荷兰、比利时和卢森堡6国在意大利首都罗马签署旨在建立欧洲经济共同体和欧洲原子能共同体的条约（又称《罗马条约》）。1958年1月1日，欧盟的前身欧洲经济共同体（共同市场）和欧洲原子能共同体正式组建。

1965年4月8日，法国、联邦德国、意大利、荷兰、比利时和卢森堡6国在比利时首都布鲁塞尔又签署《布鲁塞尔条约》，决定将欧洲煤钢共同体、欧洲经济共同体和欧洲原子能共同体合并，统称"欧洲共同体"（以下简称欧共体）。

1967年7月1日，《布鲁塞尔条约》生效，欧共体正式诞生。

1973年英国、丹麦和爱尔兰加入欧共体。

1979年，第一次直接的、民主的选举，在欧洲议会举行。

1981年希腊加入欧共体，成为欧共体第10个成员方。

1986年葡萄牙和西班牙加入欧共体，使欧共体成员方增至12个。

1993年11月1日，根据内外发展的需要，欧共体正式易名为欧洲联盟。

1995年奥地利、瑞典和芬兰加入欧盟。

2002年，欧元的纸币以及硬币取代了12个成员方的货币。截至2016年，欧元区共有19个成员方。

2002年11月18日，欧盟15国外长在布鲁塞尔举行会议，决定邀请马耳他、塞浦路斯、波兰、匈牙利、捷克、斯洛伐克、斯洛文尼亚、爱沙尼亚、拉脱维亚、立陶宛10国加入欧盟。

2003年4月16日，在希腊首都雅典举行的欧盟首脑会议上，上述10国正式签署加入欧盟协议。

2004年5月1日，10个新成员方正式加入欧盟。

2004年10月，欧盟25国首脑在意大利首都罗马签署了《欧盟宪法条约》。这是欧盟的首部宪法条约，旨在保证欧盟的有效运作以及欧洲一体化进程的顺利发展。

2005年，法国和荷兰先后在全民公决中否决了《欧盟宪法条约》。

2007年1月1日，罗马尼亚、保加利亚加入欧盟。

2007年6月，参加欧盟峰会的27国首脑在布鲁塞尔就替代《欧盟宪法条约》的新条约草案达成协议。

2007年12月13日，欧盟27个成员方的首脑在葡萄牙首都里斯本就《里斯本条约》的文本内容达成共识，并签署、交给各成员方批准。

2008年6月12日，爱尔兰公民投票否决《里斯本条约》，使欧洲联盟的政治统合再度受挫。

2009 年 10 月 2 日，爱尔兰举行的全民公投通过了《里斯本条约》(《欧盟宪法》的简本)，清除欧洲一体化最大障碍。

2009 年 11 月 3 日，捷克总统克劳斯宣布他已经签署了《里斯本条约》，至此欧盟27 个成员方已全部批准该条约。

2009 年 11 月 19 日，欧盟 27 国领导人在布鲁塞尔召开特别峰会，选举比利时首相赫尔曼·范龙佩为首位欧洲理事会常任主席，英国的欧盟贸易委员凯瑟琳·阿什顿为欧盟外交和安全政策高级代表。欧洲理事会常任主席和欧盟外交与安全政策高级代表是按照 2009 年 11 月 3 日通过的《里斯本条约》设立的。根据职务特点和内容，这两个职务还被形象地称为"欧盟总统"和"欧盟外长"。

2009 年 12 月 1 日，《里斯本条约》正式生效。

2010 年 6 月 17 日，欧洲"2020 战略"在欧盟峰会上通过，以期引领欧盟经济走出债务危机，增强竞争力。

2010 年 7 月 8 日，欧洲议会全体会议通过了欧盟"外交署"筹组方案。7 月 26 日，欧盟外交理事会会议正式通过了有关"外交署"筹组、架构和职能的决定，标志着这一新的外交机构正式开始组建。

2012 年，欧盟获得诺贝尔和平奖。

2013 年 1 月 23 日，英国首相卡梅伦首次提及脱欧公投。

2013 年 7 月 1 日，克罗地亚正式成为欧盟第 28 个成员方。

2014 年 7 月 15 日，欧洲人民党候选人、卢森堡前首相容克在欧洲议会全体会议上赢得 422 票赞成票，当选新一届欧盟委员会主席。

2015 年 5 月 29 日，英国政府向下议院提交并公布了有关"脱欧公投"的议案，包括公投问题的语句，并承诺将在 2017 年年底之前举行投票。

2016 年 6 月 23 日，英国公投数据：同意脱欧的占 51.9%，共 1 570 万人；同意留欧的占 48.1%，共 1 458 万人。投票结果显示支持"脱欧"的票数以微弱优势战胜支持"留欧"的票数。

2017 年 3 月 20 日，英国首相府新闻发言人对外公布，英国决定于 3 月 29 日向欧盟正式递交脱欧申请，启动《里斯本条约》第 50 条开始脱欧谈判。

2017 年 3 月 29 日，英国首相特雷莎·梅致函欧盟，正式开启英国"脱欧"程序。英国驻欧盟大使将"脱欧"函递交欧洲理事会主席图斯克。

目前欧盟除去英国还有 27 个成员方。

2) 欧盟形成的原因

(1) 欧洲有着共同的文化遗产和心理认同感，各国之间的冲突和战争只会给欧洲人民带来无尽的灾难和痛苦。

(2) 二战之后欧洲的实力大大减弱。

(3) 20 世纪美、苏以欧洲为主战场的"冷战"，使欧洲人民意识到不能发生欧洲人打欧洲人的战争。

(4) 在经济发展过程中，欧洲国家深刻认识到，要在美、苏之间保证自己的安全，提高国际地位，加快经济发展步伐，必须保持彼此之间的密切关系，加强合作。

（5）社会生产力水平不断提高也要求欧洲各国加强合作。

2.1.3　欧盟的组成

1）欧盟成员方

欧盟的创始国为法国、联邦德国、意大利、荷兰、比利时和卢森堡6国。截至2016年7月，欧盟共有28个成员方：英国、法国、德国、意大利、荷兰、比利时、卢森堡、丹麦、爱尔兰、希腊、葡萄牙、西班牙、奥地利、瑞典、芬兰、马耳他、塞浦路斯、波兰、匈牙利、捷克、斯洛伐克、斯洛文尼亚、爱沙尼亚、拉脱维亚、立陶宛、罗马尼亚、保加利亚、克罗地亚。

2）欧盟组织机构

欧盟的宗旨是"通过建立无内部边界的空间，加强经济、社会的协调发展和建立最终实行统一货币的经济货币联盟，促进成员方经济和社会的均衡发展""通过实行共同外交和安全政策，在国际舞台上弘扬联盟的个性"。欧洲各国合作旨在共同切实促进欧洲的团结与发展，共同为维护世界和平与安全做出应有的贡献。

欧盟的组织机构包括：

（1）欧盟理事会

它包括欧洲联盟理事会和欧洲理事会。欧洲联盟理事会是欧盟的决策机构，拥有欧盟的绝大部分立法权。欧洲联盟理事会分为总务理事会和专门理事会，前者由各国外长参加，后者由各国其他部长参加。欧洲理事会就是欧盟成员方首脑会议，负责制定欧盟内部建设和对外关系的大政方针。

（2）欧盟委员会

欧盟委员会负责实施欧盟条约和欧洲联盟理事会做出的决定，向理事会和欧洲议会提出报告和建议，处理欧盟日常事务，代表欧盟进行对外联系等方面的谈判。委员会由27人组成，每个成员方各1人。主席由首脑会议任命，任期2年；委员由部长理事会任命，任期4年。

（3）欧洲议会

欧洲议会是欧盟监督、咨询机构。欧洲议会有部分预算决定权，并能够以2/3多数来弹劾委员会。欧洲议会的前身是1952年成立的欧洲煤钢共同体议会，当时由法国、德国、意大利、荷兰、比利时、卢森堡6个成员方的78名议员组成，1962年改称"欧洲议会"。它是欧盟三大机构（欧盟理事会、欧盟委员会、欧洲议会）之一，为欧盟的立法、监督和咨询机构，总部设在法国斯特拉斯堡。欧洲议会目前共有785名欧洲议会成员，德国99名，法国、英国、意大利各78名，西班牙、波兰各54名，罗马尼亚28名，荷兰27名，希腊、捷克、比利时、匈牙利、葡萄牙各24名，瑞典19名，奥地利18名，保加利亚15名，斯洛伐克、丹麦、芬兰各14名，立陶宛、爱尔兰各13名，拉脱维亚9名，斯洛文尼亚7名，爱沙尼亚、卢森堡和塞浦路斯各6名，马耳他5名。议长任期两年半，议员任期5年。议会秘书处设在卢森堡。每月一次的例行全体会议在法国斯特拉斯堡举行，特别全体会议和各党团、委员会会议在布鲁塞尔举行。

（4）欧洲法院、审计院

作为欧盟的最高法院，欧洲法院掌理一般案件的上诉审，以及特殊案件的一审，同时负有解释欧盟法律和确保其在各欧盟成员方间平等适用的任务。欧洲法院于1952年于卢森堡设立，目前欧洲法院的法官由各个欧盟成员方所推派的法官组成。欧洲审计院成立于1977年10月，它负责审计欧盟及其各机构的账目，审查欧盟的收支状况，对欧盟财政进行正常管理，对接受欧盟援助的非成员方进行调查等。

此外，欧盟还设有经济和社会委员会、欧洲煤钢共同体咨询委员会、欧洲投资银行等机构。

2.1.4　欧盟的现状

欧盟的三大支柱为：共同体支柱（欧洲煤钢共同体、欧洲原子能共同体和欧洲经济共同体）；共同外交与安全政策；司法与内政事务合作。

1）欧盟的经济现状

欧盟的诞生使欧洲的商品、劳务、人员、资本自由流通，使欧洲的经济增长速度快速提高。

受全球金融危机和欧债危机的影响，2009年是欧盟经济的转折点，此年欧盟经济衰退幅度达到4.4%。2010年欧盟经济恢复正增长，但2012年再度陷入衰退，衰退幅度为0.5%。2013年，欧盟经济陷入停滞状态。2014年欧盟实际GDP增长率仅为1.4%，2015年和2016年均为1.9%，远低于危机前3.1%的增长水平。这场债务危机不但使欧洲经济深陷泥潭，还使欧盟的威信和国际地位受到挑战。2012年欧盟经济总量达到17.5万亿美元，比美国高出1.9万亿美元，是我国的2.1倍。2015年，欧盟经济平均增长率为1.9%，比发达国家低0.016个百分比，比发展中经济体低2个百分点。总体来说，欧盟属于典型的高收入低增长经济体。

2）欧盟采取一系列的共同政策和措施加强内部建设

（1）实现关税同盟和共同外贸政策

1967年起欧共体对外实行统一的关税率，1968年7月1日起成员方之间取消商品的关税和限额，建立关税同盟（西班牙、葡萄牙1986年加入后，与其他成员方间的关税需经过10年的过渡期后才能完全取消）。1973年，欧共体实现了统一的外贸政策。《马约》生效后，为进一步确立欧洲联盟单一市场的共同贸易制度，欧共体各国外长于1994年2月8日一致同意取消此前由各国实行的6 400多种进口配额，而代之以一些旨在保护低科技产业的措施。

（2）实行共同的农业政策

1962年7月1日欧共体开始实行共同的农业政策。1968年8月开始实行农产品统一价格；1969年取消农产品内部关税；1971年起对农产品贸易实施货币补贴制度。

（3）建立政治合作制度

1970年10月欧共体建立政治合作制度。1986年签署、1987年生效的《欧洲单一文件》，把在外交领域进行政治合作正式列入欧共体条约。为此，部长理事会设立了政治合作秘书处，定期召开由成员方的外交部长参加的政治合作会议，讨论并决定欧共体对各种国际事务的立场。1993年11月1日《马约》生效后，政治合作制度被纳入欧洲政治联盟活动范围。

（4）基本建成内部统一大市场

1985年6月欧共体首脑会议批准了建设内部统一大市场的白皮书，1986年2月各成员方正式签署为建成大市场而对《罗马条约》进行修改的《欧洲单一文件》。统一大市场的目标是逐步取消各种非关税壁垒，包括有形障碍（海关关卡、过境手续、卫生检疫标准等）、技术障碍（法规、技术标准）和财政障碍（税别、税率差别），于1993年1月1日起实现商品、人员、资本和劳务自由流通。为此，欧共体委员会于1990年4月前提出了实现上述目标的282项指令。截至1993年12月10日，264项已经理事会批准，尚有18项待批。在必须转化为12国国内法方可在整个联盟生效的219项法律中，已有115项被12国纳入国内法，需转化为成员方国内法的法律平均已完成87%。1993年1月1日，欧共体宣布其统一大市场基本建成，并正式投入运行。

（5）欧盟计划提供550亿~1 000亿欧元企业贷款以促进南欧经济增长

欧洲投资银行（EIB）和欧盟委员会于2013年6月25日正式展开合作，计划形成550亿~1 000亿欧元新贷款提供给企业，以推动南欧地区的经济增长。

欧盟高层非常希望启动希腊、塞浦路斯、意大利、葡萄牙、西班牙和斯洛文尼亚的经济增长，使这些国家具备还债能力。正是这些国家的高负债引爆了欧元区危机。

欧盟希望通过向企业进一步提供低成本信贷，使之有信心增加招聘人数和生产量，从而让经济增长的车轮再次转动，尤其是南欧那些一直为低增长或衰退所困的国家。

欧盟委员会和EIB希望以贷款担保和证券化相结合的办法使用100亿欧元结构性资金。这部分资金来自欧盟2014—2020年长期预算。欧盟委员会和EIB准备对这100亿欧元资金进行杠杆化操作，杠杆倍数最低约为5倍，最高为10倍。

（6）对外关系

欧盟在国际舞台上发挥着积极作用。欧盟与世界上大多数国家和地区建立了外交关系，并缔结了各种经贸合作协定。目前有160多个国家和地区向欧盟派驻了外交使团，欧盟也已在120多个国家（地区）及国际组织所在地派驻了代表团。在一些国际机构，如世界贸易组织中，欧盟代表成员方发出声音并行使权利。欧盟还参与经济合作与发展组织（OECD）工作，并在联合国及一些专业机构中派有观察员。中华人民共和国与欧洲联盟（其前身为欧洲共同体）1975年5月建交。40多年来，在双方的共同努力下，中欧关系得到了长足发展。美国是欧盟最大贸易伙伴。欧美在多层面、多渠道就国际事务开展合作：以跨大西洋经济理事会加强经济关系；以面向国际危机管理的更紧密合作关系框架协议，加强在全球热点领域合作；试图在全球气候变化、银行体系改善等领域，建立更紧密的合作框架。

（7）保护权益

已有比利时、丹麦、芬兰、法国、爱尔兰、卢森堡、荷兰、葡萄牙、斯洛文尼亚、西班牙、瑞典11国承认同性婚姻，另有奥地利、塞浦路斯、克罗地亚、捷克、爱沙尼亚、德国、希腊、匈牙利、意大利、英国10国承认同性伴侣的民事结合。欧盟要求各成员方必须在国内制定禁止歧视同性恋者的法律，新加入的成员方必须在国内制定禁止性倾向歧视的法律后才可考虑加入欧盟。

2.2 欧盟的贸易政策

欧盟的贸易目标是推动全球化，将产品和服务销售给世界市场，同时获得高质量的零件和原材料；通过进出口贸易，为欧洲创造就业，为人们提供种类丰富的产品和服务；希望在环保、卫生健康、安全和劳工权利等领域帮助制定全球规则。在经济总量上，欧盟是世界上第二大经济体，占全球 GDP 的 1/5；在贸易方面，欧盟是 80 多个国家最大的出口市场、40 多个国家的第二大出口市场。了解欧盟的贸易政策与法律法规是非常必要的。

2.2.1 欧盟对外贸易法规和政策

1）贸易主管部门

欧盟独享共同贸易政策（Common Commercial Policy，CCP）管辖权。欧盟各机构在共同贸易政策中承担不同职能。欧盟委员会（以下简称欧委会）具有立法倡议权和政策执行权等“实权”，负责处理具体的多边、双边贸易事务，向部长理事会和议会提出政策和立法建议。理事会代表欧盟各成员方审批通过法律法规和发布贸易政策指令。欧洲议会代表公民就有关贸易政策问题进行质询。《里斯本条约》生效后，欧洲议会权力上升，在共同贸易政策部分领域与部长理事会拥有共决权，有权审批欧盟对外签署的贸易投资协定，并就欧盟重大贸易投资问题提出意见和建议。欧盟法院负责监督欧盟法律实施，解决争端并进行司法解释。在欧委会内部，贸易总司（DG TRADE）专门负责欧盟贸易事务。贸易总司下设 8 个司，分别负责水平议题和双边经贸关系等问题，其中，与中国经贸关系由 C 司负责，贸易救济措施由 H 司负责，投资、服务、政府采购和知识产权保护由 B 司负责，WTO 事务由 F 司负责。

2）贸易法规体系

欧盟共同贸易政策是规范欧盟成员方统一执行的、针对第三国的贸易政策、共同海关税则和法律体系。最初其内容仅涉及关税税率改变、关税和贸易协定缔结。在 1999 年 5 月《阿姆斯特丹条约》生效之前，进出口政策只包括货物贸易，《阿姆斯特丹条约》将其覆盖范围扩展到大部分服务贸易，2003 年 2 月生效的《尼斯条约》又将其扩及所有服务贸易和与贸易相关的知识产权。2009 年 12 月生效的《里斯本条约》则重点在外国直接投资（FDI）领域，进一步扩大了欧盟权限。

3）欧盟贸易管理规定

（1）进口管理法规

欧盟进口管理法规为 1994 年制定的《关于对进口实施共同规则的（EC）3285/94 号法规》以及《关于对某些第三国实施共同进口规则的（EC）519/94 号法规》，后者适用于欧盟定义的“国有贸易国家”。鉴于纺织品和农产品在多边贸易框架中的特殊安排，欧盟分别制定了纺织品和农产品的进口管理法规。适用于纺织品的进口贸易法规主要包括《关于对某些纺织品进口实施共同规则的（EC）3030/93 号法规》和《关于对某些第三国纺织品实施共同进口规则的《（EC）517/94号法规》，后者随着2005年1月1日世界纺织品贸易实现一体化而终止。农产品进口贸易法规主要包括《关于实施乌拉圭回合农业协议所需采取措施的（EC）974/95号法规》《关于农产品共同关税术语调整程序的（EEC）234/79号法规》《关于某些农产品加工产品的贸易安排的（EC）3448/93号法规》等。欧盟进口许可制度主要包括监控、配额、保障措施三类。此外，欧盟还将各种技术标准、卫生和植物卫生标准作为进口管理手段。欧盟采取进口监控措施的产品包括来自第三国的部分钢铁产品、部分农产品、来自中国的纺织品和鞋类。

（2）出口管理法规

欧盟鼓励出口，一般产品均可自由出口，仅对少数产品实施出口管理措施。其出口管理法规主要包括《关于实施共同出口规则的（EEC）2603/69号法规》《关于文化产品出口的（EEC）3911/92号法规》《关于危险化学品进出口的（EEC）2455/92号法规》《关于出口信贷保险、信贷担保和融资信贷的咨询与信息程序的（EEC）2455/92号决定》《关于在官方支持的出口信贷领域适用项目融资框架协议原则的（EC）77/2001号决定》《关于设定农产品出口退税术语的（EC）3846/87号法规》《关于建立两用产品及技术出口控制体系的（EC）1183/2007号法规》等。根据欧盟出口管理法规，当短缺物资、敏感技术、初级产品出口将导致共同体产业受损害时，成员方须马上通报欧委会及其他成员方。欧委会和成员方代表组成咨询委员会启动磋商，采取出口数量限制等措施减少损害。保护措施可针对某些第三国或某些欧盟成员方的出口。原则上讲，此类措施应由理事会以"有效多数"表决机制做出，欧委会在紧急情况下也可直接采取措施。欧盟法规还规定，出于公共道德、公共政策、人类和动植物健康保护、国家文化遗产保护等需要，或为防止某些重要产品供应出现严重短缺，欧委会和成员方政府有权对出口产品实行限制。欧盟出口贸易限制政策属于欧盟共同外交与安全政策的一部分，如欧盟对中国的武器出口禁令。此外，欧盟还对两用产品和技术实行出口管制。欧盟理事会第1183/2007号法规附有一份禁止出口长单，并详细规定了共同体出口授权体系、信息交换条例、成员方间磋商等内容。

（3）贸易救济措施

欧盟实施的贸易救济措施主要有反倾销、反补贴、保障措施、针对中国的特殊保障措施等。截至2015年年底，欧盟对中国产品实施的反倾销措施有52项，涉及进口金额41.34亿欧元，占欧盟同期从中国进口总额的1.37%，涉及就业人数23.43万人。

（4）海关管理制度——共同海关税则

1992年欧盟理事会制定了《关于建立欧盟海关法典的第（EEC）2913/92号法规》，对共同海关税则（包括商品分类目录、一般关税率、优惠关税措施以及普惠制等方面）、原产地规则（包括一般规则和特殊规则）以及海关估价等做出统一规定。欧盟关税税则编码根据世界海关组织（WCO）《商品名称及编码的协调制度》制定，其协调编码为8位数，其中前6位数为协调编码税目。欧盟还对一些商品采用10位数编码进行监管，称为TARIC术语，用于区分和识别特殊政策措施下的进口产品。TARIC术语产品通常冠以4个附加编码，分别代表农产品合成物、反倾销税、两用产品和出口补贴，各成员方采用统一术语。

欧盟以委员会指令形式每年对外发布一次更新后的税率表。欧盟关税征收方式较为复杂。除对大多数产品适用从价税税率外，欧盟对部分农产品、化工品，以及盐类、玻璃、钟表零部件等产品适用复合税、混合税或其他技术性关税的非从价税税率。在混合税中，欧盟又使用了 7 种不同的征税方式。此外，欧盟对部分农产品设置包括季节性关税在内的多种技术性关税。欧盟还实行自主关税暂停征收和配额制度。该制度对某些进口产品全部或部分免征正常关税。如该制度适用于数量有限的货物，则属于配额；如其适用货物数量没有限制，则属关税暂停征收。原则上，该制度的适用范围仅限于欧盟境内无法获得的原材料、半成品，不包括成品。欧盟对进口产品和本地产品征收相同的增值税和消费税，欧盟制定并提倡统一税率（15%），但各成员方执行各自不同的增值税税率和消费税税率。欧盟对第三国倾销产品或补贴产品征收反倾销税或反补贴税。欧盟同时实施非优惠原产地规则和优惠原产地规则，前者是欧盟共同税则及其相应执行法规明文规定的，后者则体现在欧盟与贸易伙伴签署的优惠贸易协定或安排中。非优惠原产地规则主要用于贸易救济、进口监控或限制、出口退税和贸易统计。享受进口优惠原产地规则的商品需要原产地证书，优惠原产地规则可采用累积方法，即使用享受优惠原产地规则国家的原料可被视为原产于出口国。由于欧盟部分产品进口税率处于经常性变动状态，如需查询特定时间、特定产品税率，可访问欧委会海关总司 TARIC 查询系统。

2.2.2　投资体制

根据《欧洲联盟运行条约》的规定，欧盟的投资政策决定权由各成员方自行掌握，在不违背有关条约和欧盟法律的前提下，各成员方可根据情况制定各自的投资管理政策。目前，欧委会没有专门的投资及外国投资主管部门和机构，相关职能仍在各成员方。欧委会贸易总司设有投资和服务贸易处，但其主管业务是投资领域对外谈判，而非投资和外国投资管理。

2009 年 12 月《里斯本条约》生效后，外国直接投资被正式纳入欧盟共同贸易政策范畴，成为欧盟专属权限。欧盟可代表其成员方对外开展投资协定谈判，内容不仅有投资市场准入，还包括投资保护。新的投资政策正在进一步完善过程中，很多细节还有待欧委会与成员方以及欧洲议会共同商定。但是，投资促进及安全审查仍然是各成员方职权范畴，各国可根据自身情况制定和实施投资促进政策。各成员方对外国投资准入有各自具体的规定。截止到 2015 年年底，中国已与欧盟 27 个成员方（爱尔兰除外）签订双边投资保护协定。在欧盟层面，投资的禁止、限制和鼓励等准入内容，需专门举行双边谈判或商签中欧投资合作协定。目前，中欧间还没有双边投资合作协定。2013 年 11 月第十六次中欧领导人会晤宣布启动中欧投资协定谈判。中欧双方谈判团队于 2014 年 1 月 21—23 日在北京举行第一轮谈判，于 3 月 24—25 日在布鲁塞尔举行第二轮谈判。双方在前两轮谈判中围绕投资协定谈判的主要议题初步交换了意见，从第三轮开始进入文本谈判。2014 年 6 月 17—20 日，中欧双方在北京举行了第三轮谈判。中欧投资协定谈判不仅包括传统的投资保护内容，还涉及投资市场开放，比中国此前与欧盟成员方达成的投资保护协定更复杂，涉及面更广。2016年双方就协议范围达成一致，协议内容不局限于投资，还将包括市场准入等议题；希望2016年能够落实协议的核心条款，并就与负面清单相关的内容进行交换出价。2017年10月9日，第15轮中欧投资协定谈判在北京举行，本轮谈判为期4天。在前14轮谈判中，中欧BIT谈判已经就不歧视性原则、改善监管环境以保护投资者的必要性以及制定劳工和环境标准的必要性达成了一致。但仍然存在一些需要双方解决的问题，特别是在市场准入方面，双方都认为是最具挑战性的。2017年12月12日，第16轮中欧投资协定谈判在比利时布鲁塞尔举行，本轮谈判为期4天。双方继续围绕文本展开谈判，力争取得尽可能多的进展。中欧双方将积极推动谈判进程，争取早日达成一致，以促进中欧双向投资，推动中欧关系健康、稳定和持续发展。

在欧盟，外国投资者享受与成员方企业一致的国民待遇，因此中国企业在欧盟投资时能享受到欧盟及其成员方各级政府制定的涉及地区、就业和科研等不同政策领域的优惠政策，包括为企业投资和经营活动提供补贴、低息贷款和担保等优惠条件。这些投资促进措施中的一部分直接以企业投资活动为资助对象，通常只适用于部分地区，并由地方政府负责具体实施，如选择和审批项目、监督受益人遵守规定及确定促进重点等。欧盟和成员方中央政府只负责制定框架和提供资金，发挥协调和监督作用。

2.2.3 知识产权

欧洲是现代意义上知识产权保护制度的发源地，在知识产权方面的观念、制度和探索也一直走在世界前列。从20世纪70年代开始，欧洲知识产权体系从各国分立发展走向一体化道路。欧盟近年来在知识产权领域的工作重点主要包括：积极探索适应数字时代的知识产权保护体系；进一步推进在欧盟层面的统一知识产权保护，包括单一专利、共同体商标等；加强知识产权执法力度等。

2011年5月，欧盟提出了新的知识产权保护战略，集中指向数字化时代的知识产权保护。这一战略是《欧盟2020战略》《单一市场法案》《数字欧盟议程》的补充和有机组成部分。欧委会在战略公报中表示，新战略的提出，是因为随着时代的发展，与互联网相关的技术变革对知识产权保护提出了新的要求，欧盟和成员方有关知识产权保护的规定也要适应这种变化，与时俱进。新战略的目标是，努力促进改革创新，保护创作者权益，同时让消费者更好地享受到受知识产权保护的商品和服务。

新的知识产权保护计划涉及专利、商标、地理标识和著作权等多个方面，强调加大对盗版和伪造商品的打击力度，主张建立统一专利法院、推进单一专利体系建设，促进欧洲数字化图书馆的建设，推动"孤儿作品"（虽受著作权保护，但著作权所有者已无法认定的作品）的数字化和网上阅读等，对植物新品种、地理标识等涉及知识产权的各方面问题也提出了较为成熟的建议。

在专利方面，欧委会在新战略中提出建立单一专利（Unitary Patent）体系的立法建议。欧盟单一专利将在参与的欧盟成员方内具备统一效力，由欧洲专利局根据《欧洲专利公约》的规定授予，并集中负责其管理事务。新专利体系将大大降低专利申请门槛和费用，极大鼓励创新。对于专利权保护问题，欧委会提出将推动建立统一专利法院（Unified Patent Court，UPC）来处理传统欧洲专利及将来欧盟单一专利的相关诉讼事务，避免同一专利事务需要在不同成员方办理、有可能就侵权及效力问题各自做出裁决的状况，并将大幅减少专利诉讼的成本和时间。

在商标方面，对欧盟及其成员方商标体系进行综合现代化修订，使其更加高效、协调，更适应数字化时代。新战略将致力于：简化、加快注册进程；提高商标法律稳定性；建立欧盟内部市场协调办公室（OHIM）和各成员方商标管理部门的深化合作框架，使欧盟和成员方层面商标协调机制进一步现代化；修订《欧盟商标管理条例》（Community Trade Mark Regulation）和《商标法令》（Trade Mark Directive）等。

在地理标志方面，由于欧盟缺失对非农业产品名称的保护机制，对单一市场带来不利影响，因此新战略决定启动在欧盟层面建立非农业产品地理标志保护机制的可行性研究，并进一步探讨该机制的创建问题。

在著作权方面，在欧洲层面创建一个稳定的、适应数字环境的著作权管理框架。创建在线版权注册框架，实现规则一致、透明、高效的跨边境管理。简化著作权管理机制，制定著作权集体管理的共同规则，改善有关信息管理组织的管理及规则，帮助在著作权人、商业用户和集体管理组织之间创造公平的环境。为跨国音乐作品的在线服务授权创建清晰有效的法律框架。推动在欧盟层面创立有助于"孤儿作品"数字化的机制，以促进欧盟层面数字图书馆的发展。作为著作权保护长远战略规划的一项重要内容，欧盟将评估创建《欧洲著作权法典》（European Copyright Code）的可能性，该法典将综合欧盟在著作权保护方面的法令，并有可能提供统一著作权（unitary copyright title）注册可行性的检查，以使著作权所有人有更强的灵活性，自主选择在成员方层面或跨国层面获得并执行其著作权。此外，在战略规划中，欧盟还要对受著作权保护的著作的复制进行征税，对音像著作的在线传播进行听证等。

2012 年 12 月，欧盟竞争力委员会通过《2013—2017 年打击知识产权侵权行动计划》。这一计划强调，尽管 2009—2012 年行动计划取得了积极效果，但在欧盟层面仍须加强知识产权海关保护力度。为此，将抓紧制定新的知识产权海关执法规则。这一行动计划还列出如下目标：应对知识产权侵权货物贸易趋势，特别是网络交易的小件货物；应对国际供应链上的知识产权侵权货物贸易；加强欧盟监督机构和知识产权执法机构的合作。

2013 年 6 月，欧洲议会和欧洲理事会通过了欧盟知识产权海关执法新规（608/2013 号），并废除之前的 1383/2003 号法规，新规于 2014 年 1 月 1 日正式实施，直接适用于所有欧盟成员方。新规扩大了知识产权海关执法的范围，进一步细化和明确了海关扣留货物、销毁货物的程序和时限，加强了海关的执法权力，还引入了"小规模托运"货物的定义，厘清了费用负担和赔偿问题，并细化了与第三国海关的信息共享问题等。

2014 年 7 月 1 日，欧委会通过《解决欧盟知识产权侵权问题的行动计划》以及《在第三世界国家保护和执行知识产权的战略计划》。行动计划内容主要包括：在网络广告机构和支付服务提供商之间建立一个对话机制，以减少商业规模网络知识侵权的利润；对所有涉及产品生产的企业进行尽职调查，在供应链中进行审计，并勤奋工作降低知识产权风险；帮助小企业更高效地执行其知识产权；增进成员方之间的合作；建立成员方当局之间的全面培训计划，找出跨境合作的障碍。战略计划提出：改善国际工业产权框架；与伙伴国家合作，以改善其工业产权制度；进行调查确定欧盟应重点关注的优先国家名单；建立小企业知识产权服务站；向第三世界国家提供与知识产权相关的技术援助。上述计划于2014年启动、2015年实施，欧委会不排除在后续阶段进一步出台立法或措施等。

2.2.4 政府采购

欧盟是世界贸易组织诸边协定《政府采购协定》（The Agreement on Government Procurement，GPA）的参加方。据欧委会最新统计，2010年欧盟门槛价以上政府采购市场规模约为4 470亿欧元，占欧盟各成员方GDP的3.7%，其中，22%为货物采购，42%为服务采购，36%为工程采购。门槛价及其以下政府采购市场只对欧盟成员方开放。

欧盟采购实体包括国家、地区和地方政府、法律规定的实体和社团。是否具备独立法人地位是欧盟判定采购实体的决定性因素。欧盟采取列举清单的办法，2004/17号指令用10个附录分别列出了水或气、电、饮用水、铁路、城市公共交通、邮政、油气、煤及固体燃料、海事或内陆港口、机场等10个领域的采购实体。2004/18号有关公共工程采购的指令则分别列出了中央政府实体以及公共法律规定的采购机构。

2004年，欧盟统一、修订、替代了1971至1998年间适用的指令，公布了分别针对水、能源、交通和邮政部门采购的2004/17号指令，以及针对公共工程、供应及服务采购的2004/18号指令。这些指令加强了关于政府采购领域非歧视及货物和服务自由流动的规定；确保合同授予条约给予盟内经营者的待遇不低于《政府采购协定》给予其他缔约国经营者的待遇；通过协调合同授予程序、协调合同门槛价以上的设计竞标等做法，尽可能考虑成员方程序和惯例；提供国际公认的最佳做法以简化手续和节约成本，包括构建电子采购法律框架、启动现代采购技术、使用标准公告形式和标准术语等共同采购语言。

2011年12月，欧委会提出有关政府采购立法的修改方案，包括对2004/17号指令和2004/18号指令的修改，并增加有关特许合同的指令。

2012年3月21日，欧委会正式提交《关于就第三国货物和服务进入欧盟政府采购内部市场以及欧盟货物和服务进入第三国公共采购市场谈判支持程序等问题制定规则的法规建议》（简称新规），供欧洲理事会和欧洲议会审议。新规作为法规一旦批准将直接生效，不需转化为成员方国内法。

新规旨在推动非欧盟国家（被广泛认为针对中国等既非GPA成员方，且未与欧盟有双边协议的国家）参与进一步开放政府采购市场的谈判，以帮助欧盟企业免于在海外政府采购市场遭遇不公平待遇。其主要内容有：当采购金额达到或超过500万欧元，且参与竞标产品或服务的来源国未签署任何国际或双边政府采购协定时，欧盟采购方可以驳回相关投标，并向欧委会汇报。欧委会将根据相关国家实行实质性对等开放措施的情况做出裁决。如果其他国家的采购措施对欧洲供应商存在歧视，欧委会有权调查并与相关国家磋商解决市场准入问题，如有必要，还将限制该国竞标者进入欧盟市场或处以罚款。对于"超低价"竞标者，欧盟采购方应告知其他竞标者接受意向并说明原因，以增强采购程序透明度。

采购实体必须按下述程序开展采购活动：公开招标、有限招标、竞争性对话、严格界定例外条件下带竞争邀请的谈判程序、严格界定例外条件下不带竞争邀请的谈判程序。其中，竞争性对话指与投标方进行对话的选择程序，适用于开放或限制性程序不适用的复杂合同，比竞争性谈判程序更易实施，但至少需要一轮正式投标。欧盟采购程序要求采购方事先公布相关信息，诸如最低资质标准、中标标准及各项标准的相对权重。如无法提供权重，则需给出这些标准并按重要性递减顺序排列，包括选择标准的参数、执行标准的规则、合同履行条件等。

2.2.5　优惠贸易政策

欧盟与非洲、加勒比海和太平洋地区国家集团（简称非加太集团）签署了单边优惠协定。这些协定主要分为 3 类。

1）科托努协定

欧盟与非加太集团最早签有《雅温德协定》，现行的替代协定即《科托努协定》于 2000 年 6 月签署，2003 年 4 月生效。协定内容包括政治多元化、发展与财政合作、经济与贸易合作，目标是帮助非洲、加勒比海和太平洋地区国家发展经济。在经贸合作框架下，非洲、加勒比海和太平洋地区国家（不包括南非）在 2001—2007 年过渡期内享受欧盟单边贸易优惠，包括工业品、加工农产品和渔产品免税准入，但有保障措施条款。

《科托努协定》的有效期为 20 年，每 5 年修订一次。2005 年 6 月 25 日，欧洲联盟和非加太集团按规定对协定进行了修订，签署了《科托努修改协定》。协定在加强政治对话、实现新千年目标、消除贫困、加强经济和贸易联系等方面增加了新的内容。

《科托努协定》的主要目标是鼓励非洲、加勒比海和太平洋地区国家可持续发展，使这些国家尽快融入世界经济，完全遵循 WTO 规则。该协定规定贸易伙伴间逐步取消货物和服务贸易领域的关税和非关税壁垒，包括技术贸易壁垒等。

2）普惠制

自 1971 年以来，欧盟对发展中国家产品进入其市场实行普惠制优惠。2004 年 10 月，欧盟委员会推出了普惠制改革方案。2005 年 6 月 23 日，欧盟 25 个成员方批准了普惠制改革方案，决定自 2006 年 1 月 1 日起实施新的普惠制。据欧盟方面统计，欧盟普惠制的受益国和地区多达 178 个，享受普惠制进口的商品每年超过 500 亿欧元，约占欧盟进口总额的 40%。

欧盟普惠制将进口产品分为敏感产品和非敏感产品两类，其中大部分工业品属于非敏感产品，绝大部分农产品都属于敏感产品。工业品中的敏感产品主要包括纺织品、服装、地毯、鞋类。在普惠制框架下，受惠国非敏感产品享受免关税，敏感产品享受低于欧盟正常关税 3.5 个百分点或低于从量税 30% 的优惠准入，但涉及普惠制第 50～63 章的产品（主要是纺织品、服装）的关税优惠幅度为 20%。

　　根据新的改革方案，欧盟普惠制下的分类由5个减少为3个。新的分类包括一般普惠制、针对最不发达国家的特殊普惠制和旨在帮助竞争力微弱国家的附加普惠制。新的普惠制方案对"毕业条款"有了更为明确的规定。"毕业条款"是指一个国家的一种产品如果在欧盟的市场份额超过一定比例，就将失去普惠制待遇。根据新条款，普惠制受益国的任何一种产品如果在欧盟市场的份额超过15%，则将失去普惠制待遇，而纺织品和服装的"毕业门槛"则为12.5%。

　　3）EBA计划

　　EBA计划是欧盟普惠制的特殊安排，即欧盟对最不发达国家除武器以外的所有产品给予免关税、免配额待遇。此计划2001年开始执行，分阶段实现自由化，但香蕉、大米和糖3类产品例外。根据2006年普惠制新方案，欧盟对50个最不发达国家所有武器外产品无限额免税。

2.3 欧盟国家市场营销的主要方法和途径

2.3.1 2016年欧盟货物贸易概况

　　欧盟统计局公布的数据显示，2016年欧盟货物出口额为1.75万亿欧元，进口额为1.71万亿欧元，同比分别下降2%和1%；欧元区货物出口额为2.05万亿欧元，与2015年持平，进口额为1.77万亿欧元，同比下降2%。从产品结构看，2016年欧盟贸易产品的主要类别是机械和运输设备、其他制成品和化学品。货物出口额同比降幅最大的为能源类产品（-13%），食品和饮料是少有的增长亮点（+2%）；货物进口额同比降幅最大的为能源类产品（-20%）和原材料（-5%），机械及车辆进口额增长3%。

　　从贸易对象看，2016年欧盟与前两大贸易伙伴——美国和中国——的贸易额占其货物贸易总额的1/3。2016年，欧盟与美国贸易总额为6 100亿欧元，占欧盟贸易总额的17.7%；欧盟与中国贸易总额为5 150亿欧元，占14.9%；接下来依次是瑞士的2 640亿欧元（占7.6%）、俄罗斯的1 910亿欧元（占5.5%）、土耳其的1 450亿欧元（占4.2%）和日本的1 250亿欧元（占3.6%）。在出口方面，除了德国、爱尔兰、马耳他、英国（美国是该四国出口的主要目的地）和立陶宛（俄罗斯是其出口的主要目的地）外，几乎所有欧盟成员方2016年货物出口的主要合作伙伴都是欧盟的其他成员方，其中德国是欧盟16个成员方货物出口的主要目的地。对于欧盟与非欧盟国家的贸易，2016年欧盟出口的3个主要目的地是美国（占欧盟对非欧盟出口额的21%）、中国（10%）和瑞士（8%）。在进口方面，除了立陶宛（俄罗斯是其主要进口国）外，所有欧盟成员方2016年货物进口的主要合作伙伴都是欧盟的其他成员方。其中，有7个成员方第一大货物进口国的进口占总进口额的1/4以上。除爱尔兰和马耳他外，德国是所有欧盟成员方主要进口来源地之一。对于欧盟与非欧盟国家的贸易，2016年欧盟主要进口来源地分别是中国（占欧盟从非欧盟进口额的20%）、美国（14%）、瑞士（7%）和俄罗斯（7%）。2016年，比利时前三大出口目的地分别是德国（占比利时出口总额的17%）、法国（15%）和荷兰（11%）；前三大进口来源地分别是荷兰

（占比利时进口总额的16%）、德国（13%）和法国（9%）。

2.3.2　欧盟的营销环境

欧盟为欧洲各国之间日益紧密的联系奠定了基础，并可通过集中资源来维护和加强和平与自由。欧盟从经济上的联合着手，通过广泛的共同经济政策，保证经济的发展和较高的生活水平，为加快建设统一大市场的步伐，采取了一系列实际步骤，包括：简化国境手续以消除商品流通中的边界障碍；协调各国的技术标准和有关方面的法规；开放各国的公共工程市场；扩大公开招标的范围；鼓励竞争；建立服务业的统一市场；相互承认高等学历和文凭。

欧盟允许成员方的公民在任何成员方内自由定居、上学和工作；鼓励资本的自由流动，实现成员方之间投资自由化；允许银行、金融机构和保险公司跨国开展业务；废除残存的外汇管制，开展证券发行、买卖和抵押业务；统一货币，取消税务障碍，协调或统一间接税等。这一切均是要在联盟内部实现经济发展，社会政策协调一致。这些政策的协调和联盟内的整合，形成一个独特的营销环境。

欧盟各成员方都力图在欧盟内降低关税、商品价格，扩大就业、投资。欧盟已经组成关税同盟。关税同盟是一个自由贸易区，成员方相互间免征关税，而对非成员方的贸易按统一的税率征收关税。目前，欧盟还是经济联盟状态，欧盟的下一个目标是实现经济同盟，到那时候，各成员方将根据统一的贸易政策进行对外贸易。

2.3.3　欧盟市场营销的主要方法和途径

1）开展市场调研

开展欧盟市场调研不只是将信息搜集范围扩大，还要求从根本上改变旧的市场调研方法，使之适应新的调研对象，如必须跨国寻找实验市场进行相应的市场测试。

2）经营品种的统一与差异化

由于欧盟各成员方之间的消费习惯和生活环境有很大的差异，应在不同范围内有针对性地销售各种产品，如酒类、冷冻产品、软饮料、比萨饼、汉堡包等。在欧盟市场上推销某些商品，这些商品最终得到市场承认后，会形成某些"国际化"商品，某些品牌也将成为欧洲品牌，受到消费者的欢迎。根据专家分析，在整个欧洲范围内销售而且可以集中采购的商品品种不会超过商品品种总数的40%~50%。

3）统一定价与差价策略

欧盟现在还存在的相同产品在不同国家售价不同的现象必将消失。这是因为跨国采购后，市场经济机制会使现有的各种差价很快消失。在零售商业领域，地区间存在差价的现象虽然还会维持较长一段时间，但随着市场对消费者越来越透明，零售物价也将朝地区间无差异的方向发展。欧盟在经营品种和所提供的服务上形成了自己的特色，使过去靠地理位置维持的差价策略，在未来以差异化的经营品种和服务方式继续存在。

4）业态策略

企业的业态策略是非常重要的，有些商业业态在欧盟范围内较易推广，如超市、专业商场或贴现店；相反，像自选百货商店或专营店则属于比较难推广的业态。欧盟对于国际性商业业态，要求统一卖场标志、统一卖场正立面设计、统一卖场建筑风格和商品摆放模式。这里也存在规模经济的问题，考虑到当前消费者普遍重视环境保护，欧盟在上述几方面逐渐强调"绿色"，这是一种在世界范围内都适用的策略。

5）贸易保护主义的加强[①]

欧盟的贸易保护主义日益加强，世界经济区域化、集团化的步伐也在加快。欧盟各国利用反倾销、原产地问题等非关税贸易壁垒限制进口，对非欧盟国家的出口带来十分不利的影响；同时，世界经济的区域化和集团化趋势也迫使欧盟采取各种措施来保护自身的利益。

6）欧盟生态标签：一种日益成长的环境营销手段[②]

欧盟生态标签是欧共体（现欧盟）于1992年出台的一种自愿性生态和付费标签制度，目的是鼓励在欧洲地区生产及消费"绿色产品"，因该标签呈一朵绿色小花图样，获得生态标签的产品也常被称为"贴花产品"。虽然生态标签使用及申请价格不菲，申请标准也较为严格，但初衷在于鼓励生产厂商向消费者展示其产品的绿色环境性能。经过20多年的发展，"生态标签"已经逐渐被欧盟消费者认可，加贴"生态标签"商品的受欢迎程度也逐渐增高。目前，生态标签主要授予以下21类产品：各种用途的去污剂、灯泡、床垫、个人电脑、复印及画图用纸、手提电脑、洗碗机用洗涤剂、手用餐具洗涤剂、冰箱、洗碗机、土壤改良剂、鞋类、电视机、纺织品、棉纸、硬地板、室内用油漆涂料、旅游住宿服务、衣物清洁产品、真空吸尘器、洗衣机。

欧盟市场营销就是以上提及的各种商业特殊经营策略，即在欧洲范围内是采用标准化经营策略还是针对不同市场采用差异化经营策略。很多企业采取的是针对不同的商品和服务将两种策略结合起来，这是因为消费者的爱好、消费习惯千差万别，尽管是在欧盟内部的市场，但是"所有商务活动都有地方特色"（all business is local）的说法还是适用的。

一方面，基于对全球化竞争的认识，欧盟制定了一系列相关政策，积极推动企业参与经济全球化的进程，内部也在努力增强自身的优势，提供条件使其跨国公司进行兼并和收购；另一方面，受欧盟企业合并政策的约束，许多实力强、规模大的企业纷纷将目光投向非欧盟国家的企业，以寻求合并，这进一步促进了全球化的发展，也提高了欧盟企业的竞争力。例如，法国的家乐福作为欧洲最大的零售企业收购了法国巨型零售商普罗蒙德（Promodes），其意图就在于抵御沃尔玛对欧洲的攻势。在非欧盟国家市场上，欧盟企业凭借自身强大的优势地位，与东道国当地各种品牌进行竞争博弈，其结果往往是欧盟企业的品牌占据了有利地位。[③]

① 潘朝杰. 我国纺织品出口欧盟营销环境分析 [J]. 当代经理人，2006（21）.
② LOPRIENO M. 欧洲联盟生态标志方案：环境政策营销工具 [J]. 产业与环境，1998（1-2）.
③ 杨晓燕. 欧盟企业营销管理 [M]. 北京：高等教育出版社，2010.

2.4 欧盟国家市场营销的风险和注意事项

近年来，随着成员方不断增多和一体化逐步深化，欧盟成员方之间利益多元化的趋势日益显现，推进一体化的难度加大。在全球化快速发展、国际竞争加剧的大背景下，欧盟这个主权国家联合体的固有弱点逐渐凸显，内部矛盾加深，凝聚力下降。最近几年欧盟的发展一直面临以下一些问题：

1）欧洲经济持续增长乏力

源自美国次贷危机的国际金融危机，波及欧洲已有 10 年。10 年来，欧洲经济屡遭冲击，财政、货币、债务、银行轮番经受考验，经济增长乏力。欧盟及其成员方出台了多项紧急应对方案，采取了一系列深度改革措施。在多管齐下的猛药过后，欧洲经济终于止住下滑，但是难以摆脱增长缓慢、复苏乏力、就业低迷的困境。难民危机又使欧洲社会面临考验，很多民众开始对欧洲发展前景丧失信心，一股反经济全球化、反欧洲一体化的情绪逐渐弥漫开来，在各成员方社会形成了快速增强的疑欧甚至反欧政治势力和社会思潮。随着英国脱欧公投落下帷幕，欧盟第一次遭受了减员打击。英国脱欧给欧盟带来的不确定性加剧了整个世界的疑欧情绪，来自各方面关于欧盟和欧元区将要寿终正寝的议论不绝于耳。

2）贫富差距拉大

《2016 年欧盟社会公平指数报告》指出，欧盟共有 1.2 亿人面临贫困或被社会边缘化，占欧盟总人口的 23.7%。欧盟的贫困是指相对贫困，即中位数收入的 60% 为贫困线，低于该值即被认为贫困。根据这一标准，南欧国家的贫困状况尤为严重，希腊的贫困人口已达 35.7%。值得注意的是，越来越多拥有全职工作的欧洲人面临贫困风险，这部分人口的比例从 2009 年的 7% 上升到了 2015 年的 7.8%。也就是说，很多人尽管有全职工作，但是收入很低，仍在贫困线上挣扎。报告认为，由于受到国际金融危机和欧债危机连续冲击，一些欧洲国家经济陷入低迷。尽管欧盟整体就业情况有所好转，失业率仍然达到 9.6%，高于 2008 年国际金融危机前的 7.1%，特别是青年失业问题迟迟得不到解决。2015 年，欧盟有 460 万青年劳动人口处于失业状态，青年失业率比经济危机之前的 15.6% 高出 5 个百分点。在 20 岁到 24 岁群体中，有 17.3% 的人是没有工作或未参加职业培训的“啃老族”。这一比例反映出欧盟的教育培训模式和就业市场需求之间不匹配。此外，难民融入劳动市场的问题也始终未得到有效解决。除了贫困和就业，政府负债情况也不容乐观。2015 年，欧盟各国的平均负债率达到 87.4%，高于 2008 年的 62.6%。希腊政府的负债率更是达到了 178%。整个欧盟中，只有德国政府的负债率显著下降。

3）欧盟面临失去民意支持的困境

现阶段，民众的“欧洲认同感”已有明显弱化的趋势。一方面，民众对欧洲一体化是否能保障他们的利益感到不确定，因而宁愿将其利益继续交由民族国家来保障，对欧盟深化内部市场改革持怀疑或否定态度；另一方面，民众对扩大政策本身产生了强烈的疑虑。大多数民众认为继续扩大会损害欧盟经济，并且因不知欧盟的地理和文化边界在哪里而感到茫然。

4）区域内国家货币政策的独立性丧失

在经济出现较大波动时，由于欧元区各国不具备独立的货币政策，只好更多地倾向于使用财政政策来缓解危机，比如通过紧缩财政、提高税收等办法来压缩总需求、增加偿债资金来源，这又使原本就不景气的经济每况愈下。而货币政策无论对于一个国家还是整个欧盟区都是非常重要的。

5）欧盟国家储蓄不足

长期以来，欧洲在消费主义思想的主导下，奉行消费至上的观念，致使成员方国内储蓄不足，政府和私人部门更是长期过度负债。这些国家一直实行高福利的社会经济政策，执政者出于选举的需要，不会也不敢对经济和社会体制进行强有力的改革，长期维持这样的社会保障体系，造成了财政严重短缺，不得不依靠举债度日的局面。同时，随着区域一体化的日趋深入，以希腊、葡萄牙为代表的一些经济发展水平较低的国家，在工资、社会福利、失业救济等方面逐渐向德国、法国等发达国家看齐，支出超出了其国内产出的部分。

6）欧盟各国创新能力下降

创新能力的下降，使得经济发展缺乏坚实的基础和新鲜的动力，而经济的萎靡不振，又使得国家税收来源减少，加剧财政的负担。创新是一个民族、一个地区兴旺发达的不竭动力，没有创新的国家是谈不上进步的。

7）美国制约因素增大

过去，美国出于联合欧洲国家共同对付苏联威胁的需要，对欧洲一体化建设采取支持、默许的态度。随着欧盟的不断发展壮大，特别是实现金融一体化，美国日益强烈地感到欧洲一体化建设对它形成了挑战，带来了很大的压力。这促使美国从过去的支持、默许演变为阻挠、制约，逐步改变了对欧洲一体化的对策。美国发动伊拉克战争遭到法、德等欧洲盟国的强烈反对，更促使其公开亮出对欧盟"分而治之"的底牌。其实，为了牵制、阻挠欧洲一体化进程，美国一直采用的主要手段就是利用欧盟成员方之间的内部矛盾分化瓦解各国力量，使之难以形成合力，不能与美国对抗。

8）英国脱欧带来的风险

英国与欧盟其他成员方的国民经济紧密相连，英国脱离欧盟可能对各国国民经济产生根本性的破坏，包括英国自身的经济结构。英国将不再享受欧盟成员方之间的相关互惠贸易条款，英国的贸易环境将面临诸多不确定因素，失去了欧洲单一市场的渠道，其对外贸易面临萎缩风险。英国退出欧盟将会给希腊造成极大的压力，希腊还必须应对来自中东与非洲的源源不断的难民潮。饱受经济危机困扰的希腊经历了数年萎缩后，国内生产总值较2009年蒸发了1/4。虽然在中国资本的支撑下，希腊财政暂时度过了破产的危机，但离经济复苏还有距离。欧盟因2009年爆发的欧债危机以及2015年春的难民危机，深陷泥潭之中，英国脱欧无疑使欧盟雪上加霜。对于欧洲来说，英国离开后德国的主导作用将会进一步加强，欧洲也许将不再像以前那样开明，而倾向于内顾和保护主义。

2.5 中欧关系的发展及展望

2.5.1 中欧关系的发展演变

1）中国与欧盟建交

中国与欧盟（欧共体）于 1975 年 5 月建交。40 多年来，在双方的共同努力下，中欧关系得到了长足发展。在政治领域，欧盟先后制定了《欧中关系长期政策》《欧盟对华新战略》《与中国建立全面伙伴关系》3 份对华政策文件。这些文件认为"欧洲同中国的关系必然成为欧洲对外关系，包括亚洲和全球关系中的一块基石"，主张同中国建立全面的伙伴关系。与此同时，中国也一再重申，中国与欧盟都是当今世界舞台上维护和平、促进发展的重要力量，全面发展同欧盟及其成员方长期稳定的互利合作关系，也是中国对外政策的重要组成部分。

2）双方领导人的努力

近年来，党和国家领导人分别出访了法国、德国、英国、意大利等欧盟国家。欧盟委员会和法国、德国、英国、意大利等欧盟成员方的领导人也相继访问了中国。

中国–欧盟领导人会晤始于 1998 年，是中欧双方最高级别的政治磋商机制。自 1975 年建交以来，中欧关系形成了全方位、宽领域、多层次的合作格局。无论是政治磋商的频度、深度，还是经贸往来的规模、层次，及民间交流和各领域合作的密度、广度，都实现了质的飞跃。2003 年，中欧建立全面战略伙伴关系，双方已建立 50 余个各级别磋商与对话机制，涵盖政治、经贸、科技、能源、环境等广泛领域。2016 年 7 月 12 日至 13 日中国国务院总理李克强在北京与欧洲理事会主席图斯克、欧盟委员会主席容克共同主持第十八次中国欧盟领导人会晤。国家主席习近平会见了与会的两位欧盟机构主席。

3）双方的经贸合作

双方的高层会晤，加深了彼此的了解，推动了双边经贸合作。欧盟是继日本和美国之后的中国第三大贸易伙伴，是中国引进外资及技术的重要地区。中国则是居美国、瑞士和日本之后的欧盟第四大贸易伙伴。2016 年，在世界经济复苏乏力、全球贸易萎靡不振的背景下，中欧经贸合作仍保持了良好发展态势。中国海关总署数据显示，2016 年中国和欧盟贸易总值为 3.61 万亿元人民币，比上年增长 3.0%。其中，中国对欧盟出口 2.24 万亿元人民币，增长 1.2%；自欧盟进口 1.37 万亿元人民币，增长 5.9%。

2000 年 5 月 19 日，中国与欧盟就中国加入世界贸易组织达成双边协议。2000 年 9 月 8 日，欧盟委员会发表的《欧盟–中国关系报告》指出，欧盟与中国的关系在过去两年里得到加强并快速发展。欧盟认为，越来越多的双边交往增进了相互了解，有利于互助互利。报告认为，欧中双方建立的每年一度的领导人会晤制度及欧盟与中国签署关于中国加入世贸组织协议是欧中关系快速发展的明证。2015 年 9 月 28 日，第五次中欧经贸高层对话在北京成功举行，马凯副总理和欧盟委员会副主席卡泰宁共同主持对话。双方围绕"从战略高度推进双向投资、便利双边贸易"这一主题进行了深入交流，就"一带一路"倡议与欧洲投资计划对接、中欧投资协定谈判和数字经济合作等达成广泛共识，特别是在"一带一路"倡议和容克投资计划对接方面取得积极进展。双方同意成立工作组，就设立中欧共同投资基金的具体方案进行研究。双方签署了《关于建立中欧互联互通平台的谅解备忘录》。双方还探讨了国际产能合作意向。欧方鼓励中方与欧洲复兴开发银行深化合作，愿按照欧洲复兴开发银行现有章程和程序启动中方成员资格的相关谈判工作。

2.5.2 中欧的共同利益

中欧贸易发展新阶段从20世纪90年代中期开始，主要是在双方共同意愿下推动发展起来的。发展中国和欧盟及欧洲国家的关系，不仅符合双方利益，也是双方人民的意愿，任何负责任的政府官员都应该按照人民的意志来推进中国和欧盟之间的关系。

从双边贸易地位来看，欧盟对亚洲以及中国的战略观点有了转变，在双边贸易关系的改善上发挥了更为重要的作用，我国与欧盟贸易将在一个稳定的体制框架内获得积极的发展。我国已经明确把欧盟作为出口的三个主要市场之一，国内的相关政策及运行体制也纳入了这一基本判断的轨道。欧盟推出了亚洲新战略，对我国在世界经济中的地位进行了重新定位，双边建立的贸易磋商机制经过十多年的运行，证明是有效可行的。同时，加入世界贸易组织，为我国与欧盟的贸易关系提供了国际化规则的框架，有利于克服欧盟实施的不正当贸易政策。

中国和欧盟是国际舞台上两支重要的战略力量，也是重要的全面战略伙伴，日益成为前进道路上的利益共同体。中国与欧洲领导人会见会谈，能感受到欧方高层对发展对华关系的高度重视、企业界对扩大合作的强烈愿望、民众对增进相互了解与友谊的殷切期待，展现出中欧关系的良好基础和广阔前景。当前，中欧关系发展正进入新的关键时期，双方会以达成的重要共识为新起点，提升政治互信水平，充实战略合作内涵，相互尊重、平等相待、开放包容、相互支持，为推动建设和平、合作、发展的21世纪共同努力。中国正在加快转变经济发展方式，保持经济平稳较快发展，这将为中欧合作提供更多机遇。双方应紧扣各自发展战略，发挥互补优势，做好做实经贸、金融、能源、城镇化、科技创新、人文等各领域合作，实现互利共赢。中方相信欧洲能克服当前困难，并将继续参与和支持有关各方为解决欧债问题所做的努力。中国的发展对欧洲是机遇，欧方愿进一步加强同中方的务实合作，更好地扩大双方利益，实现各自良好发展，推动中欧关系迈上更高水平，并为促进世界经济发展和稳定发挥作用。

2.5.3 中欧关系的展望

1）发展前景

20世纪90年代中期以来，欧盟大幅调整政策，中欧政治关系迅速发展，高层领导人互访频繁。由于受到政治的影响，双边贸易迅猛增加，中欧经贸关系进入一个全面发展时期，不仅表现出快速增长、稳步发展的现状，还有日益加深、扩展等趋势。

中欧关系有着美好的前景，但又是复杂的，存在许多问题。考量中欧关系既要看到其光明的一面，也不能忽视其可变的复杂因素。只有这样，才能更好地互相谅解，互相理解，求同存异，共同努力，推动中欧关系更加健康稳定地发展，在维护世界和平与发展上做出更大的贡献。中欧间全面的战略伙伴关系，不仅是欧亚大陆稳定之锚，也是世界稳定之锚。发展全面的战略伙伴关系，将在欧亚大陆上形成一个相互支持的战略合作轴心，建立面向21世纪更富有活力的双边关系，是中欧双方共同的关切。

中国与欧盟关系的发展势头强劲，没有重大障碍和摩擦，双方之间的信任与了解不断加深，在世界事务上的观点互为补充，并且拥有共同的经济利益，因而未来的发展前景十分光明。欧盟与中国在两个级别上的交流（在国家级别上的双边交流和在欧盟级别上的多边交流）是相互促进的。双方在中国国内一系列领域的实际合作和欧盟及其大部分成员方对此类项目的大量财政援助给口头上的合作承诺注入了实质性内容。中国与欧盟的关系中没有一贯的或战略上的利益冲突（此类冲突总是潜伏在中美关系的背景下）。中国和欧盟对于美国及其外交政策和全球行为持一致观点。中欧之间的共同利益远大于分歧，合作仍是双方关系主流。

一是中欧之间没有战略性冲突。保持中欧关系长期稳定发展符合双方的根本利益。当前，国际形势存在诸多不确定性，双方更需要加强磋商与协调，共同应对挑战。

二是经济上互补性强。处在困境中的欧洲更需与我进行发展战略对接，开展国际产能合作，共同开拓第三方市场，促进相互经济增长，增加就业岗位。多年来欧盟是中国的最大贸易伙伴，今后将会继续保持下去。

三是在重大国际问题上，双方有许多共同点。中欧都赞成世界多极化，主张用多边主义解决国际重大问题，都主张改革不合理的经济和金融制度，人民币国际化有利于打造多元化的国际金融体系，符合双方的利益。欧洲连遭恐袭，中国也是恐怖主义的受害者，深化合作，共同坚决反对任何形式的恐怖主义，维护自身安全，已成为双方迫切的任务。

四是双方都强调文化多样性，主张通过不同文明之间包容互鉴，通过对话建设持久和平、共同繁荣的和谐世界。

我们有充分的理由相信，中欧关系将继续得到稳步加强和发展。随着时间的推移，它将成为世界事务中的一个新轴心，并在一个变幻莫测的世界里充当稳定的根源。

2）关于中欧贸易问题[①]

（1）中国对欧盟存在大量顺差，贸易严重不平衡

自2005年以来，中国对欧盟的商品贸易一直处于顺差的状态。中国对欧盟的贸易顺差在2005年为702.03亿美元，在2015年达到1 469.78亿美元，10年期间增长了约2倍多。在出口额方面，受金融危机影响，我国对欧盟的出口额从2005年的1 437.53亿美元上升到2008年的2 929.58亿美元，2009年又下降至2 363.46亿美

---

① 褚永娴，朱孝静. 中欧经贸关系存在的问题与对策［J］. 合作经济与科技，2009（4）.

元。同期，我国对欧盟的贸易顺差同比增长率从2008年的46.54%降至-32.25%，降幅达78.79%。2013年，我国对欧盟贸易已基本摆脱欧盟内需下降的影响，实现贸易顺差1 182.14亿美元，继而贸易顺差逐年增加，到2015年同比增长16.11%。总体上看，我国对欧盟贸易顺差的增长幅度在后危机时期有所缩小，而在新形势下，即在"新平庸，大分化"的经济增长格局态势下较为稳定。从长期来看，这种发展势态或将持续存在。

（2）技术贸易壁垒问题

欧盟是世界上运用技术性贸易保护措施最频繁和最严格的地区之一，在工业产品的安全、卫生、技术标准、商品包装和标签的规定及认证制度方面，以及农产品的生产、加工、运输、贮藏等各个环节，形成了包括300多个具有法律效力的欧盟指令和10万多个技术标准的双重结构的技术性贸易措施管理体系。这些技术性贸易保护措施的采用和实施具有一定的合法性和隐蔽性。

（3）欧盟知识产权保护日益强化，对华反倾销力度不断加强

随着中欧双边贸易和投资的迅速增长，双方关于知识产权领域的争端日益增多。2004年7月1日，《欧盟关于海关打击涉嫌侵权产品及其措施的法令》正式生效。该法令的目的是保护欧盟内部利益，加大打击侵权产品的力度，简化海关处理涉嫌侵权产品的程序，严禁来自欧盟外第三国的侵权产品进出欧盟。2012年12月，欧盟竞争力委员会通过2013—2017年打击知识产权侵权行动计划。新计划强调，尽管2009—2012年行动计划取得了积极效果，但在欧盟层面仍须加强知识产权海关保护力度。为此，将抓紧制定新的知识产权海关执法规则。新行动计划还列出如下目标：应对知识产权侵权货物贸易趋势，特别是网络交易的小件货物；应对国际供应链上的知识产权侵权货物贸易；加强欧盟监督机构和知识产权执法机构的合作。

（4）钢铁出口面临考验

面对欧洲钢铁行业遭遇的窘境，不少欧洲钢铁企业将其归咎于中国大量钢材的出口。这些钢铁企业一直呼吁欧盟加强对进口钢材的限制，加大反倾销力度，甚至加快反倾销调查和裁决速度。近年来，欧盟频频对从中国等国家进口钢材采取反倾销、反补贴等贸易制裁，虽不能阻止其境内供应商的大量采购，但对中国钢铁的出口还是产生了一定的影响。

（5）吸引外资对手竞争力增强

欧盟东扩必然带动投资东移。新成员方经济发展水平和劳动力成本与中国接近，又具备欧盟统一大市场的内部优势，贸易和生产成本较低，拥有一大批高技能、价格低廉的劳动力，自身优势明显，将在全球范围内与中国引进外资形成竞争。

3）应对中欧贸易问题的对策建议

要解决中欧贸易问题，应建立政府、行业协会和企业的三位一体的应对体系。

（1）政府层面

第一，提升我国在国际需求市场的地位。我国应该保持对外贸易政策的稳定性和连续性，不断落实各项稳定的外贸政策，加大力度提高贸易便利化水平。在此基础上，从长远角度出发，加快调整外贸发展方式和结构，鼓励企业投入创新技术，升级

产品质量档次，构建国际营销平台，不断开拓新兴市场，促进加工贸易转型升级和梯度转移。另外，进一步优化进口战略，扩展能源资源、精尖技术装备、重要零部件和进口国内有需要的消费品，推动双边贸易平衡发展，这样才能在国际市场上站稳脚跟，改变我国在国际需求市场的地位。

第二，积极开展经济外交。一方面，我国政府在与欧盟的交涉中，应该强烈要求其从中国的实际发展状况出发制定切合实际的对华反倾销政策。在发展双边经贸关系的同时，要对其施加压力，要求其给予中国完全的市场经济国家待遇。另一方面，我国作为 WTO 的正式成员方，要积极参与多边反倾销规则的制定、修改和完善。中国应提高透明度，防止个别发达国家滥用反倾销措施损害其他国家经济，反对新保护主义的倾向。例如在"倾销"和"产业损害或产业损害威胁"的认定方面应当加大透明度；应加强 WTO《反倾销措施协议》第 15 条的解释和强制使用性，使发达国家在实施反倾销措施时，对发展中国家成员的特殊情况和根本利益真正加以考虑。另外，在针对所谓的"非市场经济地位国家"的替代国选择的歧视性上，也应当进行修改。

第三，优化对欧出口结构，加快产业升级。目前，中欧之间最大的问题就是贸易摩擦，其相关产品的领域、范围几乎覆盖到所有行业。从以往摩擦的案件来看，主要集中在我国的传统产业和欧盟的优势产业。我国的劳动力成本比较低，以纺织业为主的劳动密集型产业拥有对欧盟的比较优势，相比较而言，欧盟在化工、钢铁等资本和技术密集型产业拥有比较优势，所以欧盟在巩固自己优势产业的同时削弱我国优势产业的竞争力。我国应该优化对欧出口结构，在巩固对欧优势产业出口的同时，引导和鼓励资本和技术密集型的企业多对欧出口，加快产业升级，增强中欧贸易的互补性。

第四，健全社会主义经济价格体系。要充分发挥价值规律作用，使企业成为市场经济真正主体，独立承担风险，使产品价格与商品价值直接挂钩，建立起市场经济的价格体系。特别重要的是，要尽量减少由国家定价的商品种类，以促进社会主义市场经济价格体系的早日建立。这样，即使我国企业出口商品遇到进口国厂商等的反倾销投诉，由于我企业出口商品的价格主要是市场因素决定的，并且是不受国家定价控制的，就有可能根据欧美反倾销法的相关规定，争取获得涉案企业的单独税率甚至整个行业的市场经济地位，从而使欧美等国反倾销法规定中所谓替代国标准不再对我涉案企业适用。

第五，健全和完善贸易救济体系。借鉴国外成熟的贸易救济机制，进一步完善我国实施反倾销、反补贴、保障措施以及技术性贸易壁垒的法规体系，加快与贸易摩擦相关的产业损害预警机制的建设，健全应对贸易摩擦快速反应机制和敏感产业损害预警机制。要建立以行业协会为主体应对贸易摩擦的新机制，重视国外针对中国的特殊保障措施立法，积极做好对外交涉和应诉的准备工作，提高企业应对贸易摩擦的整体能力。

第六，建立技术性贸易壁垒。世界贸易组织《技术贸易壁垒协议》要求每一个成员应确保设立一个咨询点，提供有关技术规章、标准和合格评定程序的资料，回答其他成员的一切合理询问。通过设立咨询点可以加强技术情报交流，并通过成立工作小组和咨询小组等机构促进技术标准的制定和实施工作。政府要充分利用通报咨询制度的信息渠道，及时掌握更多的技术信息，为广大出口企业服务；要加大资金投入力度，加快人才培养步伐，尽快建立技术性贸易壁垒的预警和快速反应系统，疏通部门与部门之间，以及部门与企业之间的沟通渠道；要收集与分析各方面信息，加快信息传递与协调，及时应对突发性事件；要建立包括欧盟在内的国外技术壁垒信息数据库，及时发布预警信息；针对技术壁垒最新动态和要求，分析欧盟可能进一步采取的措施以及对外贸出口的影响。

第七，加快技术创新及技术认证工作，实施标准化战略。欧美国家都已建立统一认证体系，国际标准采标率已达80%，日本新制定的国家标准有90%以上是采用国际标准化组织（ISO）的标准等。我国国家标准只有40%采用了国际标准，与发达国家相比仍有较大差距。所以，我国企业要加快技术创新和技术认证，建立本国的技术性贸易壁垒的防御体系，完善我国的认证制度，加强国际经济技术合作，建立与国外权威认证机构的相互认可机制。

（2）行业协会层面

行业协会是自发组织并发展起来的、按着自愿原则建立的、进行自我管理和约束的非营利组织。行业协会在现代市场经济国家具有旺盛生命力，其职能是行业规范、行业自律、行业监管。近年来，在处理中欧贸易摩擦过程中，行业协会等起到了举足轻重的作用，如温州打火机行业协会经艰苦努力，迫使欧盟最终撤销对中国打火机出口欧盟的反倾销诉讼。

行业协会应充分发挥自己的作用，努力做到以下几点：一是建立与政府有关主管部门的沟通机制，发挥行业协会的"桥梁"作用，并在企业遭遇贸易纠纷时给予物质和精神上的支持。二是加强自身建设及业务培训，提高应对技术壁垒的能力和水平。三是履行好服务职能。一方面要承担起保护企业的职责，及时跟踪研究相关国家、地区的外经贸政策，通过反倾销预警体系帮助相关产品生产经营者及时调整生产数量、出口价格、减少生产经营的盲目性，及时引导企业规避出口风险；另一方面应通过行业自律，减少和避免有关产品的出口企业不计成本、竞相降价、恶性竞争的局面，从根本上规范出口竞争秩序。

（3）企业层面

第一，尽快理顺企业产权制度。欧盟反倾销法认为，在一个市场经济国家，政府在资源分配和价格决定中起的作用通常极小。而私人企业受利润驱动，根据市场供求关系的变化来制定其商业决策，不受政府的干预。因此私有企业的产品和生产成本，较能合理地反映经济现实。

第二，企业要积极应诉。针对我国出口产品的欧盟反倾销案一直居高不下的现状，出口企业在案发前就应当未雨绸缪，及时、充分了解本企业的出口产品或者其他类似出口产品在欧盟的销售价格和走势，以及该出口产品对欧盟同类产业所造成的各种影响。

第三，熟知欧盟贸易救济法规，充分利用WTO保障自己权益。欧盟进行贸易救济主要依据自己的各项法规和指令，对此企业应建立专门应对贸易摩擦的部门，研究和熟知欧盟的贸易法规、政策和救济程序，做到知己知彼，并做好预警工作；此外，企业还可以充分利用 WTO 的争端解决机制来保障自己的权益，如一个企业就算被征收了反倾销税还可以要求复审，争取翻案。按照法律规定，复审有三个程序：到期复审、期中复审、新出口商复审。

第四，强化质量管理，打造国际品牌。目前，我国对欧盟出口的产品有些是重量不重质的低价产品，企业参与国际竞争缺乏长期战略眼光和可行的战略方案，不重视品牌的塑造，主要采用价格竞争的方式开拓国际市场，从而频遭欧盟反倾销调查。企业必须强化质量管理，打造自己的国际品牌。

第五，鼓励有条件的企业对欧盟直接投资。我国对欧盟货物出口一直保持着顺差，但欧盟在对我国的直接投资方面一直保持优势，我国企业对欧盟直接投资的空间比较大，通过鼓励有条件的企业对欧盟直接投资可以有效地避免一些贸易摩擦，并促进国内产业优化升级。欧盟中的西欧发达国家拥有先进的技术、管理经验和众多的高级和专业生产要素，知识和技术密集型的高新技术产业集聚效应明显，有极强的区位优势，适合一些高新产业的投资。

本章小结

作为一个涵盖 27 个国家、总人口达 5 亿的，当今世界上经济实力最强、一体化程度最高的国家联合体，欧盟的发展对当今世界范围内的贸易都具有重大影响。欧盟的地位决定了它是一个集政治实体和经济实体于一身、在世界上具有重要影响的区域一体化组织。欧盟国家由于地理位置、产业区位、贸易分工和投资结构等不同，也处于不同的地位。欧盟有对内贸易政策与对外贸易政策。进入欧盟市场前要进行市场调研，在产品、价格上讲究策略，注重绿色营销。欧盟也面临着诸多风险，如国家储蓄力不足、贫富差距加大、英国脱离欧盟等。中国与欧盟建交 40 多年，在两国领导人的努力下，双方的经贸合作比较顺畅。尽管双方存在一些贸易上的问题，但前景仍然可观。

思考题

1.名词解释：

欧盟　欧盟组织机构　关税同盟　非关税壁垒　贸易保护主义　知识产权

2.阐述欧盟成立的背景、形成的原因及发展现状。

3.欧盟采取了哪些政策和措施加强内部建设？

4.欧盟的对外贸易政策是什么？

5.欧共体的创始人意欲使之真正成为共同市场，而要实现这些目标，就要以政治一体化来辅助经济一体化。请讨论。

6.欧盟国家面临的问题有哪些？如何进入并拓展欧盟国家市场？

7.试分析英国脱欧后对其自身及欧盟国家有哪些影响。

8.案例分析

海尔如何撬动欧洲市场

海尔在欧洲市场开始计划它的下一步了。2014年9月初在法国开卖的一款售价只有49欧元的平板电脑在上市当天就被抢购一空。"足足有5 000台啊,这有点像中国的小米所采用的销售模式。"海尔欧洲区黑电产品总监Christophe Chancenest虽然在参加I-FA(德国柏林电子消费展),但他的心思一大半都留在了法国。

这应该算是2014年6月海尔与全球最大的IT分销商——英迈国际法国分公司——签署平板电脑分销协议之后的第一个大动作,双方当时的目标是希望在3年内成为法国以及整个欧洲市场前五大平板电脑厂商。而海尔给自己定的目标是2014年实现20万台的销量,比上一年5万台的目标高了不少,这可以让它占到整个欧洲区2%的市场份额。

欧洲跟国内市场有太大的不同,对智能终端的争夺比家电要惨烈得多,海尔在这两块业务上并没有投入太多的资源。在欧洲,市场的不确定性很大,海尔有机会拿到足够的市场份额,更何况它的白电业务已经走上正轨。

欧睿国际(Euromonitor)发布的2013年全球家电市场调研数据显示,海尔的零售份额达到了9.7%,蝉联第一。优势多集中于白电业务,冰箱、洗衣机、冷柜、酒柜等四大品类都位居全球第一。海尔2014年上半年在全球主要区域的销售额同比增加了8%,其中欧洲区的白电业务贡献显著。"我们需要更大的市场。"海尔欧洲区总经理孙书宝说。

撬动年轻人

"德国有句谚语大意是'我祖母和母亲买的就是米勒,所以我也买米勒',欧洲的用户相对传统,这部分人是很难被转化的。"孙书宝说,"西门子、米勒在我们前面那么远,我们必须找机会跟它们处在同一个起跑线上。追肯定很难,但我们如果换一个方向,在社交平台上争取年轻的用户,等到它们反过来做这块时,就会为我们争取不少的时间。"

包括孙书宝在内的海尔欧洲区高管在几年前制定欧洲区战略时,非常清楚一点:海尔绝对不能把在国内的那套经验完全照搬到欧洲来。实际上这也不现实,欧洲的3C连锁卖场要比国内的国美、苏宁强势不少。"这里线下的市场份额差不多有80%,线上的只有20%,西门子之所以没做社交营销,也是因为它在线下太强大了。"孙书宝说。

2009年,海尔在德国、法国、英国、意大利和西班牙5个核心市场开设了Facebook账号。海尔当时在欧洲定的策略就是"先难后易",这5个国家有着最挑剔的用户,那里的市场竞争也是最激烈的。

孙书宝当年可以说是"小心翼翼",因为直到2012年,他们才慢慢地把产品的概念加进去。而在此之前,他们对社交平台的投入只在乎一个维度——品牌。"我如果一开始就推产品,那么这跟线下渠道有什么区别呢?"

他们在网上设立虚拟社区,还包括在Facebook上发起的提倡环保的"灭灯行动"、每年春季的卫生清理活动、中国年……

2012年，他们在Facebook上开设了虚拟展厅，把所有产品立体地呈现在互联网上，用户可以任意选择和"试用"，对产品功能进行初步的了解。"我们会鼓励用户不断地上传家中的视频，比如冰箱是如何摆放的，里面的食物又是怎么放的，让他们告诉我们有什么抱怨，而一旦建议被采纳就会得到一定的奖励。"孙书宝说："一开始，用户是被视频和奖励吸引过来的，到了现在，他们主动地参与到我们产品的设计中来。"

设计为先

在柏林闹市区的一家Saturn里，即便不贴标签，你也可以很清楚地找出哪些是海尔的产品。"很多年轻人更偏爱像海尔这样的'不太一样'的品牌。"该店的店长说。这个麦德龙旗下的3C连锁卖场在欧洲有超过600家的店铺，它们几年前就开始加强与海尔的合作。

2014年，海尔有一款冰箱拿到了德国商品检测机构Stiwa的"高品质认证奖"。Stiwa是德国政府资助的商品检测最高权威机构，它的各项检验指标要高于德国行业标准。德国超过1/3的消费者买东西都会参考它的检测报告。有些被它直接否决的产品，不管品牌多强势，都会退市。

"他们给我们的反馈中，设计一项得分是最高的。"一位海尔欧洲区的工作人员称。比如，一款冰箱首次将抽屉式冰箱门应用在三门冰箱中，取东西不用弯腰，用手一碰抽屉门就能顺畅地开合。

孙书宝不断地在辖区内强调用户需求的重要性，水晶系列洗衣机也是一个很好的例子。此前在用户的需求调研中，美国用户提出想要一个能快速大量洗净衣服的洗衣机，法国用户希望能用洗衣机洗涤昂贵面料衣物，日本用户则提出超静音洗衣需求。正是为满足这些不同的需求，海尔水晶系列洗衣机才应运而生。为了这一款产品，海尔团队累计入户调研2001家，开展座谈会628场，网络调研11 879人，全球累计调研总人数超过2万人。"欧洲研发中心的运营动力来自本土消费者的显性与隐性需求，我们的责任就是将这些需求转化成全球领先的技术与产品，去满足他们的需求。"欧洲研发中心首席设计师弗朗西斯科说。

问题：

（1）海尔如何撬动欧洲市场？

（2）海尔给其他企业的经验是什么？

资料链接：2017年世界名义GDP和人均GDP排名

第 **3** 章

北美自由贸易区国家市场营销分析

学习目标 ◯

通过本章学习，你应该达到以下目标：

知识目标：了解北美自由贸易区成立的历史背景及发展阶段；理解北美自由贸易区的主要特征和北美自由贸易区成立后所产生的一些影响。

技能目标：学习北美自由贸易区贸易政策后能分析北美国家市场的情况并选择适当的营销策略。

能力目标：具有熟练分析北美自由贸易区市场特点及正确选择国际营销目标市场的能力。

3.1 北美贸易区分析

3.1.1 北美自由贸易区概述

北美自由贸易区的组建是通过对《北美自由贸易协定》（The North American Free Trade Agreement，NAFTA）的谈判和签订来完成的。美国、加拿大和墨西哥三国于1992年8月12日就《北美自由贸易协定》达成一致意见，并于同年12月17日由三国领导人分别在各自国家正式签署。1994年1月1日，协定正式生效，北美自由贸易区宣布成立。北美自由贸易区是发达国家与发展中国家在贸易自由化基础上，以贸易集团形式实现互利合作的典型。

1）北美自由贸易区建立的历史背景

一般而言，第二次世界大战后出现的关税同盟、自由贸易区等形式的区域经济组织，其成员方都是经济水平相近的国家。从国际产业分工的角度分析，成员方之间多是水平分工方式，从而达到较高层次上的竞争和互补关系。然而，北美自由贸易区由两个属于七国成员的发达国家和一个典型的发展中国家组成，其在政治、经济、文化等方面差距很大。因此，北美自由贸易区通过垂直分工来体现美、加、墨三国间的经济互补关系，促进各方的经济发展，成为南北经济合作的典型。美、加、墨三国之所以能走到一起，有着深刻的历史背景。

南北区域经济集团组织的形成，从理论上讲，首先需要两个战略性价值前提：一是殖民地和落后地区的经济、政治独立，至少是在名义上摆脱发达国家的经济控制，有通过相互合作共同发展的强烈愿望；二是同一区域内的发达国家基于共同的利益考虑，需要建立合作关系，共同对付外部经济力量的竞争。20世纪80年代后，欧盟经济实力日益壮大，亚洲的日本经济也急剧发展。90年代冷战结束后，世界形势的发展对美国更为不利，美国已不可能再像以前一样单枪匹马地与对手周旋。美国必须建立以其自身为核心、能与其他经济集团相抗衡的区域经济集团，从而巩固美国的世界霸主地位。同时，北美自由贸易区的建立也符合加拿大和墨西哥的利益。在经济上，加拿大对美国有很强的依赖性，原有的《美加贸易协定》已不能适应经济形势的变化。而墨西哥是经济相对落后的发展中国家，虽然由于历史原因它在一定时期内一直拒绝与美国在经济上结盟，但80年代中期，由于国家经济形势不断恶化，合作成为各国唯一的选择。总之，面对新的国际、国内形势，三国都以务实的态度调整自己的经济发展战略，并克服了重重阻力，最终促成了《北美自由贸易协定》的签订。

2）构建的动因：各方利益诉求的汇聚

北美自由贸易区在冷战后能够建立并成功地发展起来，其原因是多方面的。其外部原因在于经济全球化与区域一体化的推动。其内部原因，一方面是美国与欧盟、日本等发达经济体竞争加剧；另一方面是墨西哥迅速发展经济、防止在经济全球化条件下被边缘化的利益要求。

（1）经济全球化与区域一体化推动了北美自由贸易区的构建

20世纪90年代以来，经济全球化以前所未有的速度迅猛发展，科技革命新高潮再起，在以信息技术为中心的高科技推动下，生产力迅速提高，生产社会化和国际化进一步加强。与此同时，区域主义有了新的内容，发展形成了"新区域主义"。全球化、区域化趋势交替作用，形成了北美自由贸易区发展的独特外部环境。这种推动作用也使得北美自由贸易区的建立势在必行。

区域一体化和区域主义是与全球化同时并存的国际政治经济发展趋势。更准确地说，区域主义在当代的发展越来越表现出自己的独立性。在今天的区域一体化新趋势中，有关国家、跨国经济实体和个人并不是走向以地区为中心相互封闭，而是一方面借助地区中心的凝聚力提高竞争地位，谋求更大的比较利益，另一方面也借助现有的全球性机制（联合国、世贸组织、国际货币基金组织、世界银行等）谋求向其他地区的渗透和相互开放。全球化的发展使得完全封闭的"堡垒"似的区域一体化追求成为历史，成为警世的过去；相反，当今的区域一体化趋势在一定程度上是世界各国对全球化趋势的一种积极回应。正如一些国际政治经济学家所看到的，今日的国际政治经济状况是一个辩证的过程，经济全球化与经济区域主义的同时发生和互补呼应反映在这个世界上各国既希望获得全球经济的绝对利益，又企望通过各国经济保护、地区安排和管理贸易来获得相对收益。它们认为区域一体化在全球一体化和民族国家化两种极端趋势中日益扮演一种"桥梁"和"中介"的角色。经济全球化是科技革命和生产国际化推动的结果，遥感技术、卫星通信、网络技术、多媒体等技术的发展，使人类社会将成为以改造和分配信息为基础的经济社会，信息将是左右国家经济发展、政治命脉、军力强弱的关键因素。同时，经济全球化加深了国家之间、国家与国际组织之间的相互依赖关系，形成了各种纵横交错的相互牵制、相互制约的关系。南北方国家相互依赖程度加深，必将促进南北合作关系的发展。在这一条件下，南北之间的区域联合得到了加强。

在这种理论的大发展下，南方国家与北方国家间的合作已成为可行并且必要的选择了，各种合作形式也相继展开，北美自由贸易区正是在这种形势下建立起来的，并适应了这种形势的发展。因此，这种经济全球化与区域一体化的推动是北美自由贸易区建立的前提条件。

（2）美国与欧盟、日本等发达经济体间的竞争加剧

一项稳定的国际经济制度不能建立在赤裸裸的武力上，甚至不能靠武力和经济刺激与制裁相结合的方式。稳定只有得到一套富有理性且有效的意识形态的支持，才能持久。在北美自由贸易区的建立过程中，美国自始至终起到了主导作用，它筹划并推动了该贸易区的建立和发展。美国之所以如此热心在美洲建立这样一个南北合作机制，主要是与其他发达国家间的竞争加剧，以及出于其自身的战略考虑。

从美国的战略目标来看，在面临欧盟、日本威胁的情况下，它计划建立的区域一体化集团包括以下三个步骤：首先，同北美的发达国家加拿大建立合作关系，寻找一个坚定的盟友；其次，联合北美的发展中国家墨西哥，三国共同建立北美自由贸易区，在北美地区形成美国主导的地区集团；最后，将整个北美自由贸易区的形式推广到整个美洲地区，建立美洲自由贸易区，把拉美国家也包括进来。通过这三个步骤，基本上就可以把整个美洲地区都纳入美国的控制下，从此可以利用这个框架进一步发展美国的经济，争取在国际政治舞台上占有更强有力的位置。

美国对外贸易政策的演变也是其要求建立北美自由贸易区的原因之一。二战以后，美国一直是国际自由贸易理论与政策的积极倡议者。然而，随着其经济实力的相对削弱和对外贸易赤字的不断扩大，理论上或形式上的自由贸易与政策上或行动上的保护贸易，一道成为美国对外贸易新的特色，表现为美国在继续鼓吹自由贸易并要求它国减少保护、开放市场的同时，自己却通过"超级301"和"特殊301"等新贸易法案条款保护美国贸易协定权、限制外国产品进入美国，这正是美国为增强国际竞争力、稳定地占有国外市场份额而做出的积极努力。

另外，从地缘政治的角度来看，在地理上相邻的美国、加拿大和墨西哥三国交通运输便利，长期以来形成了较深的相互依赖关系，彼此间经贸往来较为密切。就美加关系来看，两国多年来就互为对方的第一大贸易伙伴。就美墨关系而言，墨西哥是美国的第三大贸易对象国，其在美国出口中的重要性仅次于加拿大和日本；反过来，在墨西哥的贸易总额中，美国占了2/3以上。

（3）墨西哥的利益诉求

墨西哥是北美自由贸易区中唯一的发展中国家，没有它，就不会存在这样一个南北型的区域集团，各种分析也就无从谈起，因此了解墨西哥同意参与构建北美自由贸易区的原因就格外重要。墨西哥之所以积极回应美国建立北美自由贸易区的倡议，是因为北美自由贸易区的构建符合墨西哥的利益。

首先，发展经济的需求。这是墨西哥与经济发达国家合作的首要因素。墨西哥作为经济相对落后的发展中国家，由于历史原因长期拒绝与美国在经济上结盟，但20

世纪80年代中期以来，其国家经济形势不断恶化，墨西哥不得不反思自己的对美经济政策。20世纪70年代末以后，墨西哥的经济发展减速。盛产石油的墨西哥，因石油价格在国际市场动荡不定，其经济遭受冲击，又因长期推行进口替代政策，造成经济结构失衡，经济效益降低，外债负担加重。

其次，防止在经济全球化条件下被边缘化。在经济上，全球化迫使处于世界经济体系外围的发展中国家经济向全球竞争开放。这不仅为发达国家大举进入和占领发展中国家的市场提供了方便，而且可能使发达国家利用现有的经济规则，凭借资本、技术和信息等方面的优势，继续掠夺性地大量开发和廉价占有发展中国家的生产资料和人力资源，使发展中国家在经济的持续和良性发展方面受到影响。在政治上，全球化对发展中国家的"国家建设"构成严峻挑战。超越国家界限的国际组织、跨国公司、跨国金融机构以及其他代表各种信仰和利益的国际和地方非政府组织等越来越强大，侵蚀了原本属于国家的权力。这种权力日益被侵蚀和丧失，使发展中国家在经济全球化中处于越来越边缘的地位，若不能采取适宜的措施促进政治经济的发展，发展中国家将在国际舞台上一直处于弱势地位。墨西哥加入北美自由贸易区也是出于这方面的考虑，通过这一机制加强与美国、加拿大这两个发达国家的联系，从而逐步融入体系内，防止被边缘化。

最后，墨西哥与美国存在着传统的经济关系，联系密切。墨西哥对美国在外资和贸易上的依赖程度比加拿大更深，两国间长期存在着一种"摆脱不了的"特殊关系：美国需要墨西哥的市场，墨西哥需要美国的支持。

总体来看，北美自由贸易区的建立是由于经济全球化与区域一体化的推动作用，美国与欧盟、日本等发达经济体间的竞争加剧，以及墨西哥的利益诉求，另外，特别要提到的是北美自由贸易区的构建也体现了加拿大的利益要求。加拿大是一个以贸易立国的国家，其对外贸易的依存程度甚于日本、英国。美国和加拿大在经济贸易方面有密切的联系，在政治、军事方面长期保持着同盟关系，两国间有4 000英里（约合6 437千米）的边界线，并且加拿大的人口和产业设施都集中在美加边界以北200英里（约合322千米）的狭长地带内。加拿大在经济上对美国的依赖程度很深，美国是加拿大最大的贸易伙伴。虽然加拿大在市场准入、经济政策等方面与墨西哥存在一些矛盾，但在美、墨双边贸易谈判之后，加拿大权衡利弊，最终加入了谈判，促使《北美自由贸易协定》最终签订，并于1994年正式实施。《北美自由贸易协定》在行业惯例、服务贸易、投资规则、争议解决等方面均有详细的规定，这些规定具有稳定性和可预测性，有利于在法律制度的层面上增强北美地区投资人的信心并保障他们的利益。这种宏观利益的表现就是，近几年来，北美自由贸易区无论是在商品进口总额还是在出口总额方面都保持国际贸易地区份额的首位，远高于排名第二的欧盟国家的相应总额，已经占世界进出口总额的1/4左右。北美自由贸易区的建立，对美、加、墨三国各自的经济发展也产生了积极影响。

3)《北美自由贸易协定》的影响

《北美自由贸易协定》对北美各国乃至世界经济的发展都具有极其重大的影响。

首先，《北美自由贸易协定》对区域内经济贸易发展既具有积极的影响，也具有消极的影响。对美国而言，其积极的影响是：扩大对加、墨两国的出口，不仅制造业企业受益，高科技工业部门也将增加对加拿大、墨西哥的出口；美国同墨西哥的贸易顺差增加；美国能够进入墨西哥的能源、金融、电信和服务等领域；增加就业机会，实现产业结构的快速升级；可以充分利用墨西哥的廉价劳动力；增强国际竞争力。对加拿大的积极影响是：扩大对美、墨两国的出口；促进对美、墨两国的投资；提高劳动生产率等。作为发展中国家的墨西哥是北美自由贸易区的最大受益者：促进其国内经济的增长；吸引大量的外资；引进先进科技和管理经验，促进墨西哥的快速发展。

《北美自由贸易协定》对区域经济贸易发展的消极影响主要表现在以下内容：一是对美国而言，增大了与加、墨两国的贸易逆差；对美国本国工人的就业和工资收入产生了影响。二是对加拿大而言，其国内居民收入差距加大，该协定过分保护投资者权利的做法带来了消极的影响。三是对墨西哥而言，一部分居民的生活贫困化加剧；对墨西哥的环境造成了污染、恶化；使得墨西哥的农业发展变得困难。

其次，《北美自由贸易协定》对国家间的贸易和资本流动也产生了重大的影响。北美自由贸易区的建立，一方面增加了区域内部的贸易往来，另一方面也使得贸易保护主义增强，这对区域外一些国家向美国出口货物构成了一定的威胁。

再次，《北美自由贸易协定》对美国、加拿大和墨西哥三国的产业布局也产生了重大的影响。北美自由贸易区成立以后，区内的企业可以从规模经济中获益，降低产品的成本，获得竞争优势，消除贸易壁垒，获得更多专业化生产和协作机会，因而能创造出"范围经济"。在区内，一些产业会形成完整的梯度布局，企业可以选择适当的产业形态。根据"生产分工"战略，区内劳动密集型产业和部分"夕阳产业"可以转移到劳动力丰富而廉价的墨西哥，将新兴产业和高科技产业留在美国和加拿大国内，促进美、加产业结构的升级。

北美自由贸易区的建立对美国的产业布局和空间布局的影响主要表现在：在产业布局方面，美国的"夕阳产业"转移到加拿大和墨西哥，有利于美国国内产业的优化布局；产业的转移和升级有力地推动美国汽车、电信设备等工业部门的发展。北美自由贸易区的建立对美国空间布局的影响不大。这是因为美国经济实力比加拿大和墨西哥强得多，美国可以对邻国产业的空间布局产生很大的影响，但是邻国对美国的影响就很小。美国使墨西哥工业向北部边境地区移动的力量比墨西哥使美国工业南移的力量大得多。虽然靠近墨西哥的边境城市就业人口比美国整体就业人口增长更快，但是美国边境经济对美国整体经济影响很小。可以说，墨西哥经济还没有强大到对美国产业的空间布局产生深刻影响的程度。

由于加拿大和美国的贸易有很长的历史，美国在一个世纪以前就对加拿大的工业施加了很强的影响，因而北美自由贸易区的建立对加拿大的工业布局的影响从数量上难以确定，但是宏观上的影响还是非常明显的。加拿大安大略省与美国中西部和北部的主要制造业地区接壤，在20世纪大部分时间里这里聚集了一半的制造业工人。加拿大工业中心沿着美国的工业中心发展，是美国工业聚集的扩展。直到2012年，两国的自动化生产在地理位置上仍然集中在美国的密歇根州和加拿大的安大略省的工业走廊。

墨西哥加入北美自由贸易区后，平均关税的降低使得墨西哥产品更容易进入美国市场。在靠近美国的墨西哥边境地区，到美国市场的运输成本降低，那些出口占销售比重较大或进口占直接投入比重较大的企业可以把生产转移到那些能够使产品低成本进入美国市场的边境地区。在北美自由贸易区成立之前，墨西哥边境地区工业就业人口的增长与其到美国市场的距离没有相关性。但是加入北美自由贸易区后，二者的关系就变为负相关，即越靠近美国市场，墨西哥边境地区的工业就业人口就越多。墨西哥城工业带已经转移到与美国经济关系密切的墨西哥北部。墨西哥北部为一些企业利用墨西哥廉价的劳动力和进入美国市场提供了便利的交通条件。在墨西哥的外国直接投资也有部分集中在边界地区。墨西哥新的工业中心现在集中在地理位置上靠近美国的北部城市，如蒙特雷、提华纳等。

最后，《北美自由贸易协定》的签署为整个拉美地区的贸易和经济发展提供了新的可能。美国成功地将拉美大国墨西哥纳入以自己为龙头的自由贸易体系，无疑为美国同其他拉美国家的经济合作树立了一个典范，增强了这些国家与美国合作的信心。拉美国家同美国一直保持着较密切的经贸关系，同美的贸易额占拉美国家总贸易额的40%以上。《北美自由贸易协定》的签署，促使拉美国家积极向北美自由贸易区靠拢。智利已于1994年同美国进行自由贸易谈判，于2003年1月1日签署自由贸易协定，2004年1月1日正式生效。自协定生效以来，两国双边贸易总额由2003年的65.63亿美元增至2012年的277.68万美元，涨幅达323%。

4）北美自由贸易区的组织机构

北美自由贸易区由自由贸易委员会、秘书处、专门委员会、合作组、专家组、劳工合作委员会、环境合作委员会、北美发展银行、边境环境委员会、咨询机构、仲裁法庭和保护仲裁法庭程序特别委员会等机构组成。各个部分通力合作，促进北美自由贸易区的正常运营和发展。

自由贸易委员会是北美自由贸易区最高级别的机构，它由缔约方内阁及其代表或他们指定的人员组成。委员会的职能是：监督协定的实施；督促进一步的谈判；解决协定在解释或适用方面引起的争议；监督根据协定建立的专门委员会和工作组的工作；考虑其他可能影响协定运作的事项。委员会每年至少召集一次年会，由各缔约方的代表轮流主持。

秘书处由委员会建立，它是处理日常事务的行政机构，同时在各缔约方设立分秘书处并监督其工作。各缔约方要负责分秘书处的人员、运作及费用管理。秘书处的职责是为委员会提供帮助，为专家组和专门委员会提供行政支持，从而为协定的实施运用提供服务。

专门委员会是根据协定的规定而建立的专门负责某一领域事项的委员会，主要有：货物贸易委员会、服装贸易委员会、农业委员会、与标准相关的委员会、小型商业委员会、金融服务委员会、私人商业争端咨询委员会等。这些专门委员会在各自领域发挥具体的职能。

工作组和专家组的职能主要是解决某一领域的专业问题，并就此向自由贸易委员会、专门委员会和仲裁庭提供咨询意见。自由贸易委员会建立的工作组主要有原产地规则工作组（海关分工作组）、农业工作组、美国和墨西哥双边工作组、加拿大和墨西哥双边工作组、贸易工作组、临时入境工作组等。

3.1.2　北美自由贸易区的发展历程

随着冷战的结束，各国之间的政治经济合作关系日益增强，不仅发达国家之间建立合作组织，发展中国家和发达国家之间的合作也大大加强，这正是国际分工不断加深的必然要求。国际经济关系中合作的目标就是建立一种相互信任、公正合理、相互依存的经济新秩序，以替代旧的国际经济秩序。虽然冷战后合作机制在国际经济关系中不断强化，但斗争也不可避免地会出现。为了调整这种国际经济关系，加强区域合作，北美自由贸易区成立。北美自由贸易区的建立对于美国、加拿大和墨西哥乃至整个国际社会都产生了重大的影响。北美自由贸易区是继欧盟之后第二个重要的地区整合机制，是第一个南北方国家间建立的区域集团。北美自由贸易区试图整合西半球的两个最高工业化国家和拉美地区主要政治力量的经济。

加拿大、美国、墨西哥三国于 1992 年 8 月 12 日就《北美自由贸易协定》达成一致意见后，于同年 12 月 17 日分别在各自国家正式签署，按法律规定生效。1994 年 1 月 1 日，北美自由贸易区在协定正式生效后宣布成立。北美自由贸易区的演进经历了三个阶段：萌芽阶段、成立阶段和发展阶段。

1）萌芽阶段

美国和加拿大自由贸易协定的签署与实行，标志着北美自由贸易区的萌芽。20 世纪后期，美国经济得到了快速发展，但与此同时，其贸易赤字也不断上升，"1984 年突破 1 000 亿美元大关，1987 年创 1 521 亿美元的最高纪录，其中对加拿大、日本、欧共体及中国的赤字为最"。在这样的情况下，美国国内压力巨大，要求实行贸易保护主义，实行"对等贸易"或"互惠贸易"，即双方实行对等的关税或互惠的贸易政策。同时，美国开始赞成组建地区集团，试图谋求建立自己的自由贸易区。

1979 年美国国会在关于贸易协定的法案中最早提出了关于北美自由贸易区的设想。里根在 1980 年的总统竞选有关纲领中再次提出建立包括美、墨、加及加勒比诸国在内的北美自由贸易区的设想。但是后来由于种种原因的限制，建立北美自由贸易区的设想一直未受到重视，直到 1985 年才开始慢慢起步。

1985 年 3 月，美国总统里根在与加拿大总理马尔罗尼会晤时，首次正式提出美、加两国加强经济合作、实行自由贸易的主张。由于两国经济发展水平、文化及生活习俗极其相近，并且两国的交通运输比较便利，在经济上具有很强的相互依赖性，所以自 1986 年 5 月起，两国经过一年多的协商与谈判，终于在 1987 年 10 月达成协议。1988 年 1 月 2 日，双方正式签署了《美加自由贸易协定》。经过加拿大联邦议会和美国国会批准，该协定于 1989 年 1 月生效。《美加自由贸易协定》规定在 10 年内逐步取消商品进口（包括农产品）关税和非关税壁垒，取消对服务业的关税限制和汽车进出口的管制，开展公平、自由的能源贸易。在投资方面，两国将提供国民待遇，建立一套共同监督的有效程序及解决相互之间贸易纠纷的机制。除此之外，为了防止转口逃税，双方还确定了原产地原则。美加自由贸易区是一种类似于共同市场的区域经济一体化组织，其建立标志着北美自由贸易区的萌芽，完成了建立北美自由贸易区的第一步。

2）成立阶段

建立北美自由贸易区的第二步，就是墨西哥的加入。随着区域经济一体化的蓬勃发展和《美加自由贸易协定》的签署，墨西哥把与美国开展自由贸易问题提上议事日程。对于墨西哥来说，加入北美自由贸易区意义重大。墨西哥前总统萨利纳斯认为，加入北美自由贸易区对墨西哥经济发展有很大的好处，可以使墨西哥摆脱经济困境，实现迅速增长。但美国对于墨西哥质疑较多，主要表现在墨西哥的一些经济政策不符合美国利益，如在市场准入、投资环境方面对美设置了太多的障碍。美国希望墨西哥能够进一步开放市场、改善投资环境、缩小关税差距等，以利于美国在墨西哥境内投资。

1986年8月，美国、墨西哥两国领导人提出双边框架协定计划，并于1987年11月签订了一项有关磋商两国之间贸易和投资的框架原则和程序协议。两国在此基础之上进行了多次的谈判和协商，于1990年7月正式达成了《美墨贸易与投资协定》（又称"谅解"协议）。同年9月，加拿大宣布将参与谈判，三国于1991年6月12日在加拿大的多伦多就《北美自由贸易协定》举行了首轮谈判。经过14个月的磋商努力，三方于1992年8月12日就《北美自由贸易协定》达成一致意见。最终于1992年12月17日，布什、马尔罗尼和萨利纳斯分别代表美、加、墨在《北美自由贸易协定》上签字。该协定于1994年1月1日正式生效，北美自由贸易区宣告成立。

《北美自由贸易协定》谈判主要涉及6个方面，分17个工作小组进行具体的工作。这6个方面分别是：市场进入；商务规划；服务业；投资；知识产权；纠纷处理机制。通过对以上几个方面的谈判，三方旨在逐步消除货物、服务和投资流动的障碍，对知识产权提供保护，建立公正、迅捷的纠纷处理机制。

协定的宗旨是：取消贸易壁垒；创造公平的条件，增加投资机会；保护知识产权；建立执行协定和解决贸易争端的有效机制，促进三边和多边合作。为了实现上述宗旨，协定确立了三项基本原则，即国民待遇原则、最惠国待遇原则、透明度原则。这三项原则贯穿于整个协定之中，从而保证区内贸易自由化的实现。

北美自由贸易区是由世界最富有的发达国家和发展中国家组成的区域经济贸易集团。其成立之初，就拥有3.6亿消费者。可以说，北美自由贸易区是一个雄心勃勃的计划，它力图以自由贸易为理论基础，以自由贸易区的形式来实现贸易、投资等方面的全面自由化，进而带动整个北美地区的经济贸易发展。

北美自由贸易区促进了美国与拉美国家的双边或多边贸易协定谈判，向实现美国提出的"所有拉美国家贸易自由化"、建立"美洲自由贸易区"的倡议计划迈出了重要的一步。

3）发展阶段

北美自由贸易区的建立，只是美国战略目标的第一步，美国的战略目标是在整个美洲建立一个自己主导的区域集团，即美洲自由贸易区。北美自由贸易区的成立促进了成员方的经济合作与发展，促进了成员方之间的贸易增长。

NAFTA的建立大大提高了墨西哥与美、加两国的贸易自由化程度。美、墨贸易额1993年为896亿美元，1998年增加到1 737亿美元，约占墨西哥贸易总额的80%，墨西哥成为美国的第二大贸易伙伴。对于美国来说，美、墨贸易有较强的互补性，1998年美国对墨西哥的出口额占美国出口总额的11.7%，进口额占美国进口总额的10.5%。同时，加拿大和墨西哥之间以往的双边贸易金额小，NAFTA的实施使得两国的贸易以惊人的速度增长，1994—1997年平均增长速度达到15%，使墨西哥跃居为加拿大第五大贸易伙伴。NAFTA建立20多年来，墨西哥、加拿大与美国三国之间联系更加紧密。2015年，加拿大与美国的贸易额达到6 620亿美元，仅仅比美国最大的贸易伙伴中国少10亿美元，加拿大也是美国最大的商品出口市场，每年美国近15%的商品和服务都出口到了加拿大，总额达到3 370亿美元。墨西哥是美国第三大贸易伙伴，与美国每年的贸易额达到5 860亿美元。根据世界贸易组织（WTO）的数据，加拿大进口的商品有60%来自美国，墨西哥进口商品的80%以上来自美国。

NAFTA制定了从行业惯例、贸易服务到投资规则等各项基础政策，通过稳定和持续地应用这些政策，对北美自由贸易区的投资者可以进行长远规划，从而实现资源的最优配置，促进各国经济的快速发展。协定规定各成员方之间的贸易商品在15年内分为4个阶段实现关税税项和税率的减免。随着北美自由贸易区的不断发展，到2008年，区内已实现跨国贸易商品全部免税流通，合并或取消的关税税项和税种已达到3 000多项，免税商品总计已达到4 000多类。

虽然北美自由贸易区只有3个成员方，但在北美自由贸易区成立之初，关于西半球国家应怎样开展合作，就有了不少争论，其中一种较受欢迎的方案就是扩大北美集团，具体方式是扩大《北美自由贸易协定》的范围，或者由美国与有兴趣合作的拉美国家就达成双边自由贸易协议进行谈判。虽然美洲自由贸易区并不仅仅是北美自由贸易区的简单升级，但应该看到北美自由贸易区的确起到了一个框架的作用。1994年，在美洲国家首脑会议上，34国一致同意将北美自由贸易区扩大为美洲自由贸易区，到2005年建成美洲贸易集团。

1994年以后，NAFTA南扩趋势明显，美洲自由贸易区从1994年12月迈阿密第一次美洲国家首脑会议启动以来，其间经过圣地亚哥和魁北克两次首脑会议和多次贸易部长级会议，到2003年年底，已历经9年，但进展甚微，在消除商品和服务贸易壁垒这个主要目标方面几乎没有达成任何有意义的协议。虽然历次首脑会议一再重申2005年建成美洲自由贸易区，但谈判一直停留在议程和框架层面上，无从深入。目前，由于巴西等拉美国家与美国在建立自由贸易区的问题上存在较大分歧，谈判遇到了前所未有的困难，谈判进度受到遏制。作为替代模式，一些国家纷纷与美国展开了多、双边自由贸易谈判。

在NAFTA中占主导地位的美国除了把NAFTA看作增加成员方贸易往来的手段外，还把NAFTA看作其外交政策的一部分，以及向美洲和全球贸易自由化扩展的重要工具，因此美、加两国和墨西哥签订的协议在很多方面都是样板。美国更多地把贸易政策当作外交手段，NAFTA已成为美国实现区域贸易对外扩张的样板，并开始向美洲自由贸易区（FTAA）扩展。但是，由于拉美各国经济水平上的差距，以及民族、文化、宗教、历史背景上的差异，要想在短期内实现一体化也是非常艰难的，需要经过一个较长的发展和融合过程。

北美自由贸易区向美洲自由贸易区的发展不会是一帆风顺的，因为北美自由贸易区自身在发展上还存在一些问题。特别是在南北方各自利益的协调以及对处于弱势地位的南方国家利益的保护方面，双方的矛盾难以解决。

"墨西哥加入 NAFTA 之后，在获得巨大经济利益的同时，由于它与美国在上述各方面的不平衡，也付出了巨大的代价，并且为今后的经济发展埋下了隐患。这就决定了美国与拉美国家在进行关于建立美洲自由贸易区、实现美洲经济一体化的谈判中必然困难重重。就美国与拉美国家双方而言，今后的进展取决于各自所持的态度。"[①]

因此，北美自由贸易区的发展还需各方付出努力和积极配合，以解决问题，进一步深化合作。

3.1.3　北美自由贸易区的基本内容

针对美国、加拿大和墨西哥3个成员方不同的经济发展情况，《北美自由贸易协定》主要涉及以下几方面内容：

第一条，纺织品关税：除了取消一部分产品的关税外，对墨西哥生产的符合原产地规则的纺织品和成衣，美、加取消其配额限制，并将关税水平从45%降到20%。

第二条，汽车产品关税：对于汽车产品，美、加逐步取消对墨西哥制汽车征收的关税，其中轻卡车的关税从25%降到10%，并在5年内全部取消；对于重卡车、公共汽车、拖拉机的关税则在10年内取消。墨西哥则在10年内取消美、加汽车产品的关税及非关税壁垒，其中对轻型卡车在5年内取消关税。

第三条，农产品关税：美、加分别取消其对墨农产品征收的61%和85%的关税；墨则取消对美、加农产品征收的36%和4%的关税。另外，墨拥有10～15年的时间来逐步降低剩余农产品的关税，并有权通过基础设施建设、技术援助及科研来支持本国农业发展。

第四条，运输业：三国间国际货物运输的开放有一个10年的转换期。3年后，允许墨的卡车进入美边境各州，7年后三国的国境对过境陆上运输完全开放。

第五条，通信业：三国的通信企业可以不受任何歧视地进入通信网络和公共服务业，开展增值服务也没有任何限制。

第六条，汽车保险业：在金融方面，在协定实施的最初6年中，美、加银行只能参与墨银行8%～15%的业务份额；在第7～15年间，如墨银行市场中外国银行占有率超过25%，则墨有权实行一些保护性措施；墨在美、加银行市场中一开始就可以享受较为自由的待遇。协定还允许美、加的保险公司与墨的保险公司组成合资企业，其中外国企业的控股权可逐年增加，到2000年在墨的保险企业中外国企业的股份可达到100%。

第七条，能源工业：墨保留其在石油和天然气资源的开采、提炼及基础石油化工业方面的垄断权，但非石油化工工业将向外国投资者开放。

① 周瑾. 从 NAFTA 内美墨之间的不平衡看美洲经济一体化 [J]. 世界经济与政治论坛，2001（1）：38–42.

另外，协定同时规定对投资者给予国民待遇，对投资者不得规定诸如一定的出口比例、原产品限制、贸易收支、技术转让等限制条件。作为补充，美、加、墨后来又就取消500种关税达成协议，并规定美国免税进口墨西哥产的纺织品、成衣、钟表、帽子等，墨西哥则向美国的化工产品、钢铁制品、玩具等商品开放其市场。此协议实施后，使大约93%的墨西哥商品能享受到美国的免税优惠，使大约60%的美国商品直接免税进入墨西哥市场。这就形成了自由贸易区内比较自由的商品流通大格局。

3.1.4　北美自由贸易区的特点

1）北美自由贸易区的合作环境特点

美国、加拿大和墨西哥签订的《北美自由贸易协定》是世界上第一个不同于以往具有殖民性质的、发达国家与发展中国家之间的贸易协定，北美自由贸易区是世界上第一个将贸易与环境联系起来的区域经济一体化组织。NAFTA不仅对贸易与环境的关系做出了相应的条款规定，而且三国还签署了一个附属协定——《北美环境合作协定》（The North American Agreement on Environmental Cooperation，NAAEC），两者共同构成三国间环境合作的基础。

在NAFTA的谈判阶段，关于北美自由贸易区的环境合作协定就已提出，其在区域经济一体化组织中体现出独特性。从1994年北美自由贸易区成立以来，其环境合作呈现6个方面的特点：

（1）高度尊重成员方主权

NAFTA第9章保护各国决定本国环境保护水平的权利，肯定每个国家都有权选择各自认为合适的环境保护水平及相应的环境法规。作为NAFTA的一个附属协定，NAAEC的内容与NAFTA保持一致，成员方之间没有建立起任何实质性的跨国环境标准，认可"每个国家有建立自己的国内环境保护水平的权利"。对自然资源的利用或管理则不属于NAAEC的范围，这也与国际法的原则一致：每个国家有利用自然资源的权利；广泛宣传和公众参与；完善的主导机构；指导环境合作的计划。

（2）环境合作的目标明确、主导机构完善

NAAEC设定了一系列目标，包括促进"三国的环境保护与环境改善""增强合作以更好地维持、保护和提高环境水平""避免以环保为借口的贸易保护和新的贸易壁垒"。为保障目标的实现，根据NAAEC的规定，北美自由贸易区建立了环境合作委员会（Commission for Environmental Cooperation，CEC），这是有关贸易与环境问题的独到创新，其使命在于：加强北美环境合作，支持地区性保护工程，防止贸易伙伴间产生环境纠纷，加强对环境法规的有效实施以及通过紧密联系政府官员、专家顾问、学术界人士及关心环境的公众来推进地区性环境的改善，并加强三国间的经济、贸易和社会联系。

（3）环境合作的计划指导

CEC制定了为期3年的工作计划，这是一种灵活的中期计划手段，用来指导工作计划的开展和向公众提供有关将来行动计划的重要信息。按照《北美2000—2002年行动计划议程》（North American Agenda for Action 2000-2002），北美自由贸易区的环境合作将集中在4个核心领域：环境、经济与贸易；生物多样性保护；污染与健康；法律与政策。在这4个领域又分别有一系列的项目计划来实现其目标。2009年6月24日公布的环境合作委员会部长宣言回顾了过去15年来美、加、墨三国在致力于环境合作、地区可持续发展、加强环境保护举措以及促进公众参与方面的努力和成就，并制定出环境合作委员会下一个五年战略计划（2011—2015），主要关注健康的社群及生态系统、气候变化、北美经济的绿化3个方面。环境合作委员会指出，通过加强其透明性和可量化性来更好地与NAAEC开展相关合作。

（4）注重广泛的宣传和公众参与

1994—1999年，CEC建立了公众参与机制和作为每项工程重要组成部分的公众宣传体系，它发行了27种出版物，建立了一个北美环境网站，这一网站包括环境法规、数据库和一般性新闻，是沟通遍及北美的个人与组织机构的重要战略部署。北美自由贸易区环境合作的一个独特方面在于它允许成员方的公民或团体向CEC秘书处提出申诉，控告某一国未能有效地执行其环境法规。据NAAEC，这种申诉能最终形成一个有针对性的方案向公众公布，这也向该国施加了公众压力，并对其他两国起到警示作用，可防止将来再发生类似的事件。

（5）强化环境法规的有效实施和明确的争端解决机制

NAFTA第11章第1114款与环境的关系最为密切，它规定3个成员方保证各自的环境得到高度保护，禁止任何成员方降低环境标准或放松对环境法规的有效实施以维持或吸引外国投资，亦即任何一国都不能降低或放松其环境保护程度以吸引外国投资者。

（6）重点加强墨西哥的环境工作

墨西哥是个发展中国家，与美国、加拿大相比，其在整个社会的环境意识、环境法规及环境保护水平方面都逊色一些，因而北美自由贸易区环境工作的重点之一是力图提高墨西哥的环境保护水平。

2）北美自由贸易区的特征

北美自由贸易区是典型的南北双方为共同发展与繁荣而组建的区域经济一体化组织，南北合作和大国主导是其最为显著的特征。

（1）南北合作

北美自由贸易区是由经济发展水平较低的发展中国家（墨西哥）和经济实力强大的发达国家（美国和加拿大）组成的，成员方的市场成熟程度和综合国力差距很大，经济上的互补性较强。各成员方不但发挥了各自的比较优势，还通过自由贸易和投资，推动区内产业结构的调整，促进区内发展中国家的经济发展，从而缩小与发达国家的差距。

（2）大国主导

北美自由贸易区是由美国主导的，美国的经济运行在区域内占据主导地位。美国在世界上发展水平最高、综合实力最强；加拿大虽是发达国家，但其经济实力不如美国；墨西哥是发展中国家，对美国经济的依赖性强。所以，北美自由贸易区的运行方向与进程在很大程度上体现了美国的意愿。

（3）减免关税的不同步性

由于墨西哥与美国、加拿大的经济发展水平差距较大，而且三国在经济体制、经济结构和国家竞争力等方面存在较大的差别，因此，自《美加自由贸易协定》生效以来，美国对墨西哥的产品征收的进口关税平均下降84%，而墨西哥对美国的产品征收的进口关税只下降43%；墨西哥在肉、奶制品、玉米等竞争力较弱产品上，有较长的过渡期，而对于一些缺乏竞争力的产业部门有10～15年的缓冲期。

（4）战略的过渡性

美国积极倡导建立的北美自由贸易区，实际上只是美国战略构想的一个前奏，其最终目的是在整个美洲建立自由贸易区。美国试图通过北美自由贸易区来主导整个美洲，一来为美国提供巨大的潜在市场，促进其经济的持续增长；二来扩大美国在亚太地区的势力，与欧洲争夺世界的主导权。1990年6月27日美国总统布什在国会提出了开创"美洲事业倡议"，随后美国于1994年9月正式提出"美洲自由贸易区"计划。同年12月，在美国迈阿密举行了由北美、南美和加勒比海所有国家（古巴除外，共34个国家）参加的"美洲首脑会议"，会议决定于2005年建成美洲自由贸易区。美洲自由贸易区的建成，将是区域南北关系发展的重要成果。这样一个几乎涵盖全部美洲国家的区域集团将推动该区域的发达国家和发展中国家开展更广泛的交流与合作，有助于发展中国家与发达国家经济政治的发展和南北关系的改善。

如果美洲自由贸易区建成，它将是一个北起阿拉斯加、南至阿根廷，既有发达国家也有发展中国家参加的、国内生产总值和市场规模最大的自由贸易区，并与欧盟（EU）和亚太经济合作组织（APEC）一道构成全球三大区域集团的基本格局。因此，FTAA的建立将是南北关系中一个具有里程碑意义的事件。

虽然拉美国家与美国在建立自由贸易区的问题上存在较大分歧，谈判遇到了前所未有的困难，谈判进度受到遏制，但其发展趋势不可逆转。美洲国家依然在为建立美洲自由贸易区而努力。2012年4月14—15日，在哥伦比亚卡塔赫纳，31个美洲国家的国家元首和政府首脑参加了为期两天的会议，就地区一体化、消除贫困和技术鸿沟、应对自然灾害及安全合作等议题展开讨论。

3.2 北美自由贸易区的主要贸易政策

3.2.1 贸易竞争政策

北美自由贸易区的贸易竞争政策，主要体现在北美自由贸易区的基本文件《北美自由贸易协定》中，由第102条和第15章两个部分组成。第1章关于北美自由贸易区宗旨的表达中，涉及"消除贸易壁垒，便利货物和服务在成员方领土间跨国界流动"和"改善自由贸易区公平竞争条件"，第15章由5个文件和1个附件组成，涉及竞争法、垄断和国有企业、贸易与竞争政策工作等内容。《北美自由贸易协定》第1501条确立了自由贸易与成员方国内市场竞争的联系，并规定了竞争政策与合作措施。第1502、1503、1504和1505条也对企业间竞争政策进行了规定，这些都是北美自由贸易区竞争政策的指导方针。

北美自由贸易区竞争政策是其成员方的竞争政策及其反垄断法协调的产物，主要是通过调整政府行为来规制、影响区域内市场的私人限制竞争行为。北美自由贸易区竞争政策主要尊重各成员方反垄断法的规定，只是对反垄断法三大支柱进行限制性规定，将成员方政府行为约束在一定的范围之内，进行抽象的规定。

3.2.2　贸易自由化政策

关税以 1991 年税率为基准，分立即、5 年、10 年内逐步取消，若干选择性项目 15 年内取消关税。1994 年在美国、加拿大间消除通关使用费用，1996 年 6 月 30 日在美国、墨西哥间消除通关使用费用；墨西哥也同意撤除农产品进出口 25% 的进口输入许可限制，在 10~15 年间完全自由化，并逐步取消产品配额许可证等各种非关税壁垒。在关税消减时间上美、加让步于墨西哥；在取消非关税壁垒规定方面墨西哥让步多一些。贸易自由化的特点是先实施工业品贸易自由化，后实现农业产品贸易自由化。

3.2.3　原产地规则

为了保证区域内的商品能够自由流通，防止亚洲、欧洲国家和地区将其商品通过转口的方式流入另外两个国家的市场，从而享受关税优惠待遇，禁止成员方靠进口原料和零部件来进行简单加工或组装后所形成的制成品享受自由贸易的好处，对来自区域外的商品采取严格的"原产地规则"。例如，三国的汽车及其零配件在北美自由贸易区内流通时，只有原产地成分达到 62.5% 以上，才能享受免税待遇；纺织品及成衣在北美自由贸易区内完成纺纱、织布、剪制等三项工作的，才能不受配额限制、享受减免关税的优惠政策；电脑产品中必须使用北美自由贸易区生产的主机板才能享受免税待遇。

北美自由贸易区通过原产地规则，对区域内生产的产品与区域外进口的产品实行差异化待遇。这是北美自由贸易协定有别于其他区域贸易组织的一大特征。区内生产的产品只有符合所规定的原产地规则，才可以享受优惠的关税待遇或者不受数量限制的好处，自由地流通。原产地规则能够扩大区域内中间商品、原料产品贸易，缩小区域集团与第三国的贸易。

3.2.4　对农产品和纺织品的贸易政策

《北美自由贸易协定》规定，对于区域内生产的农产品，在 10~15 年内取消对其进口许可证和进口关税的限制；美国、加拿大、墨西哥三国间纺织品的贸易壁垒在 10 年内取消。截至 2016 年，美国、加拿大、墨西哥三国间纺织品的贸易壁垒已经取消。

3.2.5　投资自由政策

在有关服务贸易市场准入问题上，要求缔约国对服务贸易规则中的国民待遇、最惠国待遇、本地商业存在要求不符的措施及限制开放的服务业部门做出翔实的规定。

墨西哥在金融服务业方面完全开放，给予美、加国民待遇。在过渡期内，墨西哥市场上美、加银行业整体参与市场的最高限额为45%，证券业则为10%～20%。2000年后墨西哥根据具体情况对这两个行业实行临时保护措施。

3.2.6 在许多领域进行广泛合作的政策

这些合作领域包括商品贸易、劳务合作、知识产权保护、环境保护及涉及服务业的贸易自由和投资（包括金融）的自由化。北美自由贸易区是高水平、紧密型的自由贸易区，在自由化的时间表上采取"具体情况，具体分析，区别对待"的灵活做法。贸易商品在15年内分4个阶段实现关税项目和税率减免，截至2008年完成，如今已合并或取消关税税目、税种达3 000多项，免税商品总计4 000类。在开放商品市场方面，美、加对墨照顾较多；在开放资本市场方面，墨西哥对美、加照顾较多；制定《北美自由贸易区环境合作协议》促进建立在相互合作与支持的环境、经济政策基础上的可持续发展，支持环境目标和NAFTA目标的实现，创建实现环境目标与经济发展目标的双赢关系。

3.2.7 灵活、详细地规定重要产品、敏感产品实现自由贸易的时间表和相关条件

重要产品包括能源、化工产品等；敏感产品包括纺织品、服装、汽车及零配件、糖、农产品、奶制品等。

在原产地规则方面，实行了汽车必须包含62.5%的北美制造的零件才可以享受减少关税的优惠政策。

3.3 北美自由贸易区国家市场营销的主要方法和途径

3.3.1 品牌策略

对于国内企业来说，拓展北美自由贸易区市场的第一步就是树立自身的品牌，做好品牌定位，突出自身品牌的个性，通过品牌精神和内涵的建设、品牌形象的传播来提升自身品牌的价值。品牌价值的建立是一项长期、艰难但很有意义的工作，决定了企业在国际竞争中的地位和能否长远发展。企业要重视产品品质，做好品牌定位；做好品牌的文化建设，加强产品推广；提供个性化的定制服务，满足消费者追求与众不同的心理；时刻关注售后服务。

3.3.2 价格策略

首先，要开展详细的市场调查和研究。通过市场调研来了解同类产品的销售情况、竞争对手的价格策略，进而根据自身定位来选择相应的定价。综合考虑自身和竞争对手的情况来定价，保持一种良性的竞争，避免因盲目的价格战而造成不必要的损失。其次，定价机制要灵活。不能按照一种定价一路走到底，要根据北美自由贸易区市场的不断变化，根据自身业务的不断变化，不断地调整定价策略，最后逐步实行多

样化的定价策略。一成不变的价格策略是难以适应市场竞争的，有时候甚至对业务的发展也有阻碍，只有因地制宜、因时制宜，不断地调整定价策略，中国企业才能在北美市场中站稳脚跟，并不断发展。

3.3.3　促销策略

随着传播媒介日新月异的发展，除了传统的广告宣传，企业还可以通过口碑传播、品牌联合营销、感恩回馈活动等方式加大对其产品的宣传。

1）口碑传播

在宣传的众多途径中，口碑传播是效果非常好的一种方式。企业可以参加公益活动、赞助运动比赛等，还可以在活动现场放置醒目的广告，通过在现场与媒体进行互动，让更多的人认识企业的产品和品牌。这些活动会自然而然地增加消费者对品牌的好感，帮助企业在公众心目中树立美好的形象。这种口碑传播的方式在消费者心目中信任度非常高。通过这种潜移默化的影响，企业可以赢得消费者的认同，对企业的产品营销会有意想不到的效果。

2）品牌联合营销

企业也可以通过与其他品牌联合营销，来扩大自身品牌的影响力，实现资源共享，优势互补。联合营销的方式有很多，包括产品联合、价格联合、渠道联合和联合促销等。比如，因为气候的原因，很多加拿大人在生活中离不开雪地靴，LANWOOD就是一个加拿大的雪地靴品牌，这种雪地靴防寒防潮的效果非常好，成为大多数加拿大人购买雪地靴的首选，中国的服装企业可以考虑与LANWOOD针对共同的客户群体联合举办产品推荐会，开展联合的促销活动，借助LANWOOD的品牌优势扩大自己的影响，提高自己的销售量。

3）感恩回馈活动

对企业来说，感恩回馈活动不仅可以增加销量，而且可以在消费者心目中树立美好的形象，提高消费者对产品和品牌的忠诚度。在感恩回馈活动过程中，企业可以安排一系列的活动，比如有奖问答等，让消费者与营销人员进行互动，加深消费者对品牌的认识，促进消费。同时，可以推出精美的促销礼品回馈消费者，礼品的设计要能传递企业的产品品牌形象，促进消费者购买。比如，企业可以推出周年庆的感恩回馈款产品，向年消费额达到一定数额的VIP客户免费赠送，普通的消费者也可以以特别优惠的价格购买。这种活动既可以让消费者以非常实惠的价格买到产品，又能提高企业产品的销售量，创造更多的利润。

3.3.4　本土化策略

本土化策略是指企业根据东道国特定的经营环境，对其拥有的资源在东道国进行优化配置，以获取最佳利益的策略。成功的跨国公司的经营准则是"思维全球化，行动本土化"。企业可通过实施产品本土化、人才本土化、营销本土化等策略来提升产品、人才和企业整体的竞争优势，加快企业对市场的反应速度，避免反倾销反补贴的威胁。

1) 产品本土化

产品本土化是企业根据进入国消费者的需求对产品的功能、外观等进行设计和开发以排除简单将产品转移的适应性障碍，以更好地满足消费者需求，缩短产品投入期，降低产品在投入市场后出现失败的风险。日韩产品风靡美国的重要原因之一就是日韩家电企业能够用本土化产品满足消费者需求、解决其问题。

2) 人才本土化

人才本土化是实施本土化策略的基础，因为人才本土化与其他任何本土化都是息息相关的。通过人才本土化，企业可以很好地利用当地人对市场、文化、政策法律、传统和行为规则等的了解，开发出更加符合消费者需求的产品；更好地熟悉市场以制定出有针对性的营销策略；更好地熟悉政治经济环境来抓住机会、规避风险；使广告更具有针对性，更深入人心；更好地获得政府和公众的认可与支持以占领目标市场；更好地为消费者服务。世界著名的大型企业在开拓国际市场时均采用了人才本土化策略。比如，欧洲大型企业伊莱克斯在进入中国市场时，其在中国本土的公司从最高层的总经理到最基层的负责人员全是中国人。

3) 营销本土化

营销本土化首先要注意广告媒体的选择本土化。电视的主要优点是形象生动、感染力强、可信度高、覆盖面广，但价格昂贵；广播的主要优点是信息传递迅速、方式灵活、传播广泛，且价格相对低廉；报纸是最为普遍的广告媒体之一，其主要特点是传播面广、及时和价格低；杂志的主要优点是宣传对象明确、针对性强、表现力好、持续时间长。企业在选择广告媒体时，应结合考虑北美不同消费者对不同媒体的喜好、媒体的覆盖面和企业经济能力进行选择。另外，企业也可以通过互联网、户外广告，以及在东道国举办的博览会、橄榄球赛等活动上的插播广告等途径来进行广告宣传。

营销本土化的另一个要求就是要在制定营销策略时尊重北美本土多民族、多文化的特点，尊重当地的宗教信仰，尊重北美自由贸易区人民"今世我做主"的观念、惜时如金的品格和张扬的个性，尊重他们消费市场的求变、公平公正、自由竞争的特性，这样才能和消费者更好地融合，更好地抓住消费者的心。

3.3.5　OEM 与品牌并重策略

OEM 一般分两种：一种是为行业巨头做贴牌，如无锡小天鹅为美国 GE 做代工，截止到 2009 年年底，小天鹅出口的美国大容量滚筒洗衣机超过 100 万台。另一种是为大型连锁超市做贴牌，如沃尔玛主打的 3 个自有品牌："Great Value"，主要覆盖食品和非食品；"Mainstays"，主要覆盖家居用品；"Simply Basic"，主要覆盖服装产品。企业可以实施 OEM 策略，让产品在行业巨头和主流渠道的"庇护"下，进入市场和消费者家中，为品牌销售进行铺垫。企业通过 OEM 形成规模销售后，进一步优化产品设计、提升产品质量、降低成本，在时机成熟时，再向市场隆重推出品牌全新的系列产品。企业在实施 OEM 的同时，必须坚持品牌策略。20 世纪 50 年代，日本索尼公司的半导体收音机进入美国市场时，曾面临销售不良的情况，但在被要求为美国品牌做贴牌时，索尼公司坚决拒绝并坚持在美国市场使用自己的商标，最终获得了成功。短期的贴牌可以帮助企业实现利润和学习到先进的经验，但贴牌并不能长久，现代市场经济激烈的竞争导致产品的利润空间已经转向了研发和营销环节，企业应在做OEM的同时，重视树立自己的品牌形象，加强品牌竞争意识，创世界名牌，这样才能走得更好、更长远。

3.4　北美自由区国家市场营销的风险和注意事项

3.4.1　价格和反倾销反补贴问题

北美自由贸易区市场的竞争非常激烈，能否吸引顾客，是影响企业能否在这里生存和发展的关键。而在争夺残酷的市场份额的过程中，价格将是非常有力的武器。定价的管理又是一项非常有难度的工作，一方面定价不能太高，因为会影响产品的市场占有率；另一方面定价又不能太低，因为会导致企业利润率太低，造成市场竞争的恶性循环，也会损害企业的品牌形象。在市场拓展初期，企业的运行成本相对较高，如果利润太低，企业也很难长久运营下去；如果同类企业再采取比低价的手段，那么企业有可能自己逼死自己。

此外，在北美贸易区，太低的价格会引起反倾销关注。如果对方认为中国的产品不按照市场经济规律合理竞争，质疑其价格太低而存在倾销的行为，并征收反倾销税，那么企业的损失就会非常大，而且对后续在北美自由贸易区的出口也有很大影响。尤其是美国，对进口商品到岸价低于出厂价格的商品征收反倾销税，对由于进口国政府补贴产品所造成的低进口价格影响美国经济健康发展和公平竞争秩序的商品征收反补贴税。因此，企业在出口产品时，应合理定价，避免被征收反倾销反补贴税的威胁。另外，企业也可以通过在美国或北美自由贸易区其他国家建厂来避免高关税和反倾销反补贴税的威胁。

3.4.2　无条件退货条款的威胁

美国拥有全球最宽松的保护消费者的强势退货条款，即30~90天无条件退货政策。向美国出口商品的企业都清楚，如果控制不好在美国销售货物的无条件退货比例，将会给企业造成巨额亏损。一家中国台湾省的平板电视制造商在向美国某品牌运营商出口120万台平板电视一段时间后，收到该运营商近10万台的退货，而这些退货中的绝大部分都不是因为产品本身的质量问题造成的。企业在美国选择销售渠道时，要研究终端零售商关于无条件退货的政策以及制定检测退货产品的方法，最好选择对无条件退货控制较严的终端零售商合作。

3.4.3　墨西哥市场风险分析

墨西哥重视发展与中国的关系，两国在政治、经贸、司法、旅游、运输、科学技术、文化教育等领域均签订有许多合作协定。墨西哥在能源、基础设施、汽车行业等方面潜力巨大，越来越多的中国企业开始进入墨西哥市场。但由于双方政治制度和社会文化差异巨大，中资企业在进入墨西哥市场时，需密切关注其社会治安、经济稳定性和企业经营风险。

1）政局稳定，但社会治安形势十分严峻

墨西哥政治制度和政局稳定性高，但未来有可能恶化。长期的议会民主制发展使得墨西哥成为拉丁美洲政局稳定性较高的国家之一。2012年革命制度党在历经12年在野后再次执政，任期6年。长期以来，墨西哥凶杀、绑架、抢劫等各种犯罪活动频繁，毒品走私和非法移民活动相当猖獗。在持续的经济低迷和流感疫情冲击下，平民、军队、毒贩三者间的矛盾日益突出，各种犯罪活动有增无减，随之可能引发大规模的游行示威和流血冲突。企业在进入市场以及后续发展中对安全问题都应该予以足够重视。

2）经济增长乏力，短期金融风险有所上升

（1）墨西哥经济增长缓慢，公共债务高企，但财政支出紧缩趋势明显

这主要是由于2008年爆发的经济危机以及国际石油价格的下降，降低了墨西哥的财政收入，而同时其养老金支出、公共服务支出规模较大。为了平衡赤字，减少政府债务，2015—2016年，墨西哥开始实行财政紧缩政策，预算减少导致约1.5万名政府职员下岗，给市场就业施加了一定压力。

（2）墨西哥外汇市场波动性大，金融风险较高

墨西哥实行钉住美元的汇率制度，在经常项目下和资本项目下同时实施货币自由兑换。因为石油价格的下降，加之美联储实行紧缩货币政策，墨西哥比索贬值明显超过了其长期均衡价值。2016年年初，墨西哥央行决定停止在外汇市场买卖硬通货，而开始使用利率作为工具控制资本流动。2016年2月，墨西哥央行宣布加息后，比索汇率又大幅上涨。但随着美元加息进程的临近，比索贬值风险仍较为明显。此外，为了维持货币稳定，墨西哥央行不断抛售美元，结果外汇储备大幅减少。

（3）对外贸易萎缩，企业信心下降

墨西哥的出口产品以制造业为主，大约占到80%，石油约占15%，其他还有农产品等。由于国际外部需求疲软、石油及大宗商品价格持续低迷，2015年墨进出口总额同比下降2.6%。外部贸易的萎缩和脆弱的经济增长预期使得墨西哥企业对建筑业、制造业、商业等领域的经济形势及企业业务信心普遍下降，制造业信心指数同比下降2.1%，商业领域同比下降2.6%。

所以，企业在进入墨西哥市场后，要关注当地金融政策、汇率变化，加强风险防控，避免给企业运营带来较大影响。

3）贪腐问题严重

墨西哥政府部门官僚主义严重，贪污腐败现象较为普遍。墨西哥是拉美地区腐败现象最为突出的国家之一，腐败问题已经渗入社会各个方面。政府腐败不仅是其有组织犯罪现象难以根治的重要原因，也给司法和财税改革、基础设施建设推进以及吸引外资造成了极为负面的影响。中资企业在墨西哥进行投资发展时，应守法经营，避免卷入当地政府的贪腐案件中，以降低企业和项目运营风险。

本章小结 ✎

北美自由贸易区是世界上第一个由最富有的发达国家和发展中国家组成的区域经济贸易集团，是全球最典型的发达国家和发展中国家组成的区域集团。它的创立为美、加、墨三国带来了经济发展实惠，使其相互依赖性进一步加深，对其他区域经济合作组织起到了一定的示范作用，但该市场不可避免也存在风险，企业进入该市场应该规避并预防风险。

思考题 👥

1. 名词解释：

北美自由贸易区　自由贸易委员会

2. 简述北美自由贸易区的发展历程。

3. 论述《北美自由贸易协定》的内容及其影响。

4. 北美自由贸易区的主要贸易政策是什么？

5. 北美自由贸易区内国家存在的问题与风险是什么？应如何预防与规避风险？

6. 简述北美自由贸易区发展对其他区域发展合作的启示。

7. 案例分析

TCL 如何在海外市场获得成功

在海外耕耘的中国企业中，TCL 静水深流，海外业务已经占据 2015 财年全年营收的近 50%，从出货量来看，2015 年前三季 TCL 通讯已然成为全球第五大手机厂商。

美国拉斯维加斯消费电子展（CES）历来被誉为全球流行科技风向标，从众多率先展出的科技产品中，可以一窥未来 3～5 年全球科技的发展趋势和方向。在 2016 年 1 月份的 CES 展上，中国家电企业风头甚猛，布置了多个庞大精美的展馆，发布了多款世界级领先的新品。其中，第 8 次参加该展会的 TCL，可谓 2016 年 CES 展的中国大赢家——连续 8 年入选"全球消费电子 50 强""中国消费电子领先品牌 TOP 10"，更进入"2014—2015 年度全球电视 20 强"。与此同时，TCL 在 2016 年 CES 上发布的高端子品类 QUHD 旗舰产品——X1——一举斩获"全球年度技术创新影响力金奖"。

这并非一个展会的爆发。TCL 2015 年财报显示，其全年营收的近 50% 都来自海外市场。在手机通信领域，TCL 手机及其他产品累计销量达 8 354.6 万台，同比增长 13.7%，其中智能终端累计销量 4 800.4 万台，同比增长 15.8%。手机海外销量居国产手机第一。

在海外市场中最难突破的美国市场，TCL 也取得了阶段性胜利："目前中国彩电品牌占据美国市场大约 6% 的份额，其中 TCL 一家就占据 3%。2015 年，TCL 品牌彩电年销量已突破了 100 万台。"TCL 多媒体美国公司总经理毛初文表示，"仅在'黑色星期五'一周，TCL 电视就销售了 36 万台，创了中国品牌在美国的销售纪录。"

在国际化的路上，TCL 走得最早，也付出过"领头羊"的代价，走过弯路。在

2016年年初，这些业绩数据显示，TCL的全面转型升级无疑是较为顺利和成功的，其全球化、智能化的品牌构想也正在逐步实现。新的挑战是：对于梦想是打造跨国品牌的中国企业来说，比业务"出海"、产品"出海"更难的，是品牌"出海"。

产品"出海"：攻克美国市场，海外业务占据近50%全年营收

中国品牌进入美国市场有多难？作为一个成熟市场，美国市场无论是消费者心态还是企业售后体系等方面都非常成熟。例如，美国的消费者最喜欢的电视机并不是具备新概念、大尺寸的产品而是符合自己需要的产品，他们绝不会因为短期的话题炒作热点就购买某个家电产品。在手机领域，美国消费者不追求大屏（4.7英寸屏幕反而是最流行的），换机频率也低。而美国在90天乃至更长时间里可退换货的制度，也令产品质量、售后服务、成本控制跟不上的企业头痛不已。

能够在世界上竞争最充分的市场拥有如此实力，TCL完全靠的是自己的"硬功夫"。

第一是渠道。在美国，六大渠道，例如沃尔玛、Costco、百思买、山姆会员店、亚马逊等，占据电视机销售份额的80%，而TCL攻入了3个。这些大卖场对于入店产品的要求十分严格，特别是像山姆会员店这样的会员制卖场，并不像中国卖场一样靠企业的进场费盈利，其主要收入是消费者每年缴纳的会员费，例如TCL成功进入的Costco有8 000万会员，山姆会员店有5 000多万会员，而Costco一年一个会员的会费即为55美元。为了取得消费者的会员费，这样的会员渠道对于入场的品牌产品的要求十分严格，例如2015年彩电产品只有三星、LG、TCL及一个美国本土品牌共4家入场Costco。据TCL美国相关负责人介绍，曾有一个中国品牌于2014年入场，但是因为售后不过关而在2015年遭遇退场。

第二是售后。TCL在美国市场采取三角形售后体系，利用美国总部+菲律宾售后电话中心+合作的场内维修商的形式，在美国这样规定90天无理由退货甚至无限期无理由退货的市场中，以优异的产品质量及良好的服务成功胜出。TCL电视在2011年进入美国亚马逊进行网上售卖，虽然限于美国消费者的家电购买习惯，其销售占比只有百分之十几，但是总评论达到四星多，也体现了TCL良好的产品质量及服务，并引发口碑传播。

除了在严苛的美国市场发展迅猛，在其他海外市场，TCL更是静水深流。"目前TCL多媒体在全球13个国家设有办公室，我们在全球有7 000名员工在海外工作，在过去的6年里我们一直是中国企业出口彩电产品的第一位，在北美市场6年下来的平均复合增长率达到40%多。除了我们一直具有优势的欧洲、北美市场，我们还聚焦于越南、泰国、菲律宾、澳大利亚，同时菲律宾、巴西、印度、俄罗斯等金砖国家是我们2016年主要的业务增长和突破口。"TCL多媒体副总裁、海外业务中心总经理王汝林表示。

在产品、业务成功"出海"，海外业务占据TCL近50%全年营收之时，2016年TCL在品牌"出海"上有了更大的决心：TCL集团高级副总裁、TCL通讯首席执行官郭爱平表示将在2016年后半段在海外市场推出TCL品牌手机（之前为阿尔卡特），定位于中高端；在2016年CES展开幕前一天，即2016年1月5日，TCL最重头的QUHD

量子电视旗舰新品 X1 也揭开帷幕。这款产品集成了杜比视界（Dolby Vision）、哈曼卡顿音箱、ROKU（国际主流流媒体播放器）等众多顶尖合作伙伴的产品，代表了业内发展的趋势。据王汝林介绍，它是引领行业发展趋势和代表全球音画质高水准的新一代电视产品，也是 TCL 曲面电视中的至高端产品形态。据家电业内人士表示，TCL 本次率先在显示技术领域布局量子科技，并已掌握 20 余项量子技术相关专利，推出 QUHD 意义重大，可以为电视产品创新带来无限可能。

随着 TCL 在业务、产品上的成功突破，品牌"出海"就上升到更加重要的位置。"相比国际品牌，TCL 品牌投放占比还不到（销售额的）四个点，因此如何让国际消费者认可 TCL，是最大的挑战。"王汝林表示。

品牌"出海"：与全球年轻消费者"链接"

2016 年 1 月 2 日，始建于 1922 年、位于好莱坞星光大道的地标性建筑"TCL 好莱坞中国大剧院"（TCL Chinese Theatre）在剧院门口正式开启了 TCL 品牌馆。来好莱坞中国大剧院参观的各国游客，可以在这里通过 TCL 设置的虚拟电子手印礼设备，体验好莱坞星光大道上最著名的"明星手印礼"，为自己的旅程增添一份惊喜。

"冠名好莱坞中国大剧院是一项至少十年的合作，也是我们运用最新的显示技术进行推广的一个平台。"TCL 集团品牌管理中心总经理梁启春表示，他们用最新的技术如 LED 接屏技术、后台播放系统对大剧院进行了第一期的改造，2016 年会启动二期的改造，加入 VR 技术、全新投影等。"与好莱坞中国大剧院的合作是我们的一个品牌制高点，不但将最新的产品应用其中，也利用新启用的 TCL 品牌馆将文化带入其中，让全球的游客在 TCL 品牌馆通过手印互动，将小产品带回家，也将品牌文化带到世界各地。"

而这只是 TCL 借助娱乐产业"出海"的其中一步。2015 年 9 月，TCL 董事长兼CEO 李东生在纽约时代广场发出了"只有不惧风浪、坚守实业，才能撑起中国经济的脊梁"的强音，他刷新的不仅是有责任、有远见的企业家形象，更是 TCL 的国际品牌形象、值得消费者信赖的形象。

与此同时，在电影营销方面，TCL 与《速度与激情 7》《侏罗纪世界》《碟中谍 5》等多部大片合作。在创意营销推广过程中，不仅有场景植入，更注重与影片进行联合推广，深度开展互动营销。如与《碟中谍 5》合作开展的"全城开启特工模式 TCL 夺码特工专车巡回挑战"活动、"牵手《我是证人》帮'盲'弱势群体，盲听《我是证人》感动生活"活动等，均取得良好效果。

从 2006 年开始，TCL 整合体育营销体系，逐步将各地分散的赛事赞助转向全球范围内统一的体育营销活动，以塑造消费者对品牌的集中认知。2009 年 TCL 首次牵手中国男篮，2011 年成为主赞助商，用 7 年的时间见证了男篮连续两年称霸亚洲的荣耀时刻，也共同经历了连续两年的低谷，并最终陪伴和支持中国男篮重回亚洲巅峰。

在种种行动的背后，TCL 还在深入研究全世界的消费者族群，将 2015 年定位为品牌重塑元年，进行了 TCL 品牌定位项目的梳理：采取消费者调研、品牌力诊断、目标人群细分等举措，并引入品牌资产管理思维，联合全球领先的品牌咨询公司Millward Brown 和 InterBrand，设定科学化的品牌管理路径，并且重新对受众人群进行分类，建立品牌视觉管理路径。

一切已初见成效：2015年，TCL品牌价值升至710.28亿元人民币；胡润研究院发布的"2015胡润品牌榜"亦显示，TCL集团品牌价值涨幅比例达448%，较2014年上升4倍多，位列十大增值品牌榜榜眼。在海外市场，TCL品牌已经启程。

资料来源　康迪. TCL如何在海外市场获得成功？[J]. 成功营销，2016（Z1）：124-125.

问题：

TCL是如何进入严苛的美国市场并取得成功的？

资料链接：美国宣布将对600亿美元中国出口商品征收关税

第 **4** 章

东盟国家市场营销分析

学习目标 ◐

通过本章学习，你应该达到以下目标：

知识目标：了解东盟的发展史、组织机构及其现状，东盟十国国情概况。

技能目标：辨析不同国家的市场情况，给出市场营销策略。

能力目标：利用营销组合理论对东盟十国市场进行分析并提出营销建议，学会如何规避市场风险。

4.1 东盟的形成与现状

4.1.1 东盟的成立

东盟是"东南亚国家联盟"（Association of Southeast Asian Nations）的简称，英文缩写为"ASEAN"。1967年8月7—8日，印度尼西亚、泰国、新加坡、菲律宾四国外长和马来西亚副总理在曼谷举行会议，发表了《东南亚国家联盟成立宣言》，即《曼谷宣言》，正式宣告东南亚国家联盟成立。1984年1月，刚刚独立的文莱加入，东盟扩大到6个成员方。1995年，越南成为东盟第7个成员方。1997年东盟成立30周年时，缅甸、老挝、柬埔寨同时宣布加入东盟，后柬埔寨因政局发生突变被推迟入盟时间。1999年4月30日，柬埔寨正式入盟，成为东盟第10个成员方。至此，东盟便覆盖了整个东南亚地区，成为拥有约450万平方千米面积、5亿多人口和超过7 000亿美元国民生产总值的由10个发展中国家组成的区域性国际组织，同时成为东南亚地区以经济合作为基础的政治、经济、安全一体化合作组织，并建立起一系列合作机制。另外，东盟也在不断壮大，东帝汶已成为候选成员方，巴布亚新几内亚也成为观察员国。

1）宗旨和目标

《东南亚国家联盟成立宣言》确定的宗旨和目标是：

● 以平等与协作精神，共同努力促进本地区的经济增长、社会进步和文化发展；

● 遵循正义、国家关系准则和《联合国宪章》，促进本地区的和平与稳定；

● 促进经济、社会、文化、技术和科学等问题的合作与相互支援；

● 在教育、职业和技术及行政训练和研究设施方面互相支援；

● 在充分利用农业和工业、扩大贸易、改善交通运输、提高人民生活水平方面进行更有效的合作；

● 促进对东南亚问题的研究；

● 同具有相似宗旨和目标的国际和地区组织保持紧密和互利的合作，探寻与其更紧密的合作途径。

2）主要负责人

首脑会议是东盟最高决策机构，由东盟各国轮流担任主席国，负责召集。主席国外长担任东盟常务委员会主席，任期一年，负责主持常务委员会工作。2016年，老挝接任东盟轮值主席，常务委员会主席为老挝外长沙伦赛。东盟秘书长由东盟各国轮流推荐资深人士担任，任期5年。现任东盟秘书长是黎良明。

3）总部和出版物

东盟秘书处是东盟的行政总部，设在印度尼西亚首都雅加达。

东盟出版物包括《东盟常务委员会年度报告》、《东盟通讯》（ASEAN Newsletter）双月刊，均为英文出版物。

4）组织机构

东盟组织机构包括首脑会议、外长会议、常务委员会、经济部长会议、其他部长会议、秘书处、专门委员会以及民间和半官方机构。

（1）首脑会议

首脑会议每年举行两次，已成为东盟国家商讨区域合作大计的最主要机制，主要工作是就东盟发展的重大问题和发展方向做出决策。

（2）外长会议

外长会议是制定东盟基本政策的机构，每年轮流在成员方举行。东盟外长还定期举行非正式会议（Retreat）。

（3）常务委员会

常务委员会由当年主持外长会议的东道国外长任主席，其他成员方驻该国大使（或高级专员）任委员，不定期举行会议，负责处理东盟日常事务和筹备召开外长会议，执行外长会议的决议，并有权代表东盟发表声明。

（4）经济部长会议

经济部长会议是东盟经济合作的决策机构，在区域经济合作方面发挥主导作用，每年不定期地召开一两次会议。

（5）其他部长会议

其他部长会议包括财政、农林、劳工、能源、旅游等部长会议，不定期地在东盟各国轮流举行，讨论相关领域的问题。

（6）秘书处

东盟秘书处负责协调各成员方国家秘书处，对外长会议和常务委员会负责。

（7）专门委员会

专门委员会包括9个由高级官员组成的委员会，即工业、矿业和能源委员会，贸易和旅游委员会，粮食、农业和林业委员会，内政和银行委员会，交通运输委员会，预算委员会，文化和宣传委员会，科学技术委员会，社会发展委员会。

（8）民间和半官方机构

民间和半官方机构包括东盟议会联盟、工商联合会、石油理事会、新闻工作者联合会、承运商理事会联合会、船主协会联合会、旅游联合会和博物馆联合会等。

5）主要活动

（1）非正式首脑会议

自1996年11月在印度尼西亚雅加达举行第一届东盟非正式首脑会议之后，先后又举行了3次东盟非正式首脑会议。

（2）正式首脑会议

东盟自1967年成立以来至2016年7月已先后举行24次正式首脑会议，重点讨论了成员方间在政治、经济等领域发展合作关系的问题，并取得了积极的成果。

（3）东盟"10+3"会议

东盟与中日韩（10+3）领导人会议，是指东盟10国（文莱、印度尼西亚、马来西亚、菲律宾、新加坡、泰国、越南、老挝、缅甸、柬埔寨）领导人与中国、日本、韩国3国领导人举行的会议。会议是东盟于1997年成立30周年时发起的。"10+3"是东盟10国和中日韩3国合作机制的简称。1997年12月15日，首次东盟"10+3"会议在马来西亚首都吉隆坡举行。截止到2016年9月7日，东盟先后累计举行了19次"10+3"会议，为深化亚洲经济合作起到了积极的促进作用。

（4）东盟与中国领导人会议

东盟与中国（"10+1"）领导人会议是指东盟10国（文莱、印度尼西亚、马来西亚、菲律宾、新加坡、泰国、越南、老挝、缅甸、柬埔寨）与中国领导人间举行的会议。"10+1"是东盟10国分别与中国合作机制的简称。

东盟10国除了与中国举行每年机制化的"10+1"会议外，还与其他域外国家展开不定期的"10+1"对话合作。

（5）东盟与对话伙伴国会议

东盟10个对话伙伴是澳大利亚、加拿大、中国、欧盟、印度、日本、新西兰、俄罗斯、韩国和美国。每年由东盟成员方和对话伙伴国的外长出席会议，主要讨论政治、经济、东盟与对话伙伴国的合作等问题。中国于1996年成为东盟全面对话伙伴国。

4.1.2　中国-东盟关系

1）政治关系

东盟作为一个整体，其对华关系是各成员方对华关系共同性的体现。受冷战影响，中国与东盟的关系颇为曲折。从1967年8月东盟成立到1991年9月同文莱建交，中国用了24年的时间才同东盟所有成员方恢复和建立了外交关系。

1991年7月，时任中国国务委员兼外长的钱其琛出席在马来西亚吉隆坡举办的第24届东盟外长会议，这标志着双方对话进程的开始。1996年，中国成为东盟全面对话伙伴。1997年，双方合作应对亚洲金融危机，中国坚持人民币不贬值，赢得东盟国家广泛赞誉。同年12月，首次中国-东盟领导人非正式会议在马来西亚举行，会议确定双方建立面向21世纪的睦邻互信伙伴关系。2003年10月，第七次中国-东盟领导人会议确定双方建立战略伙伴关系。同年，中国政府宣布加入《东南亚友好合作条约》。

中国高度重视并致力于发展、深化同东盟的睦邻友好合作关系。在东盟对话伙伴中，中国第一个加入《东南亚友好合作条约》，第一个与东盟建立战略伙伴关系，第一个明确支持《东南亚无核武器区条约》，第一个确定同东盟建立自贸区。

中国同东盟保持频繁的高层交往，中国领导人出席了历届中国-东盟领导人会议。2012年，双方副总理级以上高层互访达50余起。这些高层交往增进了互信，为双方关系的发展奠定了良好的政治基础。

中国同东盟建立了一套完整的对话合作体制，包括领导人、部长、高官等各个层次。双方迄今已举行19次领导人会议以及3次特别领导人会议。双方还建立了外交、经济、交通、青年事务、卫生、电信、新闻、质检和打击跨国犯罪等十几个部长级会议机制。

2010年，在圆满完成第一份《落实中国-东盟面向和平与繁荣的战略伙伴关系联合宣言的行动计划（2005—2010）》基础上，双方制定了第二份战略伙伴关系行动计划（2011—2015）。2015年，中国与东盟关系在政治安全、经济合作和社会文化等领域都取得进展，基本完成了《落实中国-东盟面向和平与繁荣的战略伙伴关系联合宣言的行动计划（2011—2015）》所拟定的双边关系发展目标。2015年，中国与东盟完成了《落实中国-东盟面向和平与繁荣的战略伙伴关系联合宣言的行动计划（2016—2020）》磋商，本行动计划将加强和提升2016—2020年间中国和东盟战略伙伴关系、睦邻友好和互利合作。

2011年，中国-东盟中心正式成立，成为促进双方经贸、教育、旅游、文化等领域交流合作的重要服务平台。2011年是中国-东盟建立对话关系20周年和友好交流年，双方举行了纪念峰会、领导人互致贺电、纪念招待会等一系列纪念和友好交流活动。2013年是中国-东盟建立战略伙伴关系10周年，双方举行了中国-东盟特别外长会议、互联互通交通部长特别会议、中国-东盟高层论坛等一系列庆祝活动。2014年是中国-东盟文化交流年，双方在人文交流领域开展了丰富多彩的活动。

2）经济关系

中国和东盟各自的贸易额增长很快，贸易地位稳步提高。20世纪90年代初以来，中国、东盟的对外贸易额稳步增长，并在2000年后加快增长。2008年，由于受金融危机的影响，双方的贸易额都出现了不同程度的下降，但随后又迅速恢复到了原来的水平。1992—2015年，中国和东盟各自的货物贸易额年均分别增长15.8%和8.9%，均高于同期世界7.5%的年均增长率。伴随着贸易额的增长，双方在世界贸易中的地位都得到提升。2014年，中国的进出口货物贸易额达到4.16万亿美元，成为全球最大的货物贸易国。与此同时，东盟也成为仅次于中国、美国和德国的第四大贸易体。

中国和东盟的双边贸易发展迅速，互为重要的贸易伙伴。中国和东盟双方的贸易额从1992年的90.8亿美元逐渐上升到2016年的4 552亿美元。中国占东盟出口和进口的比重从 1992 年的 2.1% 和 2.8% 逐渐上升为 2014 年的 11.5% 和 17.0%，分别为原来的 5.5 倍和 6.1 倍。2016 年，中国继续与东盟保持第一大贸易伙伴关系，而且中国占东盟进口的比重仍在不断上升。1992—2016 年，东盟占中国出口和进口的比重从 5.5% 和 5.5% 分别上升为 12.1% 和 12.3%，均为原来的 2.2 倍。其中，东盟占中国进口的比重自 2003 年以来大体稳定，而东盟占中国出口的比重缓慢增加。2016 年，东盟作为一个整体是中国第四大出口目的地和第二大进口来源地。

中国和东盟各国之间的双向投资不断扩大，截至 2016 年，累计相互投资额近 1 779 亿美元。近年来，中国对东盟的投资从无到有、由小到大，东盟已成为中国企业海外投资的重要目的地。在中方倡议下，中国-东盟投资合作基金、中国-东盟银行联合体相继成立，成为双方投融资合作的重要平台。

中国和东盟各国之间的经贸合作不断深化，由最初的单一货物贸易形式，发展到服务贸易、相互投资，再扩展到通信、湄公河开发、交通、能源、文化、旅游等各个领域。东盟已成为中国第五大服务贸易出口市场和进口来源地。

（1）中国-东盟自贸区

中国与东盟开展经贸合作最重要的举措和成果是中国-东盟自由贸易区。中国-东盟自贸区是中国对外商谈的第一个自贸区，也是发展中国家间最大的自贸区。

2000 年 11 月，时任国务院总理朱镕基提出建立中国-东盟自贸区的设想，得到东盟各国领导人的积极响应。2002 年 11 月，中国与东盟签署《中国-东盟全面经济合作框架协议》，决定在 2010 年建成中国-东盟自贸区，并正式启动自贸区建设进程。

2004 年 1 月 1 日，自贸区的先期成果——"早期收获计划"顺利实施。2004 年 11 月，双方签署自贸区《货物贸易协议》，并于 2005 年 7 月开始相互实施全面降税。2007 年 1 月，双方签署了自贸区《服务贸易协议》。2009 年签署《投资协议》。

2010 年 1 月，中国-东盟自贸区如期全面建成。自贸区建立后，双方对超过 90% 的产品实行零关税。中国对东盟平均关税从 9.8% 降到 0.1%，东盟 6 个老成员方对中国的平均关税从 12.8% 降到 0.6%。关税水平大幅降低有力地推动了双边贸易快速增长。

2015 年 11 月，中国与东盟签署自贸区升级版议定书。中国-东盟自贸区的有效升级，将充分利用东盟更广阔的市场、更便利的贸易条件和更优质的投资环境，有力地推动双方经贸合作再上新台阶，为双方经济发展提供新的助力，推动实现到 2020 年中国与东盟贸易额达到 1 万亿美元、新增双向投资 1 500 亿美元的目标。

2016 年 7 月 1 日，中国-东盟自贸区升级版议定书正式生效。中国-东盟自贸区的有效升级，将进一步加快本地区的区域经济一体化步伐，推动实现亚太地区更高水平的贸易投资自由化和便利化目标。

（2）中国-东盟博览会

2003 年 10 月，时任中国国务院总理温家宝在第七次中国-东盟领导人会议上倡议，从 2004 年起每年在中国广西南宁举办中国-东盟博览会。这一倡议得到了各国领导人的普遍欢迎。

博览会由中国商务部和东盟 10 国经贸主管部门及东盟秘书处共同主办，以"促进中国-东盟自由贸易区建设、共享合作与发展机遇"为宗旨，内容涵盖商品贸易、投资合作和服务贸易。

截至2016年7月，博览会已成功举办12届，同期还举办中国-东盟商务与投资峰会，该峰会是中国与东盟在商务和投资领域级别最高的会议，已成为建设中国与东盟自由贸易区、发展中国与东盟经贸关系和互利合作最重要的双边活动、合作机制、交流和沟通渠道，对推动中国与东盟经贸关系发展与互利合作营造了良好的环境和发挥了积极的促进作用。

3）大湄公河次区域开发

中国重视并积极参与大湄公河次区域经济合作机制（Greater Mekong Subregion Economic Cooperation Program，简称GMS）。中国国务院总理出席了全部三次GMS领导人会议。

中国参与的贸易与投资、交通、能源、电信、环境、农业、旅游、人力资源开发等各领域合作续有进展。

中国倡议成立了GMS经济走廊论坛。2008年，首届论坛在昆明举行，为推动走廊合作从交通领域逐步扩大至贸易和投资领域，推动经济走廊建设发挥了积极作用。中国还举办了大湄公河次区域经济走廊周、大湄公河次区域项目洽谈会等活动。

交通基础设施互联互通建设取得重大进展。GMS南北经济走廊中线（昆明—河内—海防）中国境内段407千米全部改造为高速公路。南北经济走廊东线（昆明—南宁—河内）公路通道全长380千米，中国境内179千米已建成高速公路。中国签署了《GMS便利货物及人员跨境运输协定》及其17个附件和3个议定书，内容涵盖人员跨境流动、过境安排、车辆标准、公路标识和信号等。

中国积极开展与GMS其他国家的电力联网和电力贸易，推动制定GMS电力发展总体规划。中方发起并部分投建的GMS信息高速公路第一阶段已于2008年3月完成。

自2005年开始，中国在云南省和广西壮族自治区与接壤的缅甸、老挝、越南等国跨境地区开展双边传染病防控合作项目。主要项目包括：中国-缅甸边境地区疟疾联防联控试点项目，中国-缅甸、中国-老挝、中国-越南边境地区艾滋病防控合作试点项目，中国-越南边境地区结核病防控合作项目等。

2008年以来，中国举办了3次双方人力资源和社会保障领域高层专题研讨会，就经济结构调整过程中完善社会保障体系、促进人力资源开发和就业等进行交流，并在老挝和泰国建立了中老、中泰妇女培训中心，对当地妇女进行实用技术培训。

（1）湄公河环境保护

2010年5月，中国环境保护部在北京举办了大湄公河流域国家高级官员环境管理（生态保护管理）研修班，来自大湄公河次区域的柬埔寨、缅甸、老挝和越南4个国家的21名高级环境官员参加了研修培训活动。研修活动采用授课与实地考察结合的形式，除了解中国环境保护领域的政策和管理经验外，各国学员还相互交流环保和生态管理方面的经验。

（2）湄公河影视宣传

2004年，中国中央电视台发起，并联合大湄公河次区域柬埔寨、老挝、缅甸、泰国、越南 5 国国家电视台合作摄制大型纪录片《同饮一江水》。截至 2008 年 4 月，《同饮一江水》合作 6 国的 30 多家电视台以中、英、柬、老、缅、泰、越 7 种语言播出了该片。

4.2　东盟十国国情概况

4.2.1　自然环境

1）地理位置分布

东南亚在亚洲东南部，地理上包括中南半岛和马来群岛，前者有越南、老挝、柬埔寨、泰国、缅甸 5 国，后者有新加坡、马来西亚、印度尼西亚、文莱以及菲律宾 5 国。其中，中南半岛的越南、老挝、缅甸 3 国均与中国接壤，马来群岛的菲律宾与中国台湾隔海相望。东南亚东濒太平洋，西临印度洋，为两洋的"十字路口"。

东盟 10 国多系群岛国家，印度尼西亚地跨赤道，是世界上最大的群岛国家，由太平洋和印度洋之间 1 万多个大小岛屿组成，其中约 6 000 个有人居住，素称千岛之国。菲律宾由 7 000 多个大小岛屿组成，其中吕宋岛、棉兰老岛、萨马岛等 11 个主要岛屿约占其总面积的 96％。新加坡由新加坡岛及附近 60 多个小岛组成，其中新加坡岛占其总面积的 91.6％。文莱沿海为平原，内地多山地，有 30 多个岛屿，东部地势较高，西部多沼泽地。

中南半岛国家以山地和高原为主，老挝是唯一的内陆国家。老挝境内 80％为山地和高原，且多被森林覆盖，有"印度支那屋脊"之称。越南地势西高东低，境内 3/4 为山地和高原。柬埔寨中部和南部是平原，东部、北部和西部被山地、高原环绕，大部分地区被森林覆盖。泰国位于亚洲中南半岛中部，地势北高南低，自西北向东南倾斜。其地形基本上由山地、高原和平原构成。缅甸位于中南半岛西部，地形北高南低，地形结构呈马蹄状。

2）众多资源蕴藏丰富

（1）矿产资源

东盟国家矿产资源非常丰富，部分资源蕴藏量在全球榜上有名，甚至位居榜首。其中，马来西亚锡矿丰富，曾为世界产锡大国，但近年来产量明显减少。文莱石油储量和产量仅次于印度尼西亚，居东南亚第二，液化天然气的出口居世界第二位。泰国钾盐的储量达 4 000 余万吨，居世界首位，锡的储量约为 120 万吨，占世界总储量的 12％。资源丰富的印度尼西亚有"热带宝岛"之称，是石油输出国组织（欧佩克）成员方。缅甸盛产的玉石和宝石在世界上享有盛誉。

另外，还有部分资源不可忽视。马来西亚除锡矿之外，还蕴藏铁、金、钨、煤、铝土、锰等矿产。泰国主要的矿产还有褐煤、油页岩、天然气，另有锌、铅、钨、铁、锑、铬、重晶石、宝石和石油等，其中油页岩蕴藏量达 187 万吨，褐煤蕴藏量约为 20 亿吨，天然气蕴藏量约为 16.4 万亿立方英尺（约合 4 644 亿立方米），石油储量达 1 500 万吨。越南的矿产资源主要有煤、铁、钛、锰、铬、铝、锡、磷等，其中煤、铁、铝储量较大。菲律宾的铜蕴藏量约为 37.16 亿吨，金为 1.36 亿吨，镍为 1.27 亿吨，巴拉望岛西北部海域有石油储量约3.5亿桶。柬埔寨的矿藏主要有金、磷酸盐、宝石和石油，还有少量铁、煤、铅、锰、石灰石、银、钨、铜、锌、锡。老挝资源有锡、铅、钾、铜、铁、金、石膏、煤、盐等矿藏，迄今得到少量开采的有锡、石膏、钾、盐、煤等。新加坡除岛中部武吉知马山的锡矿、辉钼矿和绿泥石的小矿藏外，其他矿产资源相对匮乏。

（2）森林资源

菲律宾森林面积为1 585万公顷，覆盖率达53%，产有乌木、檀木等名贵木材。缅甸森林资源丰富，全国拥有林地3 412万公顷，覆盖率为50%左右，是世界上柚木产量最大的国家。柚木质地坚韧、耐腐蚀，是人类用钢铁造船以前世界上最好的造船材料。缅甸将柚木视为国树，称其为"树木之王""缅甸之宝"。印度尼西亚森林面积约为9 400万公顷，约占其国土总面积的49%。越南的森林面积约为1 000万公顷，盛产热带水果。泰国的森林覆盖率为25%，盛产分别被誉为"果中之王"和"果中之后"的榴梿和山竹，荔枝、龙眼、红毛丹等热带水果同样名扬天下。柬埔寨木材种类多达200余种，总积蓄量约为11.36亿立方米，盛产贵重的柚木、铁木、紫檀等热带林木，并有多种竹类。由于战乱和滥伐，柬埔寨的森林资源破坏严重，森林覆盖率从占全国总面积的70%降为35%，主要分布在东、北和西部山区。老挝盛产柚木和紫檀等名贵木材，森林面积约为900万公顷，全国森林覆盖率约为42%。马来西亚盛产热带硬木和热带水果。新加坡约有23%的国土属于森林或自然保护区，森林主要分布于武吉知马自然保护区以及其他3个保护区、西部地段和离岸岛屿。文莱森林覆盖率为72.11%。文莱限制森林砍伐和原木出口，实行"砍一树、种四树"和每年10万立方米限额伐木政策，木材主要满足国内市场需要。

（3）水产资源

泰国是仅次于日本、中国的亚洲第三大海产国，为世界第一产虾大国。柬埔寨的洞里萨湖是世界上著名的天然淡水渔场，也是东南亚最大的渔场，素有"鱼湖"之称。柬埔寨的西南沿海也是重要渔场，多产鱼虾。菲律宾鱼类品种达2 400多种，其中金枪鱼资源居世界前列。越南有6 800多种海洋生物，其中鱼类2 000种、蟹300种、贝类300种、虾类75种。文莱渔业资源丰富，但渔业产值占国内生产总值不足1%，国内市场需求50%依靠进口。文莱政府鼓励外资进入，与本地公司开展渔业养殖合作。印度尼西亚渔业资源丰富，政府估计潜在捕捞量超过800万吨/年。马来西亚渔业以近海捕捞为主，近年来深海捕捞和养殖业有所发展。新加坡的河流由于地形所限，都颇为短小，全岛共有32条主要河流，包括克兰芝河、榜鹅河、实龙岗河等，最长的河道则是加冷河。大部分的河流都改造成蓄水池为居民提供饮用水源。

此外，菲律宾的地热资源预计有20.9亿桶原油标准能源。老挝水力资源丰富，发电是其主要工业之一。

4.2.2 十国政局与法制环境

1）政局情况

东盟形势总体平稳，但有些成员方或发生政坛危机，或面临大选，或遭遇修宪难题，政治变数的增多势必会对经济发展产生影响。东盟国家的政治环境中，文莱、新加坡、越南政治和安全局势长期稳定；泰国、柬埔寨、老挝、马来西亚、缅甸、印度尼西亚政局虽不会出现太大的动荡，但仍存在诸多不安全因素，如印度尼西亚民族关系不稳定，宗教极端势力活跃；柬埔寨在政治转型过程中可能出现不稳定的社会问题。菲律宾与中国在南海问题上的态度将影响该地区的局势。

2）法制环境

柬埔寨本国人对"外国资本家"有较强的抵触情绪，罢工示威活动频繁，市场、经营秩序混乱，法制不健全；印度尼西亚法律体系整体比较完整，但法律环境复杂；老挝的法律法规基本齐备，但是在执行中存在着有法不依、执法不严的问题，法律风险大；新加坡法律法规健全，是一个法治良好的国家。东盟国家中，马来西亚、新加坡、文莱和泰国等四国法律法规健全，法律的保护作用明显，而其他六国虽然整体来讲法律法规较健全，但是仍存在很多问题，法律的保护力度相对较弱。

4.2.3 人口构成

印度尼西亚是东盟唯一一个人口过亿的国家，同时也是世界第四人口大国，2014年达 2.53 亿人。另有 6 个人口过千万的国家，分别是：菲律宾，1 亿人，世界上第 12 大人口大国；越南，约 9 158 万人；泰国，约 6 722 万人；缅甸，约 5 149 万人；马来西亚，约 3 064 万人；柬埔寨，约 1 540 万人；老挝，约 689 万人；新加坡，约 553 万人。文莱是东盟人口最少的国家，仅有约 42 万人。

东盟国家中，只有新加坡和文莱属于城市国家，城市人口占总人口的大部分，其余各国多以农村人口为主。柬埔寨的农村人口约占总人口的 80%；缅甸农村人口约占总人口的 2/3；老挝的农业人口约占全国人口的 90%；菲律宾农业人口占总人口的 2/3以上；泰国有 80% 的人口从事农业；印度尼西亚基本上是一个热带农业国，农业为国民经济基础，农业产值占国民生产总值的 1/3。

东盟十国均是多民族国家。其中，缅甸有 100 多个民族，缅族约占总人口的65%；印度尼西亚有 100 多个民族，爪哇族占 45%；老挝（老龙族，主要是佬族、傣族，约占全国人口的 60%）、越南（越族占 89% 以上）均有 60 多个民族；泰国有 30多个民族，泰族占人口总数的 40%、佬族占 35%；柬埔寨有 20 多个民族，高棉族占总人口的 80%。其他四国也是由多个民族组成的国家，菲律宾的马来人占全国人口的 85% 以上；马来西亚的马来人及其他原住民占 66.1%；文莱的马来人占 67%。另外，华人华侨人数超过 500 万的国家依次为印度尼西亚、泰国、马来西亚，而新加坡是一个以华人居多数的国家，华人占 76% 以上。

由于东盟十国均为多民族国家，语言种类也比较丰富。印度尼西亚民族语言和方言约有 300 种，菲律宾有 70 多种语言，缅甸各少数民族均有自己的语言。以英语为官方语言的有柬埔寨、菲律宾、新加坡三国。其他通用英语的国家包括文莱、马来西亚。另外，汉语是新加坡的官方语言之一，在马来西亚使用也较广泛。

4.2.4 经济结构

1）农业占据半壁江山

20世纪70年代以前，马来西亚经济以农业为基础，依赖初级产品出口；泰国作为传统农业国，农产品是其外汇收入的主要来源之一；越南是传统农业国，农业人口约占总人口的80%，农业产值占国内生产总值的30%以上，耕地及林地占总面积的60%；菲律宾国民经济中第三产业地位突出，同时农业和制造业也占较大的比重，农业人口占总人口的2/3以上；印度尼西亚是东盟最大的经济体，农业和油气产业是其传统支柱产业，全国59%的人口从事包括林业和渔业在内的农业生产；农业是缅甸国民经济的基础；柬埔寨是农业国，属世界上最不发达国家之一，农业在国民经济中占主要地位，农业人口约占总人口的71%，占劳动总人口的78%；老挝的经济支柱是农业，农业人口约占全国人口的90%。

马来西亚农业以经济作物为主，橡胶、棕榈油、胡椒的产量和出口量居世界前列。泰国是世界著名的大米生产国和出口国，其出口额约占世界市场稻米交易额的1/3。泰国的橡胶产量居世界首位，年产量达210万吨，占世界总产量的1/3，其中90%用于出口。印度尼西亚的可可、棕榈油、橡胶和胡椒产量均居世界第二位，咖啡产量居世界第四位。菲律宾盛产椰子、香蕉、杧果、凤梨，其中椰子的产量和出口量均占全世界总产量和出口量的六成以上。缅甸素有"稻米之国"的美称。

新加坡的传统经济以商业为主，包括转口贸易、加工出口、航运等。文莱是东南亚第三大产油国和世界第四大液化天然气生产国，石油和天然气的生产和出口是文莱的经济支柱，分别占其国内生产总值的36%和出口总收入的95%。

2）支柱经济以及经济政策

正如上面提到的，东盟国家中，农业占据半壁江山，仅新加坡和文莱是城市国家。所以，从发展层次来看，第一层次是新加坡、文莱等新兴工业化国家；第二层次是马来西亚、泰国、菲律宾、印度尼西亚、越南等经济发展较好的国家；第三层次是柬埔寨、老挝、缅甸等经济较落后的国家。

新加坡经济以五大部门为主：商业、制造业、建筑业、金融业、交通和通信业。工业主要包括制造业和建筑业。制造业产品主要包括电子产品、化学与化学产品、机械设备、交通设备、石油产品、炼油产品等。新加坡是世界第三大炼油中心。服务业为新加坡经济增长的龙头产业，包括零售与批发贸易、饭店旅游、交通与电信、金融服务、商业服务等，旅游业是其主要外汇收入来源之一。新加坡政府坚持自由经济政策，大力吸引外资，发展多样化经济。从20世纪80年代初开始，新加坡加速发展资本密集、高增值的新兴工业，大力投资基础设施建设，力求以最优越的商业环境吸引外来投资。新加坡以制造业和服务业作为经济增长的双引擎，不断优化产业结构，尤为重视信息产业，已投资在全岛兴建"新加坡综合网"。为进一步推进经济增长，新加坡大力推行"区域化经济发展战略"，加速向海外投资，积极开展在国外的经济活动。

马来西亚主要产业包括电子业、制造业、建筑业和服务业。20世纪70年代以来，马来西亚不断调整产业结构，制造业、建筑业和服务业发展迅速。80 年代中期，因受世界经济衰退影响，经济出现困难。政府采取刺激外资和私人资本增长的措施后，经济明显好转。1987 年后，马来西亚经济持续高速发展，年均国民经济增长率一直保持在 8% 以上，成为亚洲地区引人注目的新兴工业国之一。旅游业为马来西亚第三大经济支柱。2008 年下半年以来，受国际金融危机影响，马来西亚国内经济增长放缓，出口下降，政府为应对危机相继推出 70 亿林吉特和 600 亿林吉特刺激经济措施。2009 年纳吉布总理就任后，采取了多项刺激经济和内需增长的措施。马来西亚经济逐步摆脱了金融危机影响，企稳回升势头明显。2010 年马来西亚公布了以"经济繁荣与社会公平"为主题的第十个五年计划，并出台了"新经济模式"，继续推进经济转型。2015 年，马来西亚出台了第十一个五年计划，当年其国内生产总值（GDP）为 3 356 亿美元，国内生产总值增长率为 5%。

泰国的经济结构随着经济的高速发展出现了明显的变化，制造业已成为比重最大的产业，且成为主要出口产业之一。泰国工业化进程的一大特征是充分利用其丰富的农产品资源发展食品加工及其相关的制造业，主要工业门类有采矿、纺织、电子、塑料、食品加工、玩具、汽车装配、建材、石油化工等。自 20 世纪 80 年代以来，泰国的出口产品由过去以农产品为主逐步转为以工业品为主，主要出口产品有自动数据处理机、集成电路板、汽车及零配件、成衣、鲜冻虾、宝石和珠宝、初级化纤、大米、收音机和电视机、橡胶等；主要进口产品有电子和工业机械、集成电路、化学品、电脑配件、钢铁、珠宝、金属制品等。

越南系发展中国家，经济以农业为主，主要工业部门有煤炭、电力、冶金、纺织等。

菲律宾为出口导向型经济，工业以农、林产品的加工为主，另有一些纺织、水泥、汽车装配等工业。菲律宾的服务业产值逐年增加，2015 年服务业产值约为 7.85 万亿比索，比上年增长 8.1%，占国内生产总值的 59.1%。

文莱政府已大力推行经济多元化和私营化政策，力图改变过分依赖石油和天然气的单一经济结构。

老挝工业基础薄弱，主要工业企业有发电、锯木、采矿、炼铁、服装和食品加工等企业，小型修理厂，以及编织、竹木加工等作坊。老挝没有铁路，运输主要靠公路、水运和航空。

印度尼西亚是东盟最大的经济体，油气产业是其传统支柱产业之一。

柬埔寨经济极不发达，工业主要成分为制衣加工业，小工业和手工业也发挥较大的作用。

4.2.5　与中国贸易关系

1990 年 10 月 3 日，中国和新加坡建交。截至 2016 年，中国为新加坡第二大贸易伙伴、第四大出口目的地和第三大进口来源地。机电产品一直是新加坡对中国出口的主力产品，矿产品是新加坡对中国出口的第二大类商品。此外，化工产品和塑料橡胶也为新加坡对中国出口的主要大类商品。贱金属及制品、运输设备、光学钟表医疗设备等出口也有所增加。新加坡自中国进口的主要商品为机电产品、矿产品和贱金属及制品。运输设备和化工产品也是新加坡自中国进口的主要大类商品。

1974年5月31日，中、马两国建交。截至2016年，中国超过新加坡升为马来西亚第一大贸易伙伴、超过美国成为马来西亚第二大出口市场，同时继续保持马来西亚第一大进口来源地的地位。机电产品、动植物油脂、塑料、橡胶是马来西亚对中国出口的主要产品。矿产品、贱金属及其制品、纺织品及原料的出口也有一定增长。马来西亚自中国进口的主要商品为机电产品，贱金属及其制品和化工产品分别是马来西亚自中国进口的第二、三大类商品。中国在机电产品，贱金属及其制品，化工产品，光学、钟表、医疗设备，植物产品，纺织品及原料，塑料、橡胶，食品、饮料，烟草等产品的出口上具有优势。在这些产品上，美国、日本、印度尼西亚、新加坡、越南、澳大利亚等国家是中国的主要竞争对手。

中泰两国人民的友谊源远流长。几百年前，很多中国人就开始漂洋过海到泰国定居，并逐渐成为泰国社会的一个重要组成部分。1975年7月1日，中泰两国建交。截至2016年，中国是泰国的第二大贸易伙伴，仅次于日本。中国为泰国第三大出口市场和第二大进口来源地。机电产品和塑料橡胶是泰国对中国出口的两大类首要商品。此外，矿产品的出口下降很快，化工产品、植物产品和木制品的出口有所增长。机电产品占据泰国自中国进口总额的半壁江山，化工产品、贱金属及其制品、纺织品及原料分居进口第二、第三和第四大类商品。在这些产品上，日本、美国、澳大利亚和马来西亚等是中国的主要竞争对手。

1950年1月，中、越建交。在长期的革命斗争中，两国人民结下了深厚友谊。中国稳居越南最大贸易伙伴之位。越南自中国进口的主要商品为机械设备和零配件，进口大幅增长的商品有各类成品油和香烟原辅料。部分商品，如小麦、动植物油、奶及奶制品，进口金额同比有所减少。

1950年4月13日，中国同印度尼西亚建交。由于一些政策原因，1967年10月30日，两国中断外交关系。1990年8月8日，两国恢复外交关系。截至2016年，中国继续保持印度尼西亚第二大出口市场和第二大进口来源地地位，同时也是印度尼西亚第三大贸易伙伴，仅次于日本和新加坡。矿产品，动植物油脂，塑料、橡胶是印度尼西亚对中国出口的前三大类商品。在其他各类商品中，运输设备对中国的出口增长迅速。中国在机电产品、贱金属及其制品、化工产品、纺织品及其原料、植物产品，以及家具、玩具、杂项制品等产品的出口上具有优势，上述各类产品分别列印度尼西亚自中国进口大类商品（HS类）的前四位、第六位和第十位。在这些产品上，日本、新加坡、美国、韩国、澳大利亚等国是中国的主要竞争对手。

中缅两国是山水相连的友好邻邦，两国人民世代友好相处。1950年6月8日两国建交。1960年10月，两国政府签订了《中缅边界条约》，率先圆满解决了历史遗留下来的边界问题。中缅友谊被称颂为"胞波"（兄弟）情谊。

中、菲两国人民友好往来的历史源远流长。早在唐宋时期，中菲两国就有了经济文化交往。1975年6月9日，中菲两国建交。1991年9月30日，文莱与中国建交。1958年7月19日，中柬两国正式建交。1961年4月25日，中国与老挝建立外交关系。

1991 年以来，中国和东盟国家在互利共赢和相互尊重的基础上推进全方位合作，双方对话关系发展也越来越强劲。在世界经济增速放缓、外需不振的情况下，2015 年，中国与东盟十国的双边贸易总额达到 4 721.5 亿美元，同比下降 1.7%，中国贸易顺差 827.9 亿美元，为 2014 年的 1.3 倍。今后，中国与东盟贸易将有较大持续增长和优化的空间。2016 年是中国-东盟建立对话关系 25 周年。中国与东盟日益密切的贸易、资金及人员往来，将双方命运紧紧联系在一起，也给双方人民带来实实在在的利益。

4.3 新加坡、文莱的市场营销策略

新加坡和文莱是东盟十国中的两个城市国家，这点与作为农业大国的中国截然不同。其中，新加坡的传统经济以商业为主，包括转口贸易、加工出口、航运等。文莱传统上是一个经济结构比较单一的国家，其经济主要建立在传统农业和沿海渔业的基础上。20 世纪初叶文莱境内发现石油和天然气后，经济主要依赖于石油、天然气的出口，目前是东南亚第三大产油国和世界第四大液化天然气生产国。近年来，文莱政府向渔业、农业、运输业、旅游业和金融服务业等多种行业组成的多元化经济模式转变，取得了一定的效果。因此，与中国相比，新加坡、文莱属于高收入国家，具有发展高科技和知识密集型产业的优势。

另外，新加坡是华人集聚地。截至 2016 年 10 月，新加坡人口将近 553.5 万。在本地居民中，华人约占 3/4。利用华人网资源，中国企业进入东盟市场可获得多方面的助力。

4.3.1 市场进入策略

1）出口贸易

新加坡与文莱是高收入国家，消费者对产品的质量、品牌等要求比较高。因此，对中国企业特别是中小企业来说，进入它们的市场是一项严峻的挑战。若企业本身在中国国内具有一定的知名度、美誉度，或者企业在东盟其他国家有一定的市场与影响力，则可以选择直接出口的方式，这样既可以不受中国国内中间商销售和业务范围的限制，也可以通过与国际市场的直接联系及时获取市场信息，从而改进企业的生产经营，也可以增强对营销活动的控制，有利于改进营销工作。另外，直接出口的合同期限一般较短，企业易于调整目标市场及进入市场的方式，因而具有一定的灵活性。在中国国内不具备一定市场影响力的中小企业，或者刚开始开展跨国经营的企业，则可以选择间接出口的方式，特别是可以选择在东盟市场已有一定市场基础的企业或者广西、云南等与东盟国家联系紧密地区的企业为间接出口的依托。这样可以利用本国出口贸易机构的渠道和经验，促进商品的销售；企业也不需要亲自完成市场选择、市场调研、产品定价等出口业务，因而不需要从事出口的专门机构和人员，可以节约营销费用；另外，企业不直接同国际市场相联系，不承担国际市场销售的风险，有较大的灵活性。

2）对外合作

对外合作的形式主要包括合作经营、技术转让、特许经营、合同生产等。若企

业本身具有资金、技术和设备等方面的比较优势，可以选择合作经营的方式。合作经营本身不需要建立具有法人地位的经济实体，这样就更加简单易行，除了具有合资经营的好处之外，投资方式还更灵活，适应性更强。若企业不具备技术优势，但有资金优势的话，可以选择技术转让的合作方式，购买新加坡和文莱的一些技术资源，可以尽快缩短企业同当地企业之间的技术差距，开发出适应两国需求的新产品。对于一些大公司来说，还可以选择特许经营的方式，可以控制大量分散的当地中小企业，进一步扩大公司在两国市场的占有率。对于中小企业来说，可以选择合同生产的方式，通过与当地企业签订订货合同，实际上把生产厂设置在目标市场国（此处指新加坡和文莱），当地生产，当地销售，使生产和销售紧密结合。当然，中小企业也可以通过特许经营的方式与当地大公司联营，提高企业知名度，扩大销售，增加收入。

3）直接投资

在华盛顿的世界银行发布的《2018年全球营商环境报告》（WB's Doing Business Report）中，新加坡依然排名全球第二、亚洲第一，文莱由第72位上升至第56位，在这两个国家投资是非常适合的。

新加坡已成为海外中资企业较集中的国家，截至2015年1月，已有超过5 200家中资企业在新加坡设立分公司或代表机构，主要开展制造业和服务业，同行业竞争非常激烈。所以，要慎重选择投资的产业，重点推销品质和款式俱佳的产品，避免我国企业在新加坡的恶性竞争。新加坡产业结构单一，其制造业以电子和化工行业为主，其他制造业在经济成分中所占比重较低，电子和化工行业又主要掌握在跨国公司手里。因此，新加坡政府决定大力发展生化医疗科学产业，希望这个产业能够成为新加坡经济第四个重要产业。中新两国在科技、旅游、教育等领域的合作潜力巨大，深圳华为公司成功登陆新加坡高科技产品市场就是最好的例证。我国企业尤其是大中型企业在新加坡的投资应更多考虑长远利益，树立跨国公司的形象，除了扩大市场外也可以尝试目前国际直接投资中广泛采用的收购、兼并方式。

文莱投资环境很好，石油和天然气是经济支柱，但国内市场狭小，产品单一，没有转口贸易，中国企业尤其是大中型企业可考虑以战略资源型投资为主。文莱的经济是一种资源型经济，石油和天然气开采业产值占其GDP的70%多，约占其出口总额的95%，而中国石化工业实力雄厚，文莱政府欢迎中国相关企业到文莱投资设厂，开发石油下游产品。另外，文莱的制造业和农业比较落后，全国只有几十家制造企业，且以生产成衣为主，食品主要依靠进口。

4.3.2 营销组合策略

1）产品策略

（1）产品组合

选择进入市场的产品种类是进行国际营销的良好开端。新加坡和文莱两国属于技术经济和旅游经济发展良好的国家，而在农业经济方面基础非常薄弱，食品自给率相当低，这对于中国这样的农业大国而言无疑是良好的商业契机。曾担任中国驻新加坡大使馆商务处一等秘书的宋耀明说:"新加坡市场对蔬菜的需求很大,从现在市场销售的蔬菜来看,除了一些特别的热带蔬果之外,99%本地食用的蔬菜中国都能够供应。""如果中国企业愿意成为供应商,在文莱的清真认证审批等成本由我们来承担。"文莱华菲拉控股公司市场总监梅莱恩·简妮说。可见,食品类是进入这两个国家的主力产品。同时,在技术经济领域,中国和新加坡、文莱两国的产业互补性较强,这也是拓展新加坡、文莱两国市场的良好切入点。另外,机电产品和化工类产品一直是两国贸易的重点。总体来说,新加坡和文莱是经济结构优势比较凸显的国家,中国企业在进入这两个国家的产品种类选择方面应尽量寻找空白以及薄弱的市场,避免直接竞争。

确定产品种类之后,做好产品组合是非常关键的。由于新加坡、文莱两国消费者对产品要求更加精细,企业可以选择拓展产品的深度,以满足不同消费者的要求,同时有助于树立良好的口碑或者专业形象。比如,蔬菜类食品,企业可以提供新鲜蔬菜,也可以加工半成品蔬菜等。在拓展产品的广度方面要慎重,若不成功,可能会影响原有的市场,同时有损企业形象。当然,企业应选择类别关联度较大的产品。总之,对于高收入人群占大多数的新加坡、文莱两国而言,产品要做到高质量,要有良好的品牌形象或口碑,专业性是最关键的因素。所以,不要采用广撒网的招数,应该做到更细、更精,这样才能打开高品位人群的钱袋。

(2)产品延伸策略

产品延伸策略包括向上延伸、向下延伸以及双向延伸三种,由于新加坡、文莱两国高收入人群占多数,最先可以考虑向上延伸的策略,满足两国消费者对高档产品的需求。当然,任何国家都有贫富差距存在,新加坡、文莱两国也有收入低的人群,企业也可以考虑向下延伸策略,以吸引更多购买者,扩大市场。但在选择产品延伸策略的时候,企业应紧密联系自身情况与发展目标,若企业产品本身在市场上处于高档产品地位,企业选择了向下延伸策略之后,不但没有扩大市场,反而毁掉了原来的形象,最终成为"四不像",这就会造成得不偿失的局面。

(3)产品品牌商标策略

随着市场竞争日趋激烈,品牌已成为生产商的身份代表,同时也成为消费者选择产品的重要标准。因此,一些传统上无须使用品牌的产品,如米、面等粮食类产品及其他一些小商品也开始使用品牌和商标,并注重包装,尽管成本上升了,但的确取得了良好的经营效果。特别是对于进入国际市场的企业而言,品牌和商标就显得尤其重要,在新加坡、文莱这样的国家销售更不能忽视品牌和商标的作用。若企业自身已树立良好的品牌形象,则可以选择统一品牌、商标策略,如娃哈哈公司、海尔集团,可以节约广告费用,还可以利用老产品将新产品带入国际市场。企业也可以考虑个别品牌、商标策略,如吉利集团分别有沃尔沃、帝豪、英伦、全球鹰等品牌,多品牌可以分散风险,但广告、促销成本增加,同时不利于企业树立统一的国际形象。此外,应考虑本地消费者的风俗习惯和传统文化,以免造成尴尬局面。

(4)产品包装策略

针对产品的特点,企业应做好产品包装策略的选择。产品包装策略主要包括类似包装策略、配套包装策略、多用包装策略和更换包装策略。企业应结合产品特征以及市场特点两方面情况加以分析，进而使产品包装为产品的销售助一臂之力。

2）价格策略

价格策略是国际营销中的一个决定性的因素。在为产品定价时，企业必须注意产品成本、市场需求、市场竞争以及政府对价格的调控政策等因素。由于新加坡、文莱两国的消费者大部分属于高收入人群，他们对价格的敏感度相对较低，主要看重产品的质量等要素。所以，企业可以根据两国市场需求强度和消费者对产品价值的理解来制定产品销售价格，即采取需求导向定价法。同时，应遵循统一定价策略，这样不仅可以简化操作，还有利于企业在两国市场上建立跨国公司及其产品的统一形象。当然，企业完成定价后，还要密切关注价格扬升、平行输入等现象，采取有效的措施，严格管理和控制这两种现象，以维护正常的市场秩序，提升产品的竞争能力。

3）分销策略

（1）出口经销商、代理商

这是直接而有效的传统分销渠道，即选择国内经营出口产品业务的贸易商为桥梁，将企业产品销往新加坡、文莱两国。目前，中国在新加坡、文莱两国的经销商、代理商已经具有一定规模，对于中小企业和刚刚进入新加坡、文莱市场的企业来说，不仅可以利用出口商的特长为自己的产品在两国市场上打开销路，还可以减少营销的资金负担以及经营风险，最重要的是可以及时收回资金，有利于资金链的运作。

（2）进口中间商

中国企业应利用好中国-东盟自由贸易区、两廊一圈等组织机构，同时也要把握好相关行业或者国家贸易交流会的机会，如中国-东盟博览会，与两国进口中间商建立关系，将自己的产品利用本地的资源进行销售。中间商由于与产品消费者同处一个国家，熟悉当地的市场环境和消费者的购买习惯，可以解决语言、运输、财务、广告及促销等一系列营销方面的问题。

（3）华商网络

新加坡是华人集聚地，华商在当地也有一定的影响力，文莱的华人约占其总人口的10%。中国企业可以与当地华商取得联系。当地华商具有极大优势，他们具有"五缘"性，包括血缘、亲缘、地缘、业缘和神缘。他们熟悉当地经济、政治、法律以及风俗习惯，熟悉当地的投资项目、投资规模和投资管理部门，还同当地政府和企业界均有紧密联系。因此，选择华商是很好的渠道。

（4）进驻新、文两国的中国企业

那些勇于"开天辟地"的元勋，现已有部分在新加坡、文莱两国取得良好发展，占有一定市场，得到了当地消费者的认可。企业也可以通过这些元勋企业铺设产品渠道。比如，新加坡是中兴通讯、中化国际、联想三家企业区域总部所在地，福建的家具企业华夏国际在文莱也扎根稳定。

4）促销策略

（1）广告策略

企业进入新加坡、文莱两国市场采取的广告策略不仅要达到激发消费者对企业产品的兴趣并实施购买行为的目标，更要在消费者心目中树立企业和产品的良好形象。可以根据产品的特点，适当地采用本地化广告内容，引起消费者的共鸣。媒体以传统媒体为主，包括报纸、杂志、电视、广播，同时网络媒体和其他媒体也是不可忽视的渠道。例如，新加坡早已建立"新加坡综合网"，企业应该尽可能地发挥其作用。

（2）人员推销

新加坡华人众多，企业可以只选取当地居民作为市场推销员。在文莱则可以选择当地居民与从中国国内选派推销人员相结合的方式。前者通过熟悉当地市场、风俗等的人员开拓市场，后者有助于反馈市场真实情况，以便企业做出反应。

（3）公共关系

企业在国际营销中进行公共关系活动的主要目的就是树立企业良好的社会形象和声誉。公共关系活动的任务主要表现在加强与传播媒体的关系、改善与消费者的关系、协调与政府的关系等。新、文两国属于经济良好的小型国家，高品质的产品固然重要，但更为重要的是得到当地政府和社会公众的支持和认可，所以良好的公共关系对企业的销售至关重要。公共关系活动能够以其有效的沟通手段，及时克服国际经营中存在的文化和其他障碍，进而打开并占领两国市场。

4.4 马来西亚、泰国、菲律宾、印度尼西亚以及越南的市场营销策略

马来西亚、泰国、菲律宾、印度尼西亚以及越南五国虽然经济发展水平参差不齐，如马来西亚属于中上等收入水平，具有中等技术及资金密集型产业比较优势，泰国、菲律宾、印度尼西亚、越南四国属于中下等收入层次，具有自然资源和劳动密集型产业比较优势，但这些国家有一个共同之处，就是产业结构与中国相似，产业间竞争较激烈。同时，随着市场竞争日益激烈，产品操作不断细化，五国的经济产业结构与中国存在越来越明显的互补关系，这是中国企业面向五国营销的基本立足点。

4.4.1 如何打入五国市场

1）进入策略

（1）依托大企业或跨国公司走进五国市场

随着越来越多的大型企业和跨国公司将其原本由内部完成的某些非核心业务外包出去，中小企业有机会进入由这些企业主导的产业链环节，成为其战略合作伙伴，依托它们的力量进入五国市场。贵州茅台、三生药业、华为、美的、TCL、华旗资讯等一批中国知名企业已经在东盟国家市场占得先机，取得较好业绩。

（2）打造地区形象，整体进军

目前，某一地区的企业整体进军东盟国家市场不失为一大妙招。这样做不仅利于节约成本，更有利于形成口碑效应，进而顺利获得他国消费者的认可。2011年10月12日，乐山市召开"走进东盟"活动动员大会，动员全市广大企业走进东盟，努力建立新的东盟市场营销渠道，培育新的外贸增长点。乐山市商务局依托乐山兴德

轧辊机械有限公司在越南设立的驻越贸易机构建设乐山东盟商务平台，充分发挥境外经贸平台的综合功能，带动更多的乐山企业、乐山产品走进东盟，叫响"乐山制造"，为全市外贸经济发展做出积极贡献。设立乐山东盟商务平台破解了乐山过去长期由于单一企业、单一产品、单一展会等方面的不足而无法持续进入东盟市场的难题。

（3）利用"一带一路"倡议，充分发挥华侨华人的作用

"一带一路"是一项系统工程，是国际区域新型合作关系的体现。如何发挥东盟国家华侨华人的桥梁和纽带作用，中国政府及相关部门方面，应依靠侨务和政府智库等国家机关和部门，完善和落实工作职能，切实做好东盟国家华人华侨的工作。目前，我国在基础设施建设领域、通信（如华为手机已成为国际知名品牌）领域以及互联网领域已处于相对较高的技术水平，相应技术和产品在东盟普遍受到欢迎，因此要依靠华人华侨在东南亚国家经济领域的优势，充分发挥他们的桥梁作用，和东南亚国家华人企业集团合作，积极开拓东盟市场，促进国内商品向东盟市场流动。侨务部门应全面掌握侨情，建设华人华侨资源和产业数据库，以及信息发布平台，为华人华侨朋友参与其中提供信息服务和对接载体。另外，要鼓励我国大中型国有企业、中国主导的亚洲基础设施投资银行（简称亚投行）、中国-东盟投资合作基金等具有技术和资金优势的机构，积极与华人华侨合作，支持和推动重点项目的落实，以示范引领带动更多的华人华侨朋友参与"一带一路"建设。

（4）依托展会、相关活动与政府机构

首先，依托政府开展会展营销。我国广西南宁每年召开"中国-东盟博览会"，东盟国家政府要人及客商云集于此，是绝好的投资与商品洽谈的机会，企业应该把握这种每年一度的机会。

其次，中国-东盟自由贸易区的成功运作也为我国企业提供了良好的契机。企业应主动了解中国-东盟自由贸易区的相关规则以及基本内容，主要包括关税减让、最惠国待遇、取消数量限制与非关税壁垒、原产地原则、开放服务贸易、建立东盟投资区与实现投资自由化、东盟工业合作计划、东盟一体化优惠制度、东盟运输便捷化、标准和质量统一措施、电子东盟和通信产品贸易自由化，利用这些规则为企业进入东盟市场提供帮助。

再次，利用政府组织活动的契机推广自己的产品和服务，比如中国-东盟博览会以及中国政府官员接待东盟国家领导人等。

最后，依托政府的力量，由政府出面组织企业到东盟国家展销自己的产品。

在2011年第八届中国-东盟博览会暨商务与投资峰会上，中国商务部官员表示，未来5年内中国将在每个东盟国家建设一个境外经贸合作区。时任商务部亚洲司副司长郑超说，境外经济贸易合作区是我国政府鼓励和支持有条件的企业扩大对外投资的重要举措，也是企业"走出去"的新形势，既有利于我国企业集群式走出去，也有利于培养东道国的产业集群，扩大当地的就业。

截至2015年，6个东盟国家设立了7个经贸合作区，其中在越南2个，而其余2/5国家则是空白（包括新加坡、缅甸、泰国和文莱），这也意味着仍有潜力巨大的市场

尚待开发。

资料链接：国酒茅台，天下谁人不识君！

2）产品策略

（1）高质量精细化产品

《中国企业品牌白皮书：本土品牌海外影响力调查》显示，绝大多数被访对象（79％）认为"中国制造"的标签对中国品牌不利。中国企业遭受负面联想，品牌形象被认为"廉价、价值低、质量差、不可靠、不精致"等，诸如"诚信、可靠和整体价值"这些关键的联想都流失了。所以，生产并销售高质量产品是重塑中国产品形象的关键。另外，由于中国与这五国产业互补性较强，产业内存在较激烈的竞争，细化产品是至关重要的产品策略，以此避开直接"战斗"，甚至基于产品生产连续性建立起战略合作伙伴关系，顺利打开五国市场。

（2）产品的本土化

在国内畅销的产品不一定受到国外消费者的欢迎。中国企业应根据不同民族、不同地区、不同经济基础的消费者的需求，为其量身定制，生产适销对路的产品。重要的是产品的认证也要本土化，符合当地的认证标准。例如，海尔根据马来西亚旅游城市多、环境保护意识强的特点，研制了不用洗衣粉的洗衣机，并大受当地消费者的喜爱。清真食品在商标上特别注明相关的阿拉伯文有助于扩大销路。"同仁堂"拓展马来西亚市场，力争每一种产品出去，都能够通过当地药监部门的认可，获得当地的认证。

4.4.2　如何在五国营销如鱼得水

1）品牌形象塑造

（1）品牌并购或与当地品牌合作

借助当地品牌的声誉和资源优势，达到弱化原产地形象的目的，利用有影响力的人，如娱乐明星等意见领袖，让消费者对品牌形成良好印象。要在五国站稳脚跟，就必须根据五国市场特点培养出适合当地的品牌。

（2）注重与各种营销相关者长期、密切的沟通

建立良好的公共关系是海外营销的必修课，企业要学会处理与消费者、经销商、竞争者、非政府组织、政府部门、媒体等相关者的关系。与消费者建立良好、积极的关系；处理好与东道国经销商和当地生产企业的关系，建立沟通和协调机制；把企业自己的经营活动纳入当地政府的经济和社会发展计划中，协助政府达到目标，争取政府的支持；为媒体提供所需资料，以积极配合的态度，取得媒体的正面关注。

碧桂园"森林城市"进军马来西亚，在马来西亚获得多项政策支持。马来西亚总理纳吉布表示，碧桂园"森林城市"除了可享受免税区的政策，对于符合依斯干达特区相关标准的旅游会展、教育及医疗的企业，可享受企业所得税减免政策，并不设股权制衡方面的要求。同时，针对绿色开发商和绿色发展管理公司，可提供企业所得税优惠政策。碧桂园在打造"森林城市"项目时，把自己定位成城市运营商，而不是开发商。通过填海建造，在景观、路桥以及公共设施配套方面比周边其他房地产项目更具竞争力，市场前景良好。

（3）自觉履行企业公民的社会责任，积极投身当地公益事业

企业不仅要以实现盈利和满足消费者直接需求为目标，而且要切实关注和维护消费者和社会的长期利益。企业还应该关注五国的环境保护、劳工利益、社区建设、教育事业、慈善事业等，协助当地政府缩小贫富差距，尽力回报社会，促进当地社会的持续发展。

2）落户五国，及时反应

（1）建立联合售后服务中心

国际营销最大的问题就是售后，如果没有良好的售后保障，消费者很可能放弃选择企业产品，进而转向其他售后服务更好的商家的产品。但是，在海外建立售后服务中心必然导致成本的大幅度增加，这样多家产品技术相近的厂商到海外成立联合售后服务中心，便可以降低单个企业在海外市场设立维修服务网点的巨大成本，减少企业的经营成本，提高顾客的满意度及对经销商提供技术上的支持。无锡小天鹅在马来西亚的售后服务开展得较好，使该公司产品在马来西亚年销量达20万台，占马来西亚家用洗衣机市场的15%。如果想在这五个国家发展得更好，除了要根据当地的消费习惯和消费者的使用习惯改进产品外，较高的产品质量、较好的维修和售后服务也是吸引消费者的卖点。

（2）开展物流合作，降低物流成本

中小企业可以将自己的国际物流业务集中外包给第三方物流，或采用联合发货和仓储。在很多行业中，制造成本的降低几乎走到了极限，销售额的增加也难有大的突破，对物流的控制最有可能成为企业的另外一个利润源。物流优化会主动为企业创造价值，增强企业的核心竞争力。更重要的是，对物流的控制，并不仅仅是一个与效率和成本相关的话题。针对东盟市场，可以加快企业对市场的反应速度，更好地满足客户需求，这等于选择一款生死攸关的防身或攻击性利器。

（3）吸纳当地人才

马来西亚人文化程度高，越南、印度尼西亚、泰国和菲律宾人接受教育比较普及，整体素质相对来说都还可以，而境外企业的经营管理和发展也离不开人才。中国企业在五国的经营需要通晓国际经济运行知识、当地经济政策和投资法律环境，熟悉当地市场、熟练掌握英语和东道国语言，精通经营管理的复合型人才。此外，还要聘用合适的人，即对中国企业和产品有好感、熟悉中国文化的人。

（4）融入当地社会生活

中国企业还应尊重、认可当地的生活方式，积极融入当地主流社会，积极参加当

地人的各种社交活动，增进双方的了解程度，消除文化隔阂，缩小文化差距，努力塑造"本地人"的身份。当地形象对国外企业是十分有价值的，积极参加当地的各种文化、体育、娱乐活动，并提供相应的支持，有助于更好地被当地的消费者承认、接受。

4.5 缅甸、老挝以及柬埔寨的市场营销策略

东盟十国中，柬埔寨、老挝以及缅甸三国属于低收入国家和地区，具有廉价劳动力和自然资源优势。虽然这些国家经济不发达，农村人口占多数，但与中国产业互补性较大，竞争较小。并且，三国均邻近中国，在地理位置上就有相当的"地缘"。因此，这也是一块不可忽视的"美味蛋糕"。

4.5.1 入市策略

1）非直接投资策略

缅甸、柬埔寨、老挝基础产业落后，投资环境较差，投资风险大。我国企业尤其是大中型企业可考虑以战略资源型投资为主，可以与这些国家合作投资开发能源和基础设施领域，投资形式包括股权投资、BOT和工程承包，投资着眼点最好是交通便利的大中城市。所以，其他类产品目前可以选择出口模式的直接出口、国内外代理商/分销商方式或者以许可经营和其他契约合作方式进入市场。

2）寻找空白市场，占据"领头羊"位置

这些国家均系低收入国家，以农业经济为主，工业经济发展较晚。与全球发达国家相比，尚有众多市场空白。中国虽然也是发展中国家，与这些国家相比，中国就是"经济大国"。因此，可以利用技术优势，在市场占据部分领域的"领头羊"位置。

4.5.2 营销组合策略

1）产品策略

（1）两极化产品策略

整体产品可以理解为核心产品（实际利益和基本效用）、有形产品（物质实体外形）、附加产品（附加利益）三层。这三个国家的消费者受收入较低等因素的影响，对产品的需求多还处在核心产品层，所以企业可以提供满足消费者实际利益和基本效用的产品，不用太注重外在形式和一些附加利益。同时，由于缅甸、柬埔寨、老挝市场经济不发达，一些高端产品市场尚不成熟，加之贫穷国家也有富有人群。所以，一些高端产品在这三个国家也有一定市场。

（2）产品标准化

这三个国家消费者的教育、收入水平以及生活方式等方面整体较相似，这种消费的共性化为产品的标准化提供了客观基础。产品标准化有利于企业获得规模经济效益、大幅度降低成本；有利于产品树立统一的形象，深入人心；也有利于企业营销的管理和控制。此外，标准化有利于高技术含量产品进入这些国家。

（3）简单类似包装策略

与其他国家相比，柬埔寨、缅甸、老挝的消费者求美、求新、求变的心理不太重，产品包装也不需要太复杂化、太精细化，主要达到保护商品、方便储运即可。另外，包装也不需要不断推陈出新，类似包装也有众多优点：首先，类似包装可以促进销售、节约费用；其次，有助于消费者根据包装识别出企业产品；最后，可以较方便地用老产品将新产品带入市场。因此，简单类似的包装是在这三国营销的不错选择。

2）价格策略

（1）市场渗透定价策略

柬埔寨、缅甸、老挝经济不发达，国内消费者对价格敏感度较高。另外，这三国与中国产业互补性较强，竞争者较少，不易引起倾销指控。同时，选择市场渗透定价有助于企业产品迅速占领市场，有效阻止新竞争者进入。

（2）善用求实求廉心理

低端消费者皆有较强的求实求廉心理，企业定价也要善于把握这一点。可以采用尾数定价策略以及招徕定价策略。另外，也要根据当地消费者的具体倾向，选择合适的折扣定价策略，尽可能地满足消费者的价格定位需求。

3）广泛分销策略

渠道基本与前两部分提到的一致，如中国-东盟自由贸易区，中国-东盟博览会等通路。此外，柬埔寨、缅甸以及老挝的地理位置优越，也可以选择依托西南地区企业渠道策略。另外，广泛分销可以使消费者更方便地购买企业产品或服务。产品渠道的铺设在国际营销中非常重要，满足了消费者的方便性，有助于企业产品迅速进入人心，进而占领市场。

4）传统广告媒体策略

柬埔寨、缅甸、老挝均属于信息不发达国家，国内消费者信息接收渠道较传统。因此，企业广告媒体可选择电视、广播为主，报纸、杂志、网络以及其他媒体为辅。电视、广播媒体均有一大特点，即不用受众自己主动阅读，这样其在文化程度普遍不高的国家，有着不容忽视的效应。

4.5.3 关注民族特性，稳定市场

国际商务中的某些失误往往可以追溯到管理者们潜意识里的种族优越感，它在战略策划及实施中起到负面作用，造成与外国人沟通的扭曲，形成跨文化关系的障碍。民族本位主义往往使人把自己国家作为他国的参照对象，只看到自己的优点，而看不到、不认可、不接纳他国民族的优秀之处。中国在世界历史上的辉煌常常勾起了我国国民大国地位的优越感。随着近十年中国经济的稳健增长和国际政治地位的提升，中华民族的伟大复兴，类似的优越感更是有增无减，这容易使我们忽视他国的民族特性，导致他国的误解。这些国家曾都存在长期遭受殖民统治的历史，使他们对主权高度敏感并有强烈的实现国家强盛的愿望。中国的大国现实和他们的大国愿望不可避免地产生一定的摩擦。

这些国家有众多机会，营销基本工作容易，但要想稳定市场，必然要舍弃大国本

位主义，关注它们的民族特性。

4.6 东盟国家市场营销的风险和注意事项

4.6.1 东盟国家市场营销的风险分析

1）自身经济结构以及金融自由化政策，导致东盟国家受外部因素特别是美国因素的影响较大

东盟内部市场潜力较小，对外部市场的依赖严重。全球经济发展和外部需求增长直接影响着东盟的贸易出口，也为其经济发展提供重要动力。一旦全球经济及金融环境发生变化，东盟各国经济也将遭受严重冲击。东盟的主要贸易对象是美国，各国普遍采用与美元挂钩的汇率制度，因此以美元为主的外汇储备结构尤其易受全球油价上涨及美国经济的影响。东盟某些国家的工业增长多依赖于技术含量低、附加值低的制衣和纺织加工业。汇率变化、生产成本上升及市场竞争加剧都会影响到整个经济的发展。

2）东盟主要经济体贸易结构高度一致，同质性加大了系统性风险

东盟内部的新兴工业国家在经济起飞阶段凭借的是劳动密集型产品的出口导向战略，20世纪90年代起，又转换为以下游的电子信息产品出口为主。经济和贸易结构的雷同限制了东盟内各成员方贸易创造效应的发挥，同时，经济结构过于类似、关键行业过于集中也加大了整个地区的系统性风险。

3）非关税贸易壁垒

由于马来西亚、泰国以及越南等部分东盟国家与中国的产业相似性较大，造成竞争激烈。而且，遗留的"大国威胁论"的影响等因素，可能引起东盟国家对中国发展存在一定的戒心，并设立一些非关税贸易壁垒，阻碍中国企业在东盟国家的发展。

4）其他非经济因素对地区局势和经济发展的潜在影响

首先，由于历史原因，泰国、印度尼西亚、菲律宾等国军队地位长期特殊，军队利益长期独立，实际指挥权长期游离，军队"国有化"不完全或未进行，军事力量干预政治导致政权更迭、政策中断、国际环境恶化的情况屡见不鲜。

其次，美国学界认为在东南亚活动的恐怖主义组织一共有30个，柬埔寨3个，印度尼西亚7个，马来西亚8个，菲律宾10个，新加坡1个，越南1个。扣除重复计算，保守估计有18个。宗教极端主义和恐怖主义人数虽少，但组织严密，破坏力强，不仅会造成巨大的直接经济损失和人员伤亡、蔓延恐慌情绪，还会在国家经济、金融多个层面产生连锁反应，形成长期影响。再有，严重自然灾害、禽流感疫情等也是东盟经济发展和投资环境中的重大负面影响因素。

最后，东南亚一直是大国之间利益争夺的一个焦点，大国干涉的是东南亚不安全与不稳定的基本原因。然而，东南亚的地区冲突多半是由成员方国内或地区的政治纠纷所引发，这为大国的干涉提供了条件和可能。成员方国内纠纷集中在政治特性、意识形态的选择和政权的合法性等问题上。地区纠纷则表现为历史上的敌对与仇恨、地缘政治和意识形态的矛盾，以及这些原因与成员方国内纠纷交织在一起造成的紧张和

冲突。涉及该区域的大国有美国、日本、印度、欧盟、俄罗斯、澳大利亚等。大国在该地区的角逐必然使东盟地区情况更加错综复杂。

目前南海争端持续增温，东盟一些国家力图使南海问题国际化、东盟化。外部势力的介入、误判或者一方贸然采取不当行动，都可能导致事态恶化，甚至引发冲突。2016年7月12日，国际法院菲律宾南海仲裁案仲裁庭做出非法无效的所谓最终裁决，中国不接受也不承认。因为菲律宾共和国阿基诺三世政府单方面提出仲裁违背国际法，仲裁庭没有管辖权。现在，南海地区不仅形成了六国七方的争端局面，也会成为牵动东亚政治、安全格局的大国博弈的舞台。南海问题是"亚洲四大热点"问题之一。

4.6.2 东盟市场营销风险防范建议

总体而言，东盟市场上机遇与风险并存。已经或即将"走出去"的中国企业，必须坚持以积极且审慎的态度、立足自身经验积累、树立风险规避意识、有效设置风险控制环节、稳妥落实风险防范工作、合理安排风险化解措施，实现在东盟市场上的合作共赢。

1）了解市场，充分识别风险

中国企业"走出去"进行市场开拓，首要的课题是充分认识、深入了解当地市场，准确定位和综合权衡面临的风险与机遇。同时要树立全面成本的概念，综合考虑和比较目标市场可能存在的各种隐性成本和或有支出。重视资信调查，审慎选择交易方，理性测算成本与收益，做好商业可行性研究和分析，客观评估、科学决策。

2）立足自我，合理承担风险

风险和收益总是相伴相生，任何收益究其本质都是承担风险的回报。企业从事经营活动、追求业务拓展时应立足自身抵御和消化风险的能力，结合企业发展目标，确定风险偏好，选择承担与预期收益和自身实力相匹配的风险，既不能盲目贪多求大，也无须过于谨小慎微。

3）完善制度，尽量防范风险

从公司治理的角度，企业内部应完善风险管理制度。制度的建立有利于风险管理工作能落到实处。其一，只有风险管理制度化才能保证任何市场开拓行为均经过了充分论证和审慎决策；其二，只有风险管理制度化才能督促企业逐步培养起技术力量和研究人员，同时明确自上而下的责任归属；其三，只有风险管理制度化才能规范企业内部的风险管控环节，通过合理分工清晰暴露业务各阶段的风险点，并有的放矢地制定相应风险防范措施；其四，只有风险管理制度化才能减少企业发展中的短视行为，为企业的长远发展战略和稳健经营服务。

4）借助外力，善于转移风险

企业对于风险的处理可能千差万别，由此对企业经营可能造成的影响也相去甚远。比如可以选择中间商，或者借助政府力量。正所谓，市场分工，各有所长，企业一方面应该充分发挥自身在专业领域的优势，同时也应借力打力，整合利用外来资源，与具有风险管理技术和经验的机构充分合作，以最优的业务拓展模式促进自身发展。

本章小结 ✎

2016年是中国–东盟建立对话关系25周年、中国–东盟友好交流年和中国–东盟自贸区建成运行6周年。20多年来，中国和东盟在友好交流、经贸往来和多领域合作等方面取得了巨大成就。目前，中国成为东盟第一大贸易伙伴，东盟也成为中国的第三大贸易伙伴。中国–东盟经贸合作正处于历史上最活跃、最富有成效的时期。在这样良好的发展势头里，抓住"走出去"的机遇，以促进双边进一步合作，是目前双方国家和企业工作的重心。本章从东盟的形成与现状、东盟国家市场特征着手，介绍东盟国家市场营销的主要方法与途径，同时也总结了东盟国家市场营销的风险与注意事项。希望能为我国企业进入东盟市场提供参考，促进中国–东盟合作迈上一个新台阶。

思考题 👥

1.名词解释：

东盟"10+1"会议　东盟"10+3"会议　GMS　中国–东盟自贸区　中国–东盟博览会

2.简述东盟的发展历程、组织机构及现状。

3.谈谈你对中国–东盟"10+1"外长会议的看法。

4.南海问题的升级，将对中方与东盟国家的营销环境带来什么影响？

5.假如你是企业的领导人，你应如何进入东盟国家市场？

6.企业应该如何塑造品牌形象？

7.案例分析

中国华为挺进东盟市场　十余年成绩斐然

有人说华为一直是中国企业中的异数，行事低调，而成绩却很显眼。经过这么多年的发展，华为一直保持着一股强劲的发展势头。

华为挺进东盟十余年

1987年华为在中国深圳成立，2010年作为内地唯一的民营IT企业进入《财富》全球500强，成为中国电子百强之首，被Fast Company评为2010年最具创新力公司全球前5名。2011年，华为开始尝试以更开放的姿态面对媒体，华为高管集体开微博，增加透明度，连续3年发布社会责任报告。即便如此，从某种程度上说，它至今还是默默无闻的。

人口众多的东盟地区，一直以来都是华为重要的海外市场。华为进入东盟市场已有十多年，和印度尼西亚、新加坡、马来西亚、泰国等运营商、政府宽带项目都有广泛的合作。以印度尼西亚为例，2000年，华为印度尼西亚公司正式成立，宣告华为建立起了在东盟的首个前沿基地，在此之后，华为公司积极与印度尼西亚政府、商家合作，拓宽自己的行销范围，在印度尼西亚创造了骄人的业绩。如今，印度尼西亚10家领先运营商中，有9家由华为提供服务。据悉，华为在印度尼西亚以及泰国的年销售额，分别飙升到了2012年的16亿美元以及10亿美元，跻身印度尼西亚和泰国纳税最多的外企行列，成为中国企业在东盟国家发展壮大的成功案例。

华为在海外的成功离不开本土化的经营策略，华为东南亚总裁杨蜀表示，"我们相信本土化的经营是华为在海外成功的基础，所以华为在东盟地区坚定地推行企业本土化。"据悉，在2012年华为在东盟区域的本地合作伙伴已经超过了1 000多家，本地采购金额达10亿美元，间接就业人数超过了3万人，东盟地区的本地员工达到了800名，占全部员工总数的80%以上。走出国门的华为不仅为自己创造了经济效益，也解决了当地人的就业问题，推动了当地经济的发展。华为的本土化经营策略，使它成功融入当地社会，成为当地行业领跑者。

除了聘任大量本地雇员，华为印度尼西亚公司还积极开展与印度尼西亚本地企业的合作。从市场份额看，每年新增采购数额中，仅电信设备一项，华为就占当地市场40%以上。东盟国家众多的人口，市场潜力巨大，使得中国企业开始考虑进一步深化合作。据统计，随着智能移动设备销量的不断上升，目前，在东南亚国家至少一半以上人口通过智能手机上网，这些国家是全球通信和互联网业务增长最快的市场之一。华为公司看准时机，与印度尼西亚、新加坡、泰国、马来西亚、缅甸等国家的公司签署战略协议，由后者在该国代为经销华为企业商务产品，拓展当地市场；借助当地企业完善的分销网络和零售策略，华为迅速占领当地通信市场及无线互联网市场。

未来华为持续主攻泰国市场

中国华为技术有限公司为挖掘企业发展潜力，着手锁定企业PC网络服务和智能手机市场。

泰国华为技术有限公司（分公司）董事总经理陈瑞称，预计未来3到5年之内，华为企业PC网络运营和智能手机业务收入增长将赶超泰国本地各大电信网络运营商。陈瑞认为，虽然2014年度上半年泰国因政治危机处在经济全面崩溃边缘，但华为作为中国企业在泰国投资已长达10年，其品牌知名度对泰国各大电信部门和消费群体皆有不小的影响力。

华为海外通信分公司主管斯威夫特称，泰国华为已新推出第5代企业互联网。华为互联网数据传输的灵活程度使企业可更加有效地管理其计算机网络系统。与此同时，华为融合有线和无线网络服务，通过每小时数据传输配置统计和每月新业务服务部署不断提高其互联网数据传输灵活度。与侧重稳定技术及稳定连通性的传统企业计算机网络不同，华为旨在通过其网络数据监控不断提高服务质量，专注服务用户体验。华为企业网络系统的主服务器采用最新芯片技术，通过软件编程，为用户集中数据管理。该网络系统同时可用于校园网、广域网和数据统计中心。华为于2013年推出该新型局域网络系统，目前全球范围内有184个商业机构采用华为新型数据集中式处理网络。

泰国华为董事宋丹萍表示，华为将侧重于大学教育、金融服务、广播媒体、运输和大型企业的局域互联网开发。同时华为亦瞄准军政府下令普及基础教育智能教室项目商机，将与军政府及当地PC生产商合作，为智能教室开发新型局域互联网项目。

华为对东盟国家的回馈

谈到华为对当地的回馈，杨蜀认为："在海外的长期发展过程中，我们深刻地意识到华为不单要做一个长期共同发展的全球化企业，更要做一个合格的企业社会公民，所以华为非常注重企业的社会责任，包括在当地的救灾捐赠、长期的人才培训、合作伙伴的培养、一些专业论坛方面都发挥了积极的作用。"

在华为人所说的"企业公民职责"中，华为的行动有目共睹，并且得到了当地人民的广泛认同。在华为落地的国家，华为不仅设立研发中心，还与当地大学进行科技合作，通过提供奖学金，或是为优秀学生提供带薪实习的机会等措施，吸纳优秀大学生成为公司的储备人才，不仅实现了本土化经营，还成功提高了华为在当地的知名度。许多在华为实习过的当地大学生都表示，华为的工作环境、工作氛围都非常好，其在华为公司实习，可以将自己学到的理论知识付诸实践，并且掌握最尖端的新技术。不少人还表示，等自己大学毕业后，将选择华为就职。凭借务实的行动，华为公司在东盟走出了自己独特的国际化之路。

东盟于2015年建成经济共同体，不管是东盟各国间的交通运输还是电子通信等方面的往来都更加密切。杨蜀表示，华为希望在东盟共同体经济一体化过程中在通信、信息共享方面，能够做出更大的贡献，所以未来会在通信、信息共享方面做主体的规划。他还说，东盟各国电信的发展各有特点，但总体来说中国在电信方面的发展对这些国家都有一定的借鉴作用，华为作为一个总部在中国的全球化的公司，可以把中国在电信方面的经验和东盟进行很好的交流和共享。丰富和沟通人们的生活，建立起人们沟通的桥梁一直都是华为的愿景，华为在东盟国家，也是如此。

资料来源　佚名. 中国华为挺进东盟市场 十余年成绩斐然 ［EB/OL］. ［2016-03-14］. http://www.wtoutiao.com/p/175xP7X.html.

问题：

华为在东盟市场成功的因素是什么？通过案例，谈谈中国其他企业得到的启示是什么。

资料链接：非关税壁垒暗潮汹涌　成自贸区发展障碍

第 5 章

非洲国家市场营销分析

学习目标 ⊙

通过本章学习，你应该达到以下目标：

知识目标：了解非洲政治、经济、文化、地理等情况，理解非洲市场特性。

技能目标：辨析非洲主要区域贸易组织之间的差异，理解非洲区域合作的特点。

能力目标：分析中非贸易关系，给出中国企业进入非洲市场的营销策略。

5.1 非洲简介

5.1.1 地理位置

非洲（拉丁文：Africa），全称阿非利加洲（意思为阳光灼热），位于东半球西南部，其西北部部分地区深入西半球，地跨赤道南北，经纬度介于西经17°33'至东经51°24'、南纬34°51'至北纬10°27'之间，南北跨纬度73度，最大长度8 100千米，东西跨经度69度，最大宽度7 500千米。赤道横贯非洲中部，非洲约3/4的区域地处南北回归线之间，年平均气温在20℃以上的热带、亚热带地区占全洲的95%，其中有一半以上地区终年炎热。非洲四面环海，东濒印度洋，西临大西洋，北隔地中海和直布罗陀海峡与欧洲相望，东北隅以狭长的红海与苏伊士运河紧邻亚洲。非洲大陆面积约3 020万平方千米（包括附近岛屿），占世界陆地总面积的20.2%，仅次于亚洲，为世界第二大洲。非洲大陆面积占98%，岛屿面积仅占2%，海岸线比较平直，港湾稀少，岬角、半岛也较少，每1 000平方千米平均拥有1千米海岸线。除马达加斯加岛外，非洲岛屿均为小岛，且多数远离大陆，岛屿面积比例远小于亚洲、欧洲和北美洲，略高于南美洲和南极洲。

5.1.2 社会环境

1）人口

目前非洲人口约占世界人口的10%，是世界上人口第二多的大洲。截至2016年，非洲人口约有12亿，并以每年接近2.15%的速度增长，因此对环境资源的需求与日俱增。世界银行报告指出，到2030年，非洲总人口的一半将居住在城市。非洲的居民主要有黑种人和白种人，其中黑种人约占总人口的2/3，白种人（占比小于2%）主要分布在南部地区。

目前非洲人口的平均密度每平方千米为 30.5 人，但全洲人口分布不平衡。西北沿地中海岸、西部沿几内亚湾和东南部印度洋沿岸一带，是非洲人口分布较密地区。

2）政区

非洲政区有不同的划分方案。按照传统的政区划分，非洲被划分为北非、东非、西非、中非和南非五个部分。在 2006 年联合国环境署出版的《非洲环境展望 2》一书中，非洲被划分为六个区，即北非、东非、西非、中非、南非和西印度洋群岛区。

3）文化和语言

（1）源远流长的古代文明

考古学的材料证明，非洲各族人民很早就创造并发展了光辉灿烂的古代文明。在远古时代，当西方殖民主义者的故乡还处在冰川封固阶段的时候，在非洲大陆上就已出现了沸腾的生活。那时候，尼罗河流域还是不适合居住的沼泽，现在荒无人烟的撒哈拉沙漠却是一片河流纵横的森林和草原。大约距今一万年以前，北非发生了急剧变化，大草原逐渐干旱而变成沙漠。

尼罗河流域是世界古代文明的摇篮之一。位于尼罗河下游的埃及是世界四大文明古国之一。埃及早在公元前 5000 年就出现了农业，那时候的埃及人就懂得栽培技术和兴修水利。埃及很早就发展了天文学，早在公元前 4241 年，埃及人就制定出了相当精确的人类最早的太阳历。

在建筑、雕刻和绘画等艺术方面，古埃及也取得了巨大成就。至今巍然屹立在尼罗河畔开罗附近的宏伟金字塔和狮身人面像是公元前 27 世纪前后古埃及的杰作。它们是人类建筑史上的奇迹，也是古埃及劳动人民卓越智慧和辛勤劳动的不朽丰碑。

（2）复杂的语言

非洲的语言相对复杂，总数超过 800 种，大致分属亚非语系、尼日尔-刚果语系、印欧语系、尼罗-撒哈拉语系、科伊桑语系和南岛语系。其中，亚非语系和尼日尔-刚果语系分布范围最广。非洲大陆现有 20 多个国家通行法语，10 多个国家通行英语，3 个国家通行英、法双语，还有 5 个国家通行葡萄牙语。

5.1.3　经济环境

非洲人口占世界人口的 10%，而经济总量仅为世界的 1%，贸易额只占世界贸易总额的 2%。受各种因素的影响，整体上非洲经济相对落后。非洲有 2 亿多人长期营养不良，文盲率高达 70%，艾滋病患者和病毒携带者近 2 500 万人。截至 2015 年年底，全世界难民人数为 6 530 万人，其中北非和撒哈拉以南非洲的难民比其他任何区域都多，在全球排名前 10 的收容难民的国家中，有 5 个为非洲国家。在联合国公布的 49 个最不发达国家中，34 个是非洲国家。非洲债务负担沉重，许多国家每年要拿出财政收入的 1/4 偿还外债。非洲基础设施落后，但非洲经济也在不断发展。2000—2008 年，非洲年均经济增长率为 5.4%。2009 年随着全球经济衰退，非洲经济增长率降为 3.1%，其中东非增长率最高，南非为负增长。2010 年非洲经济有所反弹，经济的平均增长率为 4.9%。2014 年，尽管面对一些社会挑战，包括全球石油危机、政治紧张局势，但非洲经济平均增长率达到 3.9%，高于全球 3.3% 的平均水平和非洲 2013 年 3.7% 的增长率。2015 年，各种不利因素继续困扰非洲，尤其是以原油为主的国际大宗商品价格持续下跌，导致非洲经济增速降至近年低点，且国别之间的增长业绩分化明显。在不利的国际环境下，非洲地区与地区、国与国之间的增长差异性越来越明显，如东部非洲年均增长率为 5.7%，南部非洲仅为 1.9%。

1）工业

非洲工业多为农畜产品加工工业，而且多被国外资本控制。轻工业以农畜产品加工、纺织为主；木材工业有一定的基础，木材加工厂较多。重工业有冶金、机械、金属加工、大理石采制、金刚石琢磨、橡胶制品等部门。重工业较发达的国家有南非、埃及等。

20 世纪 60 年代，非洲制造业发展较快，但后来增长速度放慢。到 90 年代初期，制造业在国内生产总值中的比重为 11%，比 1965 年（9%）略有增长。2016 年，非洲制造业产值约占 GDP 的 10%，制造业在全球处于较低水平，产值仅占全球的 1%。

2）农业

非洲的粮食作物种类繁多，有水稻、玉米、小麦、马铃薯、高粱等，还有木薯、椰枣、食用芭蕉等特产。非洲的经济作物特别是热带经济作物在世界上占有重要地位。棉花、花生、腰果、芝麻、咖啡、可可、甘蔗、烟叶、天然橡胶等的产量很高。非洲特有的作物有乳香、没药、阿尔法草、卡里特果、柯拉。

非洲农业人口占总人口的 3/4，许多经济作物的产量在世界占重要地位：咖啡、花生产量各占世界总产量的 30% 左右；科特迪瓦、乌干达、安哥拉、埃塞俄比亚是世界闻名的咖啡出口国，尼日利亚、塞内加尔是世界有名的花生出口国；棉花产量约占世界总产量的 10%，主要产于埃及和苏丹；可可、丁香的产量分别占世界总产量的 60%~80%，加纳的可可产量居非洲第一。

非洲的畜牧业发展较快，牲畜头数多，但畜产品商品率低，经营粗放落后。非洲渔业资源丰富，但渔业生产仍停留在手工操作阶段，近年来淡水渔业发展较快。

非洲土地资源丰富，但土地贫瘠，耕地方式原始，农业落后，粮食不能自给。

3）矿业

非洲是世界最古老的大陆，矿产资源丰富，黄金、金刚石、钴、铜、铀等重要矿产资源储量均居世界首位，铁、锰、磷灰石、锡、石油等的产量在世界也占有重要地位，有着发展经济的良好条件。2014 年，非洲钴的产量占世界产量的 50% 以上，金刚石产量占世界产量的 60%，锰产量占世界产量的 39%，磷产量占世界产量的 31%。由于历史和其他一些原因，非洲各国的矿业发展不平衡，各国矿业产量占其国内生产总值的比重差别也比较大，大的可超过 40%，如北非的阿尔及利亚等石油产出国，小的不足 1%，如肯尼亚、乌干达。矿业在非洲许多国家的经济发展中占有重要地位，对有些国家而言是经济支柱。

4）交通运输

非洲是世界上交通运输业比较落后的一个洲，还没有形成完整的交通运输体系。大多数交通线路从沿海港口伸向内地，彼此相互孤立。但较独立初期而言，目前非洲的交通运输事业，无论是交通运输长度，还是交通运输工具数量及客货运输量，均有一定的发展，在非洲各国经济活动中的作用日益加强。

非洲交通运输以公路为主，另有铁路、海运方式。南非、马格里布等是非洲交通运输业比较发达的国家和地区。撒哈拉沙漠、卡拉哈里沙漠等地区则是没有现代交通运输线路的空白区。目前非洲很多国家和地区尚无铁路，海运是其交通运输的主要手段之一。随着矿产和石油开采业的发展，非洲出现了一批运输矿石和石油的专用港。有一些国家的港口还为其他内陆国家的进出口贸易服务。近年来，非洲航空业发展较快。航空业较发达的国家有南非、埃及、埃塞俄比亚等国。

5.2　非洲主要区域贸易组织

非洲是世界各大洲中最早提出一体化发展思想的，非洲几代领袖都坚信团结与合作是非洲国家经济、社会和文化发展不可或缺的条件。今天的非洲领导人更是普遍认识到，实现非洲一体化是非洲应对经济全球化挑战的重要手段和唯一保证。

5.2.1　非洲联盟

1）发展历程

非洲联盟的前身是于 1963 年 5 月 22 日在埃塞俄比亚首都亚的斯亚贝巴成立的"非洲统一组织"（简称非统）。1999 年 9 月，非统第 4 届特别首脑会议通过《苏尔特宣言》，决定成立非洲联盟（简称非盟）。

2000 年 7 月，第 36 届非统首脑会议通过了《非洲联盟章程草案》。

2001 年 3 月，非洲召开第 5 次特别首脑会议，宣布非盟成立。但由于当时批准非盟章程的国家仅 32 个，未达到非盟章程生效所需的 36 国法定数目，会议决定暂不启动非盟。2001 年 5 月 26 日，非盟章程正式生效。2001 年 7 月，第 37 届非统首脑会议决定正式向非盟过渡。

2002 年 7 月，第 38 届非统首脑会议暨首届非洲联盟国家元首和政府首脑会议宣布非盟正式取代非统。非盟作为非洲大陆新的地区性组织，其主要任务是维护和促进非洲大陆的和平、稳定，推行改革与减贫战略，实行发展与复兴。非盟将 9 月 9 日定为"非洲联盟日"。

2011 年 8 月 15 日，非洲联盟正式接纳南苏丹共和国成为其第 54 个成员方。

2017 年 1 月 30 日，摩洛哥重新成为非盟会员国。

2）非洲联盟的目标与宗旨

目标：实现非洲国家和人民间更广泛的团结和统一；维护成员方主权、领土完整和独立；促进和平、安全和稳定；加快政治、社会和经济一体化进程；促进民主原则、大众参与和良政；促进和保护人权；推动非洲经济、社会、文化的可持续发展；推动在各领域的泛非合作，提高人民生活水平；协调和统一当前和未来的区域经济组织的政策，以逐步实现非盟目标；维护非洲共同立场和利益；加强国际合作，创造条件使非洲在全球事务中发挥应有作用。

宗旨：成员方主权平等，相互依存；尊重独立时存在的边界；和平共处；不干涉内政；制定共同的防务政策；和平解决争端，禁止使用或威胁使用武力；尊重民主原则、人权、法治和良政；尊重人的生命的神圣性，谴责和反对暗杀、恐怖主义行为和颠覆活动；让非洲人民广泛参与非盟建设；反对以非宪法方式更迭政权；成员方发生战争罪、种族屠杀或大规模人道主义危机时，非盟有权依照大会决定进行干预；为恢复和平与安全，成员方有权要求非盟干预；促进性别平等；促进社会公正，推动经济平衡发展。

3）非洲联盟的成员

截至2017年1月，非盟共有55个成员方，分别是阿尔及利亚、埃及、埃塞俄比亚、安哥拉、贝宁、博茨瓦纳、布基纳法索、布隆迪、赤道几内亚、多哥、厄立特里亚、佛得角、冈比亚、刚果（布）、刚果（金）、吉布提、几内亚、几内亚比绍、加纳、加蓬、津巴布韦、喀麦隆、科摩罗、科特迪瓦、肯尼亚、莱索托、利比里亚、利比亚、卢旺达、马达加斯加、马拉维、马里、毛里求斯、毛里塔尼亚、莫桑比克、纳米比亚、南非、尼日尔、尼日利亚、塞拉利昂、塞内加尔、塞舌尔、圣多美和普林西比、斯威士兰、苏丹、索马里、坦桑尼亚、突尼斯、乌干达、赞比亚、乍得、中非、阿拉伯撒哈拉民主共和国（即"西撒哈拉"，1984年11月被非统接纳为成员，摩洛哥随即退出非统）、南苏丹（2011年7月独立建国，同年8月成为非盟最年轻的成员方）、摩洛哥（2017年1月30日重新加入）。其中：毛里塔尼亚2005年8月4日被非盟暂时中断成员方资格，2008年8月9日非盟宣布冻结其成员资格，2009年7月恢复其成员方资格；2008年12月，非盟决定暂时中止几内亚成员方资格；2009年3月，非盟暂停马达加斯加成员方资格；2010年12月，非盟和平与安全理事会暂时中止科特迪瓦的成员方资格。非盟委员会设在埃塞俄比亚首都亚的斯亚贝巴。

4）非洲联盟组织机构

自2002年7月建立以来，非盟已经成立了非盟首脑会议、非盟委员会、执行理事会、泛非议会、非洲法院、和平与安全理事会、常驻代表委员会、特别技术委员会等机构，其中主要机构包括非盟首脑会议、执行理事会和非盟委员会。2008年9月9日，非盟在达累斯萨拉姆宣布成立经济、社会和文化理事会（经社文理事会），非盟的官方机构数增加到9个。

（1）非盟首脑会议（the Assembly of the Union）

非盟首脑会议是非盟的最高权力机构，通常每年召开两次。年初的首脑会议原则上在非盟总部所在地亚的斯亚贝巴举行，年中的首脑会议在成员方轮流举行。另外，在成员方提出要求并经2/3成员方同意后，非盟可召开特别首脑会议。首脑会议大会主席团由1名主席和14名副主席组成，由成员方根据地区代表制选举产生，每个地区3名，受非盟制裁的成员方无投票权。主席任期1年，也可视情况延长，但延长期不得超过1年。首脑会议的主要职责是制定非盟的共同政策，监督非盟政策或决议执行情况，加快非洲政治、经济一体化建设，向执行理事会和委员会下达指示，解决非洲战争、冲突、恐怖主义、紧急情况等问题。

（2）执行理事会（the Executive Council）

执行理事会由成员方外长或成员方指定的其他部长组成。每年举行两次例会，若某国提出要求并经 2/3 成员方同意，可举行特别会议。执行理事会对首脑会议负责，执行其通过的有关政策并监督决议的实施情况。执行理事会下设常驻代表委员会和特别技术委员会两个辅助机构。

（3）非盟委员会（the Commission）

非盟委员会为非盟常设行政机构，负责处理非盟的日常行政事务。其领导机构由主席、副主席及 8 名委员共 10 人组成，任期 4 年，至多可连任一次。

（4）泛非议会（the Pan-African Parliament）

泛非议会是非盟的立法与监督机构。截至 2017 年 8 月，泛非议会只具有咨询和建议职能。它由非盟 55 个成员方各 5 名议员共 275 人组成，设 1 位议长和 4 位副议长，根据地域平衡原则，议长和副议长分别来自非洲的 5 个次区域。泛非议会每年召开两次例会。现任议长为喀麦隆人罗杰·恩科多·当（Roger Nkodo Dang）。

（5）和平与安全理事会（the Peace and Security Council）

和平与安全理事会由 15 个成员方组成，其中 5 国任期 3 年，10 国任期 2 年，均可连选连任。成员方权力平等，无否决权。其主要职能是：维护地区和平与安全，预防地区冲突；对成员方实施军事干预与维和行动；帮助战后重建；进行人道主义和灾难救援等。主要权力有：制定非盟对成员方干预的形式和计划；制裁以违宪手段更迭政权者；确保非盟反恐政策的实施；推动成员方实行民主、良政、法治和保障人权等。

（6）非洲发展新伙伴计划（the New Partnership for Africa's Development）

非洲发展新伙伴计划由南非、尼日利亚、阿尔及利亚、塞内加尔和埃及于 2001 年发起，2002 年被确定为非盟经济社会发展纲领，2010 年正式并入非盟框架。下设国家元首和政府首脑指导委员会、执行委员会、规划和协调局等决策和执行机构。

（7）经济、社会和文化理事会（the Economic，Social and Cultural Council）

经济、社会和文化理事会是一个咨询机构，由成员方社会团体、专业团体、文化组织和非政府组织等组成。

（8）非洲法院（the Court of Justice）

非洲法院是非盟的司法机构。

5）非盟成立的重要意义

非盟是继欧盟之后世界上第二个重要的国家间联盟，它的成立具有划时代的意义。它奏响了迈向统一的"大非洲"的序曲，标志着非洲大陆在新世纪踏上了通向一体化的快车道，标明非洲也将步入和平与发展的现代化时代。

（1）非盟宣告成立标志着具有 38 年历史的非洲统一组织在完成原有的使命后正式退出历史舞台

非洲统一组织成立于 1963 年 5 月，是非洲大陆最具代表性的地区组织，相当于非洲的"联合国"。当时非洲 31 个独立国家领导人齐聚一堂签署并通过了《非洲统一组织宪章》，法定成立"非洲统一组织"（简称非统）。非统推动了非洲独立解放运动的蓬勃发展，使越来越多的国家摆脱殖民统治，获得政治新生。然而，非统毕竟是很多年前设计完成的，它应当与时俱进。非盟宣布成立，取代非统并领导非洲经济共同体。非盟不仅与非统具有共同点，还具有自己的一些显著特点和鲜明特征。第一，非盟不仅促进统一、加强合作，而且效仿欧盟的做法；第二，非盟与非统在宗旨、目标与组织机构方面均有区别，其中最明显的特点就是加速了非洲大陆的政治、社会和经济的一体化；第三，非盟像欧盟那样拥有自己的议会、执行机构和跨国法律。非盟的章程使它更好地向公民社会开放，为非洲人民提供更多的活动空间。因此，非盟可以说是非统的继承与发展，更能适应新时代的新形势。

（2）非盟的成立有助于从区域性的经济联合向更高的一体化方向迈进

非盟成立以后，在非统的框架下，设立了11个区域性的经济组织。区域联合是整体联合的前奏，这些组织通过在非洲大陆的不同地区展开形式多样的合作，为2025年建成非洲共同市场而努力。其中，东南非共同市场、南部非洲发展共同体和西非国家共同体影响最大，发展最迅速。在撒哈拉以南的47个国家中，有41个国家分别加入了其中一个或两个组织。它们分别制定了在未来10年内建立区域性经济共同体、关税同盟、自由贸易区，统一货币，实现人员和货物的自由往来等一系列联合计划。2000年11月，非洲有21个国家又决定建立自由贸易区。通过此举，非洲国家致力于逐步实现全面的经济一体化，到2004年发展成关税同盟，到2025年建立货币联盟。非洲国家在政治上的联合必然会加速其经济上的联合，非盟的组织框架为非洲经济共同体的最终建立奠定了基础。

（3）非盟的成立有助于制止暴力冲突，维持地区和平

非盟有助于解决非洲某些国家和地区的冲突，经济利益可以促进老冲突的解决和预防新冲突的诞生。实行人员和财产的自由往来既可以促进发展，又能消除富国和穷国之间直接的不平等，避免人口流向经济更为繁荣的国家而产生新冲突。

非盟的正式启动影响非洲人民的前途和命运。非盟加强了非洲国家间的合作，显示出非洲在国际舞台上的整体力量，不仅可以增加非洲在债务、贸易等问题上与西方谈判的筹码，而且有利于加强地区合作，缓减冲突，促进国家间的贸易和投资，为非洲走向世界市场积累能量和经验。因此，在世界政治多极化、经济全球化的大潮面前，非盟是大势所趋、人心所向，是实现非洲地区和平与发展的重要条件，将为非洲的和平稳定和经济腾飞打下坚实的基础。

6）主要活动

2002年7月9日至10日，非盟在南非德班举行第一届首脑会议，宣布非盟正式成立。

2003年2月3日，非盟在亚的斯亚贝巴举行特别首脑会议。大会通过了非盟宪章修订案，其中包括进一步加强妇女参与非盟的事务、明确非盟大会主席的职责和增设和平与安全理事会为非盟正式机构等事宜。

2003年7月10日至12日，第二届非盟首脑会议在莫桑比克首都马普托举行。非盟成员方领导人就"非洲发展新伙伴计划"、消除地区冲突和防治艾滋病等议题进行了讨论，取得了积极的成果。会议还选举出以马里前总统科纳雷为主席的非盟委员会成员。

2004年2月27日至28日，非盟在利比亚海滨城市苏尔特举行特别首脑会议，通过了有关水资源利用及农业可持续发展的决议。

2004 年 7 月 6 日至 8 日，第三届非盟首脑会议在埃塞俄比亚首都亚的斯亚贝巴召开。大会通过了《非盟的展望与非盟委员会的任务》《非盟 2004—2007 年战略框架》《非盟委员会各部门行动计划》3 个纲领性文件，敦促成员方加紧落实"非洲发展新伙伴计划"，加速非洲一体化进程。会议还决定将泛非议会总部设在南非。

2005 年 1 月 30 日至 31 日，第四届非盟首脑会议在尼日利亚首都阿布贾召开。会议同意分别设立专门委员会研究加强非洲在联合国的作用以及如何加快非洲经济一体化进程等问题，并同意签署有关互不侵犯和共同防御等方面的协议。

2005 年 7 月 4 日至 5 日，第五届非盟首脑会议在利比亚海滨城市苏尔特举行。会议重点讨论了非洲发展、外债、减少贫困、地区冲突、一体化进程和非盟在联合国改革问题上的立场等问题，并通过了关于继续执行联合国千年计划和有关联合国改革问题的决议。

2006 年 1 月 23 日至 24 日，第六届非盟首脑会议在苏丹首都喀土穆举行，会议的主题是"教育与文化"。与会的 36 位非洲国家元首、政府首脑以及代表讨论了文化、教育、非盟与联合国安理会的合作和更有效地发挥非盟和平与安全理事会作用等一系列问题，并达成多项共识。

2006 年 7 月 1 日至 2 日，第七届非盟首脑会议在冈比亚首都班珠尔召开。会议的主题为"推动经济共同体与地区一体化协调发展"。首脑会议通过决议，决定成立非洲人权与民族权法院，这标志着非洲国家在人权保护方面迈出了重要一步。

2007 年 1 月 29 日至 30 日，第八届非盟首脑会议在埃塞俄比亚首都亚的斯亚贝巴举行。会议的主要议题是科学技术开发与研究对非洲发展的作用。会议讨论了索马里和苏丹达尔富尔问题，但没有取得实质进展。

2007 年 7 月 1 日至 3 日，第九届非盟首脑会议在加纳首都阿克拉举行。会议讨论了建立非洲联合政府及"非洲合众国"的问题，并发表了《阿克拉宣言》，强调加快非洲大陆政治、经济一体化进程以及建立非洲联合政府的重要性。

2008 年 1 月 31 日至 2 月 2 日，第十届非盟首脑会议在埃塞俄比亚首都亚的斯亚贝巴举行。会议的主题是"非洲工业发展"。会议就非洲工业发展、地区安全局势及非洲联合政府等热点问题进行了讨论，并选举加蓬副总理兼外长让·平为非盟委员会主席。

2008 年 6 月 30 日至 7 月 1 日，第十一届非盟首脑会议在埃及沙姆沙伊赫举行。会议的主题是"实现水和卫生的千年发展目标"。来自非盟 53 个成员的国家元首、政府首脑或代表就非洲和平与安全、全球粮食和能源价格上涨、津巴布韦等问题进行了讨论。

2009 年 2 月 1 日至 4 日，第十二届非盟首脑会议在非盟总部亚的斯亚贝巴举行。会议的主题是"非洲基础设施建设"。与会者着重讨论了非洲交通和能源领域基础设施建设、全球金融危机和建立非洲联合政府等议题。

2009 年 7 月 1 日至 3 日，第十三届非盟首脑会议在利比亚海滨城市苏尔特举行。会议的主题是"农业投资促进经济发展与粮食安全"。来自 50 多个成员方的国家元首、政府首脑或代表在会议期间讨论了非洲农业投资、粮食安全、地区稳定和安全以及非盟权力机构的建立等议题。

2010年1月31日至2月2日，第十四届非盟首脑会议在非盟总部亚的斯亚贝巴举行。会议的主题是"非洲信息和通信技术：挑战和发展前景"。与会领导人就发展信息和通信技术、解决地区冲突和危机、共同应对气候变化以及加快实现千年发展目标等议题进行了广泛深入的讨论，共同谋划非洲的未来发展。

2010年7月25日至27日，第十五届非盟首脑会议在乌干达首都坎帕拉举行。会议通过《非洲2015年母婴、儿童健康及发展行动纲要》，为非洲地区的母婴和儿童健康勾勒出新蓝图。

2011年1月30日至31日，第十六届非盟首脑会议在埃塞俄比亚首都亚的斯亚贝巴举行。会议的主题是"寻求共同价值，促进团结与一体化"。来自非洲大陆约30个国家的领导人、联合国秘书长潘基文、二十国集团和八国集团轮值主席国法国总统萨科齐等出席会议。会议通过了《非洲关于公共服务及管理的价值和原则宪章》，向实施非盟共同价值计划迈出重要一步。会议声明指出，非盟章程强调民主治理、民众参与、法治、人民权利、经济社会可持续发展等原则的重要性，推广上述共同价值是加强非洲团结、加快非洲一体化的重要手段。

2011年6月30日至7月1日，第十七届非盟首脑会议在赤道几内亚首都马拉博举行。会议的原定主题为"加快青年能力培养以促进可持续发展"，同时计划讨论地区安全和气候变化等问题，但是在实际议程中，利比亚危机成了最主要的讨论内容。非盟利比亚危机特别委员会为此专门向首脑会议做了工作汇报。

2012年1月29日至31日，第十八届非盟首脑会议在埃塞俄比亚首都亚的斯亚贝巴召开。会议的主题为"促进非洲区内贸易"。本届首脑会议的特别之处在于，首次在中国援建、刚刚落成的非盟会议中心召开。受邀出席的中国人民政治协商会议全国委员会主席贾庆林在开幕式上发表演讲。

2012年7月15日至17日，第十九届非盟首脑会议及相关会议在埃塞俄比亚首都亚的斯亚贝巴非盟会议中心召开。本届峰会沿用上届峰会"促进非洲区内贸易"的主题。来自非盟50多个成员方的国家元首、政府首脑或代表，联合国秘书长潘基文，阿拉伯国家联盟秘书长阿拉比，以及其他国家和国际组织各类代表参会，规模超过4 000人。与会代表就非洲区内贸易与经济发展、地区安全与和平等展开讨论，并选举出新任非盟委员会主席。

2013年1月27日至28日，第二十届非盟首脑会议在埃塞俄比亚首都亚的斯亚贝巴举行，会议主题为"泛非主义与非洲复兴"。来自非盟50余个成员方的国家元首、政府首脑或代表就促进非洲大陆和平与稳定、实现非洲发展与复兴等议题展开讨论。来自非洲大湖地区和南部非洲发展共同体成员方的代表决定推迟签署解决刚果（金）危机的"政治框架"协议。

2013年5月26日至27日，第二十一届非盟首脑会议在埃塞俄比亚首都亚的斯亚贝巴举行，本届会议沿用上届主题"泛非主义与非洲复兴"，继续围绕非洲经济发展、地区安全局势以及未来50年发展规划展开讨论。有大约75个来自非洲以及世界多国的国家元首和政府首脑出席此次会议和相关庆典活动。习近平主席特别代表、国务院副总理汪洋应邀出席相关活动。

2014年1月30日至31日，第二十二届非盟首脑会议在埃塞俄比亚首都亚的斯亚贝巴召开。来自非盟50余个成员方的国家元首、政府首脑或代表以及联合国常务副秘书长埃里亚松等出席会议。会议讨论并通过了有关非洲地区农业发展、和平与安全等的议题和决议。

2014年6月26日至27日，第二十三届非盟首脑会议在赤道几内亚首都马拉博召开。会议的主题为"农业和粮食安全"，来自非盟50多个成员方的国家元首、政府首脑或代表就非洲农业发展、粮食安全、地区安全局势、未来发展愿景等议题展开磋商。

2015年1月30日至31日，第二十四届非盟首脑会议在埃塞俄比亚首都亚的斯亚贝巴召开，联合国秘书长潘基文出席开幕式并致辞。会议将"面向非洲2063议程的妇女赋权与发展年"确定为2015年度主题。50多个非盟成员方的领导人或代表讨论了非洲的长期发展战略、防控埃博拉疫情、地区安全和反恐形势及包容性增长等议题。

2015年6月14日至15日，第二十五届非盟峰会在南非约翰内斯堡召开。50多个非洲国家元首、政府首脑或代表，非盟委员会主席德拉米尼·祖马，阿拉伯国家联盟秘书长阿拉比，中国政府特使、外交部副部长张明等出席会议。会议的主题为"妇女赋权和推进非洲2063年愿景"。会议为实现"非洲2063年愿景"制定首个十年发展规划，并就建设非洲共同市场、基础设施建设、赋权妇女、就业和减贫、打击恐怖主义、疾病防控、应对气候变化等主题进行深入讨论、磋商。

2016年1月30日至31日，第二十六届非盟首脑会议在埃塞俄比亚首都亚的斯亚贝巴召开。50多个成员方的国家元首、政府首脑或代表就人权保护、妇女权利、地区安全与发展等议题进行了商讨。

2016年7月17日至18日，第二十七届非盟首脑会议在卢旺达首都基加利召开。会议的主题是"2016非洲人权年·关注妇女权利"，不过非洲一体化进程和南苏丹因内讧所起的冲突成为更受关注的话题。来自非盟50多个成员方的国家元首、政府首脑或代表讨论了非洲一体化和地区安全等问题。

2017年1月30日至31日，第二十八届非盟首脑会议在埃塞俄比亚首都亚的斯亚贝巴召开。来自非盟50多个成员方的国家元首、政府首脑或代表出席会议。会议的主题是"通过投资青年利用人口红利"。除了商讨青年问题，会议还就非洲大陆自贸区以及非盟改革等问题进行磋商。

2017年7月3日至4日，第二十九届非盟首脑峰会在埃塞俄比亚非盟总部召开。本届会议仍然延续上届会议主题，即"通过投资青年利用人口红利"。此外，会议还聚焦非洲和平与安全问题、非洲大陆自贸区和非盟《2063年议程》落实情况等议题。

5.2.2　非洲其他经贸集团

1）南部非洲发展共同体（简称SADC）

南部非洲发展共同体的前身是1980年成立的南部非洲发展协调会议。1992年8

月17日，南部非洲发展协调会议成员方首脑在纳米比亚首都温得和克举行会议，签署了有关建立南部非洲发展共同体（简称南共体）的条约、宣言和议定书，决定改南部非洲发展协调会议为南部非洲发展共同体，朝着地区经济一体化方向前进。其成员包括安哥拉、博茨瓦纳、津巴布韦等15个国家，面积926万平方千米，约占非洲总面积的28%。

宗旨：在平等、互利和均衡的基础上建立开放型经济，打破关税壁垒，促进相互贸易和投资，实行人员、货物和劳务的自由往来，逐步统一关税和货币，最终实现地区经济一体化。

长远发展目标：①促进和维护地区安全和稳定；②实现南部非洲各国经济协调发展，减少贫困，提高人民的生活水平和质量，通过区域一体化支持贫困人口；③实现国家和地区在发展战略和规划上的互补；④形成共同的价值观、管理体系和行政机构；⑤提高劳动生产率和资源的合理利用率；⑥实现对自然资源的可持续利用以及有效的环境保护；⑦巩固区域内人民长期以来在历史、社会和文化上的联系。

2）中部非洲经济与货币共同体

1994年3月16日，中部非洲关税和经济联盟的6个成员方在乍得首都恩贾梅纳签署了建立中部非洲经济与货币共同体的条约。1998年2月5日，中部非洲关税和经济联盟第33次首脑会议决定正式成立中部非洲经济与货币共同体。1999年6月25日，中部非洲经济与货币共同体第一次首脑会议通过《马拉博宣言》和共同体章程，取代原中部非洲关税和经济联盟。《马拉博宣言》正式启动。

宗旨：建立日益紧密的联盟，加强成员方在人力和自然资源方面的合作；协调成员方政策法规，促进一体化进程；通过多边监测机制保证各国经济政策协调一致；消除贸易壁垒，促进共同发展。

中部非洲经济与货币共同体由中部非洲经济联盟、中部非洲货币联盟、共同体议会、共同体法院等机构组成。其主要机构及其运行方式如下：

①首脑会议：由成员方国家元首组成，是共同体的决策机构，每年举行一次例会，必要时随时召开特别首脑会议，执行主席由各成员方国家元首轮流担任。

②部长理事会：是中部非洲经济联盟的领导机构，由成员方主管财政和经济的部长组成，每年举行两次例会，由执行主席国有关部长任主席。

③部长委员会：是中部非洲货币联盟的领导机构，负责审查成员方的经济政策和协调共同体的货币政策，由各国负责财政的部长和另外一名有关部长组成；会议主席按成员方字母顺序由各国负责财政的部长轮流担任。

④共同体委员会：是部长理事会和部长委员会报告人，其前身为执行秘书处，委员会主席对外代表共同体。

共同体还设有以下专门机构：中部非洲国家银行、中部非洲国家开发银行、海关国际学校、项目规划和评估跨行业次地区研究院、实用统计次地区研究院、畜牧和水产经济委员会等。

3）东非共同体

东非共同体最早成立于1967年，成员有坦桑尼亚、肯尼亚和乌干达三国，后因成员方间政治分歧和经济摩擦加剧于 1977 年解体。1993 年 11 月，坦桑尼亚、肯尼亚、乌干达三国开始恢复合作关系。1996 年 3 月 14 日，三国成立东非合作体秘书处。1999 年 11 月 30 日，坦桑尼亚、肯尼亚、乌干达三国总统签署《东非共同体条约》，决定恢复成立东非共同体。2001 年 1 月，三国举行东非共同体正式成立仪式。2001 年 11 月，东非共同体议会和法院成立。2004 年，三国签订条约，成立关税同盟，于 2005 年 1 月生效。2007 年 6 月 18 日，布隆迪与卢旺达两国正式加入东非共同体。2016 年 4 月 15 日，南苏丹正式加入东非共同体，成为该组织第六个成员方。

宗旨：加强成员方在经济、社会、文化、政治、科技、外交等领域的合作，协调产业发展战略，共同发展基础设施，实现成员方经济和社会可持续发展，逐步建立关税同盟、共同市场、货币联盟，并最终实现政治联盟。

组织机构：①首脑会议：由成员方首脑组成，每年至少举行一次会议，应成员方要求可举行特别会议。其决定应一致通过。主席任期一年，由成员方首脑轮流担任。②部长委员会：由成员方负责地区合作或指派的其他部长组成，是共同体的政策制定机构。其职能是：在协商一致的原则下，负责为共同体的有效与协调运行及发展制定政策；向东非议会提交法案；向首脑会议提交年度报告；建立处理不同事务的部门委员会；向成员方的其他机构（除法院和议会外）下达指示等。每年举行两次会议，应成员方或委员会主席要求可举行特别会议。部长委员会主席由成员方相关人员轮流担任，任期一年。③协调委员会：由成员方负责地区合作事务或指定的政府部门的常秘组成，负责向部长委员会提交执行条约的报告和建议、执行部长委员会的决定。一般每年举行两次会议，应委员会主席要求可举行特别会议。主席由成员方相关人员轮流担任。④部门委员会：应部长委员会指示成立，负责处理部长委员会指定的事务。⑤法院：是共同体的司法机构，其职责是确保条约得到履行，负责相关条约的解释工作，并向首脑会议、部长委员会、成员方和秘书处等提供法律咨询。每个成员方可派驻 2 名法官，由首脑会议任命。院长和副院长须来自不同成员方，院长由成员方法官轮流担任。⑥议会：是共同体的立法机构，至少每年举行一次会议。议会由 27 名选举产生的议员及 5 名委任议员组成。议员由成员方议会从非议员国民中各推举 9 名，所推举的议员不能是成员方负责地区合作的部长、秘书长和共同体的法律顾问，委任议员无投票权。议长由成员方议员轮流担任。议员任期 5 年。⑦秘书处：是共同体的常设机构，负责处理日常事务，设秘书长、副秘书长、法律顾问等。秘书长和副秘书长由首脑会议任命，由成员方相关人员轮流担任，任期 5 年。

4）西非经济货币联盟

西非经济与货币同盟是西非国家经济共同体中的贝宁等 7 个法语国家于 1994 年 1 月 10 日成立的，其前身是"西非货币联盟"。《西非经济货币联盟条约》于 1994 年 8 月 1 日起正式生效。这一联盟的宗旨是加强宏观调控，制定共同的经济和货币政策，建立统一的大市场，协调成员的行业政策，统一法律法规。其总部设在布基纳法索首都瓦加杜古。

5）西非国家经济共同体

1975 年 5 月 28 日，在尼日利亚和多哥两国元首的倡议下，西非 15 国（佛得角

1977 年加入）在尼日利亚的拉各斯召开首脑会议，签署《西非国家经济共同体条约》，正式成立西非国家经济共同体（简称西共体）。这是目前非洲最大的区域性经济合作组织，成员方总面积 527 万平方千米，占非洲总面积的 1/6 多；人口 2.25 亿，占非洲总人口的近 1/3。执行秘书处设在尼日利亚首都阿布贾。

截至 2010 年 12 月 27 日，西共体共有 12 个正式成员方：贝宁、布基纳法索、多哥、佛得角、冈比亚、几内亚比绍、加纳、利比里亚、马里、尼日利亚、塞拉利昂、塞内加尔。有 3 国被中止成员方资格：几内亚（因 2009 年 1 月发生军事政变）、尼日尔（因 2009 年 10 月发生总统为寻求连任强行推动制宪公投和立法选举事件）、科特迪瓦（因 2010 年总统选举发生争议）。另外，毛里塔尼亚于 2000 年 12 月 31 日退出西共体。

宗旨：促进成员方在经济、社会和文化等方面的发展与合作，提高人民生活水平，加强相互关系，为非洲的进步与发展做出贡献。

组织机构：①国家元首和政府首脑会议：最高权力机构，每年召开一次。执行主席由各成员方首脑轮流担任，任期一年。②部长理事会：由每个成员方的两名部长组成，每年举行两次会议，负责监督共同体机构的运转情况，审查并通过执行秘书处和专门委员会的建议。③执行秘书处：负责处理共同体日常事务。④技术和专门委员会：共有 6 个，负责为部长理事会准备工作报告，审议提交部长理事会通过的计划。⑤共同体法院：由 7 名大法官组成，负责监督各成员方遵守共同体条约和有关法律，调解成员方之间的分歧。⑥共同体议会：2000 年 11 月成立，总部设在尼日利亚首都阿布贾，为咨询和论坛性机构。2001 年 1 月，议会领导机构正式设立，马里人阿里·努乌姆·迪亚洛被推举为第一任议长。此外，西共体还设有合作、补偿和发展基金，西非中央银行委员会，西非国家经济共同体商业银行等机构。

6）东部和南部非洲市场共同市场

1993 年 11 月，在乌干达首都坎帕拉召开的东部和南部非洲优惠贸易区第 12 次首脑会议通过了把贸易区转变为共同市场的条约。1994 年 12 月 9 日，东部和南部非洲共同市场（简称东南非共同市场）正式成立。2000 年 10 月 31 日，东南非共同市场正式启动非洲第一个自由贸易区，有 9 个成员方成为自由贸易区首批成员。2004 年，建立关税联盟。

宗旨和目标：废除成员方之间的关税和非关税壁垒，实现商品和服务的自由流通；协调成员方关税政策，分阶段实现共同对外关税；在贸易、金融、交通运输、工业、农业、能源、法律等领域进行合作；对外债问题采取统一立场，协调各国经济结构调整方案；建立货币联盟，发行共同货币。

首脑会议是东南非共同市场的最高决策机构，一般每年举行一次。部长理事会负责向首脑会议报告和对共同市场进行全面管理。东南非共同市场主席任期一年，由成员方元首轮流担任。秘书处为常设机构。下属机构还有贸易和发展银行、结算银行、共同市场法院和非洲贸易保险局等。结算银行设在津巴布韦首都哈拉雷，贸易和发展银行设在布隆迪首都布琼布拉。

7）南部非洲关税同盟

其前身是英国在南非的领地开普与自由州之间建立的关税同盟协定，是非洲大陆最早的区域性经济组织，包括博茨瓦纳、莱索托、斯威士兰、南非和纳米比亚。

宗旨和任务：保持成员间的商品自由流通，保证以同样的关税和贸易规则从成员方进出口货物，定期召开会议，讨论管理事宜，交流信息和情报。

5.2.3　非洲区域合作的特点[①]

1）区域合作起步早，成立的合作组织多，合作层次丰富

大多数非洲国家是在 20 世纪 60 年代初期获得独立的。独立伊始，非洲国家就纷纷开始进行区域合作方面的探索与实践。到 20 世纪末，非洲先后成立的各种类型、各种层次的区域合作组织有 200 多个，可谓各洲之最。推动非洲国家不断进行区域合作探索与实践的最大动力是：在人类生存繁衍的各大洲中，非洲是整体经济发展水平最落后的一个洲，构成这个洲的国家和地区大多比较弱小，且其历史遭遇和文化背景基本相似。正是这些因素使非洲国家长期以来比较注重相互之间的团结合作，特别是在面临各种不利的国际政治经济环境时，各国都把联合自强作为摆脱不利地位和谋求发展的出路和希望。

2）注重政治和安全领域的合作，且合作较有成效

非洲的不少区域合作组织在其章程中明确把政治和安全领域的合作列为重要内容，在实践中更是注重这方面的合作。非统和非盟是典型的例证。非统在其存在的几十年内，为非洲的团结统一、国家独立、和平稳定及经济发展不懈努力。《非盟宪章》在坚持"不干预内政"的原则下，提出了"非漠视原则"的条款，即在发生战争罪行、种族屠杀和反人类罪的情况下，非盟有权根据联盟大会的决定对成员方进行干预，成员方也有权要求非盟进行干预，以恢复和平与安全。非盟还成立和平与安全理事会，组建非盟快速反应部队，对非洲可能发生的动乱进行全面干预。

非洲的区域合作组织之所以注重政治和安全领域的合作，与非洲的洲情密切相关。众所周知，长期以来，各种各样的战乱和冲突一直是非洲国家和平与发展的头号敌人，不消除这些不稳定因素，非洲的区域合作无从谈起。中部非洲地区早在 1976 年和 1983 年就分别建立了两个区域经济合作组织——大湖国家经济共同体和中部非洲国家经济共同体，但刚果（金）内战爆发以后，大湖国家经济共同体基本上名存实亡。对于非洲的区域合作组织来说，如何有效采取地区安全行动而不侵犯成员方的主权，如何获得维护行动所需的大量资金，都是需要思考和解决的问题。

3）经济领域的合作整体水平较低，个别地区、个别组织或某方面的合作超前

区域合作通常以经济领域的合作为基础和核心，而经济领域的区域合作一般都要经历这些阶段：优惠关税区、自由贸易区、关税同盟、共同市场、货币与经济联盟及完全的经济一体化。当今世界各地区的区域合作以自由贸易为主，并逐渐向关税同盟过渡，欧盟则进入了比较高级的合作阶段，非洲各区域合作组织虽然都确立了各阶段的目标，但从实际运作情况看，这些组织还大多停留在优惠关税阶段，很多目标受到因素制约，还没有实现。

---

① 赵玉焕. 区域经贸集团 ［M］. 广州：暨南大学出版社，2007.

当然，在整体合作水平较低的情况下，非洲也有些区域合作组织在某些方面迈出了比较大的步伐。例如，西共体已推出便利成员方之间金融和贸易往来的共同体旅行支票，建立统一的证券市场，完成了西非天然气管道网和电信网工程等项目；重建后的东非共同体则实现了成员方货币的自由兑换，达成了避免双重征税的协议，成立了东非证券管理局和中央货币事务委员会。非洲法郎区更是以其成功的货币合作制而引人注目，它实际上是一种跨越初级合作阶段而直接进入高级阶段的合作模式。

5.3 中非合作论坛

1）成立背景

20世纪90年代，国际形势发生很大变化，和平与发展成为时代的两大主题。国际社会，特别是广大发展中国家强烈要求世界向多极化方向发展，建立国际政治经济新秩序。根据部分非洲国家的建议，中国政府于2000年10月提出召开"中非合作论坛——北京2000年部长级会议"的倡议。这一倡议得到非洲国家的热烈响应和广泛支持。非洲是促进世界和平与发展的重要力量，中国一贯重视加强同非洲国家的团结与合作，这不仅有利于维护发展中国家的合法权益，也有利于世界的和平、稳定与发展。

2）宗旨

平等磋商，增进了解，扩大共识，加强友谊，促进合作。

3）成员

中国、与中国建交的52个非洲国家以及非洲联盟委员会。截止到2017年8月，这52个国家分别为：阿尔及利亚、安哥拉、贝宁、博茨瓦纳、布隆迪、喀麦隆、佛得角、中非、乍得、刚果（布）、科摩罗、科特迪瓦、刚果（金）、吉布提、埃及、赤道几内亚、厄立特里亚、埃塞俄比亚、加蓬、加纳、几内亚、几内亚比绍、肯尼亚、刚比亚、莱索托、利比里亚、利比亚、马达加斯加、马拉维、马里、毛里塔尼亚、毛里求斯、摩洛哥、莫桑比克、纳米比亚、尼日尔、尼日利亚、卢旺达、圣多美和普林西比、塞内加尔、塞舌尔、塞拉利昂、索马里、南非、苏丹、南苏丹、坦桑尼亚、多哥、突尼斯、乌干达、赞比亚、津巴布韦。

4）会议机制

在中非合作论坛第一届部长级会议上通过的《中非经济和社会发展合作纲领》规定，中非双方同意建立后续机制，定期评估后续行动的落实情况。2001年7月，中非合作论坛部长级磋商会在赞比亚首都卢萨卡举行，讨论并通过了《中非合作论坛后续机制程序》。2002年4月，后续机制程序正式生效。中非合作论坛对话磋商机制建立在三个级别上：部长级会议每三年举行一届；高官级后续会议及为部长级会议做准备的高官预备会分别在部长级会议前一年及前数日各举行一次；非洲驻华使节与中方后续行动委员会秘书处每年至少举行两次会议。部长级会议及其高官会轮流在中国和非洲国家举行。中国和承办会议的非洲国家担任共同主席国，共同主持会议并牵头落实会议成果。部长级会议由外交部部长和负责国际经济合作事务的部长参加，高官会由各国主管部门的司局级或相当级别的官员参加。2006年是中国同非洲国家开启外交关系50周年。为此，中非双方将当年11月举行的论坛部长会升格为北京峰会暨第三届部长级会议。会议决定建立中非外长定期政治磋商机制，在每届部长级会议次年的联合国大会期间举行。2007年9月26日、2010年9月23日和2013年9月23日，中非外长在纽约先后举行了三次政治磋商。2015年是中非合作论坛成立15周年。2015年9月4日，中国外交部长王毅和南非外长马沙巴内在北京共同宣布，两国元首一致同意，将中非合作论坛第六届部长级会议升格为峰会。这是继北京峰会后，中非合作论坛再次举办峰会，并首次在非洲大陆举办。

此外，随着中非合作不断拓展和深化，双方在论坛框架下先后召开了农业、科技、法律、金融、文化、智库、青年、民间、妇女、媒体、地方政府等分论坛，有些还实现了机制化，进一步丰富了中非合作论坛内涵。

5）中方后续行动委员会

2000年11月，中非合作论坛中方后续行动委员会成立，目前共有28家成员单位，分别是：外交部、商务部、财政部、文化部、中共中央对外联络部、国家发展和改革委员会、教育部、科学技术部、工业和信息化部、国土资源部、环境保护部、交通运输部（中国民用航空局）、农业部、国家卫生和计划生育委员会、中国人民银行、海关总署、国家税务总局、国家质检总局、国家新闻出版广电总局、国家旅游局、国务院新闻办公室、国务院扶贫开发领导小组办公室、共青团中央、中国国际贸易促进委员会、国家开发银行、中国进出口银行、中国银行、北京市人民政府。外交部部长和商务部部长为委员会两名誉主席，两部主管部领导为两主席。委员会下设秘书处，由外交部、商务部、财政部和文化部有关司局组成，外交部非洲司司长任秘书长。秘书处办公室设在外交部非洲司。

6）主要活动

（1）第一届部长级会议

2000年10月10—12日，中非合作论坛第一届部长级会议在北京举行，中国和44个非洲国家的80余名部长、17个国际和地区组织的代表及部分中非企业界人士出席会议。时任中国国家主席江泽民和国务院总理朱镕基分别出席开幕式和闭幕式并发表讲话；非洲统一组织（非洲联盟前身）"三驾马车"，即前任主席阿尔及利亚总统布特弗利卡、时任主席多哥总统埃亚德马、候任主席赞比亚总统奇卢巴以及坦桑尼亚总统姆卡帕出席开幕式并讲话；非统秘书长萨利姆在闭幕式上致辞。会议的两个议题是"面向21世纪应如何推动建立国际政治经济新秩序"和"如何在新形势下进一步加强中非在经贸领域的合作"。会议通过了《中非合作论坛北京宣言》和《中非经济和社会发展合作纲领》，为中国与非洲国家发展长期稳定、平等互利的新型伙伴关系确定了方向。中国政府宣布了减免非洲重债穷国和最不发达国家100亿元人民币债务和设立"非洲人力资源开发基金"等举措。

（2）第二届部长级会议

2003年12月15—16日，中非合作论坛第二届部长级会议在埃塞俄比亚首都亚的斯亚贝巴举行，中国和44个非洲国家的70多名部长及部分国际和地区组织的代表参加会议。时任中国国务院总理温家宝和埃塞俄比亚总理梅莱斯以及其他非洲国家的6位总统、3位副总统、2位总理、1位议长，非盟委员会主席科纳雷、联合国秘书长代表出席开幕式并发表讲话。会议主题为：务实合作、面向行动。会议回顾了第一届部长级会议后续行动落实情况，通过了《中非合作论坛——亚的斯亚贝巴行动计划（2004—2006年）》。中国政府宣布在论坛框架下继续增加对非援助，3年内为非洲培养1万名各类人才以及给予非洲部分最不发达国家部分输华商品免关税待遇等举措。

（3）北京峰会暨第三届部长级会议

2006年11月3日，中非合作论坛第三届部长级会议在北京召开，为北京峰会召开做最后的准备。中国和48个非洲国家的外交部长、负责国际经济合作事务的部长或代表出席了会议，24个国际和地区组织的代表作为观察员列席了会议开幕式。

2006年11月4—5日，中非合作论坛北京峰会隆重举行，会议主题为：友谊、和平、合作、发展。时任中国国家主席胡锦涛和非洲35位国家元首、6位政府首脑、1位副总统、6位高级代表以及非盟委员会主席科纳雷出席。会议通过了《中非合作论坛北京峰会宣言》和《中非合作论坛——北京行动计划（2007—2009年）》，决定建立和发展政治上平等互信、经济上合作共赢、文化上交流互鉴的中非新型战略伙伴关系。胡锦涛主席代表中国政府宣布了旨在加强中非务实合作、支持非洲国家发展的8项政策措施，包括增加对非援助、提供优惠贷款和优惠出口买方信贷、设立中非发展基金、援建非盟会议中心、免债、免关税、建立经贸合作区、加强人力资源开发以及教育、医疗等领域的合作。中国国务院总理温家宝与33位非洲国家领导人共同出席了与中非工商界代表高层对话会。

（4）第四届部长级会议

2009年11月8—9日，中非合作论坛第四届部长级会议在埃及沙姆沙伊赫举行。时任中国国务院总理温家宝、埃及总统穆巴拉克以及其他非洲国家的9位总统、3位总理、3位副总统、1位议长和非盟委员会主席让·平出席开幕式并发表讲话。会议主题是：深化中非新型战略伙伴关系，谋求可持续发展。会议审议了中方关于论坛北京峰会后续行动落实情况的报告，通过了《中非合作论坛沙姆沙伊赫宣言》和《中非合作论坛——沙姆沙伊赫行动计划（2010—2012年）》两个文件，规划了此后3年中非在政治、经济、社会、人文等各领域的合作。温家宝总理在开幕式上代表中国政府宣布了对非合作新8项举措，涉及农业、环境保护、促进投资、减免债务、扩大市场准入、应对气候变化、科技合作、医疗、教育、人文交流等方面。

（5）第五届部长级会议

2012年7月19—20日，中非合作论坛第五届部长级会议在北京举行。时任中国国家主席胡锦涛和非洲国家6位总统、2位总理、论坛非方共同主席国埃及总统特使以及联合国秘书长潘基文出席开幕式。来自中国和50个非洲国家的外长与负责国际经济合作事务的部长或代表以及非盟委员会主席让·平与会，部分国际和非洲地区组织代表分别以嘉宾和观察员身份列席开幕式和会议。会议主题是：继往开来，开创中非新型战略伙伴关系新局面。会议审议了中方关于论坛第四届部长会后续行动落实情况的报告，通过了《中非合作论坛第五届部长级会议北京宣言》和《中非合作论坛第五届部长级会议——北京行动计划（2013—2015年）》两个文件，全面规划了今后3年中非关系的发展方向和中非合作的重点领域，并决定于2015年在南非举行第六届部长级会议。

胡锦涛主席在开幕式上发表了题为《开创中非新型战略伙伴关系新局面》的重要讲话，代表中国政府宣布了今后3年在投融资、援助、非洲一体化、民间交往以及非洲和平与安全等五大领域支持非洲和平发展、加强中非合作的一系列新举措。主要包括：向非洲国家提供200亿美元贷款额度，重点支持非洲基础设施、农业、制造业和中小企业发展；继续扩大对非援助，适当增加援非农业技术示范中心，为非洲培训3万名各类人才，提供政府奖学金名额18 000个，并为非洲国家援建文化和职业技术培训设施，派遣1 500名医疗队员，同时继续为非洲白内障患者提供相关免费治疗，继续援助打井供水项目；同非方建立非洲跨国跨区域基础设施建设合作伙伴关系，为项目规划和可行性研究提供支持，鼓励有实力的中国企业和金融机构参与非洲跨国跨区域基础设施建设；倡议开展"中非民间友好行动"，在华设立"中非新闻交流中心"，继续实施"中非联合研究交流计划"，资助双方学术机构和学者开展100个学术研究、交流合作项目；发起"中非和平安全合作伙伴倡议"，深化同非盟和非洲国家在非洲和平安全领域的合作，为非盟在非开展维和行动、常备军建设等提供资金支持，增加为非盟培训和平安全事务官员和维和人员数量。

（6）第六届部长级会议

2015年12月3日，中非合作论坛第六届部长级会议在南非比勒陀利亚举行。中国外交部长、商务部长以及50个中非合作论坛非方成员方外长和主管对外经贸事务的部长、非盟委员会高级代表出席会议。会议主题是"中非携手并进：合作共赢、共同发展"。会议报告了第五届部长会后续行动落实情况，审议通过了中非合作论坛约翰内斯堡峰会议程，还审议通过了《中非合作论坛约翰内斯堡峰会宣言》和《中非合作论坛——约翰内斯堡行动计划（2016—2018年）》中非共同草案。

2015年12月4日上午，中非合作论坛约翰内斯堡峰会在南非开幕。本次峰会由中国和南非共同主办。中国国家主席习近平同非盟委员会主席、南非总统祖马，非盟轮值主席、津巴布韦总统穆加贝等共50位非洲国家的国家元首、政府首脑和代表团团长出席开幕式。习近平主席发表致辞，全面阐述中国发展对非关系的政策理念，宣布未来一段时期中非合作重要举措，提出把中非关系提升为全面战略合作伙伴关系，携手迈向合作共赢、共同发展的新时代。中非未来合作需进一步夯实"五大支柱"（政治上平等互信、经济上合作共赢、文明上交流互鉴、安全上守望相助、国际事务中团结协作），为此，中国将同非洲合作在未来3年重点实施"十大合作计划"。中方愿与非洲在工业化、农业现代化、基础设施、金融、绿色发展、贸易投资便利化、减贫惠民、公共卫生、人文交流、和平安全等十大领域开展务实合作。十大合作计划构成《中非合作论坛——约翰内斯堡行动计划（2016—2018年）》的精华，是今后一个时期中国对非合作的全方位蓝图，标志着中非关系跨上一个大台阶，进入一个新时期。

2016年7月29日，中非合作论坛约翰内斯堡峰会成果落实协调人会议在北京举行，中非合作论坛52个非方成员100多位部级官员、论坛中方后续行动委员会成员单位代表和非洲驻华使节共计300多人出席。会议审议并通过了《中非合作论坛约翰内斯堡峰会成果落实协调人会议联合声明》，中非双方一致同意秉持共同发展、集约发展、绿色发展、安全发展、开放发展五大合作发展理念，为推动落实中非合作论坛约翰内斯堡峰会成果凝聚了共识。

7）中非贸易概况

近年来，中国与非洲的经贸合作关系日益紧密，这些关系包括无偿援助、双向直接投资、货物及服务贸易、承包工程合作、融资合作等。其中，以货物贸易最为紧密，对中非经贸关系的贡献最大。中国已成为非洲最大的贸易伙伴国家。

（1）现状

①贸易总额创新高，但后劲不足。

虽然中非之间远隔万里，但双方交流的历史源远流长。从16世纪开始，海上丝绸之路的逐步发展沟通了东方大国和那个神秘的大陆。在西方资本主义殖民时期，非洲殖民地南非、毛里求斯等国使用的华工继续带动着中非贸易的进行。中华人民共和国成立后，尤其是非洲各国独立后，中非交流更为密切，但当时因中国经济基础较弱，双方合作以援助为主，直到改革开放，特别是20世纪90年代以后，中非贸易才得以迅速增长。2000年第一次中非合作论坛的举办，为中非贸易发展安装了加速器，使之呈现井喷式增长。从我国的海关统计数据来看（见表5-1），中国与非洲的贸易额2000年破100亿美元大关，2006年破500亿美元大关，2008年破千亿美元大关，2012年底达到1 985亿美元，2013年突破2 000亿美元。经计算，2000—2013年，中非贸易总额、中国对非洲的出口额及中国从非洲的进口额年均增长率分别达到25.8%、25.1%、26.4%。虽然中非贸易总额再创新高，但中非贸易进出口的同比增速却持续走低，这在一定程度上预示着中非贸易增长的后劲可能不足。

表5-1 中国与非洲的贸易情况 单位：亿美元、%

年份	进出口	进口	出口	差额	进出口增速	进口增速	出口增速
2000	106	55.6	50.4	-5.2	63.5	133.6	22.9
2001	108	47.9	60.1	12.2	1.9	-13.7	19.1
2002	123.9	54.3	69.6	15.3	14.7	13.2	15.9
2003	185.5	83.6	101.8	18.2	49.7	54.1	46.3
2004	294.6	156.5	138.2	-18.3	58.9	87.1	35.7
2005	397.5	210.6	186.8	-23.8	34.9	34.6	35.2
2006	554.6	287.7	266.9	-20.8	39.5	36.6	42.9
2007	736.6	363.6	373	9.4	32.6	26.4	39.7
2008	1 072.1	559.7	512.4	-47.3	45.6	53.9	37.4
2009	910.7	433.3	477.3	44	-15.1	-22.6	-6.8
2010	1 270.5	670.9	599.5	-71.4	39.5	54.8	25.6
2011	1 663.2	932.4	730.8	-201.6	30.9	39	21.9
2012	1 984.9	1 131.7	853.2	-278.5	19.3	21.4	16.7
2013	2 102.4	1 174.3	928.1	-246.2	5.9	3.7	8.8
2014	2 218.8	1 157.4	1 061.5	-95.9	5.5	-1.5	14.4
2015	1 790.3	703.7	1 086.7	383	-19.2	-39.1	2.5

②中非关系日益紧密，贸易比重持续上升。

随着中非经贸合作关系日益紧密，中非贸易额占中国、非洲对外贸易额的比重均不断增加。中非贸易额占中国对外贸易总额的比重从1990年的1.4%增加到2015年的4.5%。在进口方面，1990年，中国从非洲的进口额仅为3.7亿美元，从非洲的进口额仅占中国进口总额的0.7%。到2015年，中国从非洲的进口额增加至703.7亿美元，从非洲的进口额占中国进口总额的4.2%，增长了3.5个百分点。在出口方面，1990年，中国对非洲的出口额为6.9亿美元，中国对非洲的出口额占中国出口总额的1.1%，到2015年，中国对非洲的出口额增加至1 086.7亿美元，中国对非洲的出口额占中国出口总额的比重增加到2.5%，增长了1.4个百分点。

③中非贸易商品互补性强。

中非双方的资源禀赋和比较优势决定了双方的贸易商品具有很强的互补性，其中，中国对非洲出口商品以工业制成品为主，而自非洲进口的主要是资源类产品。2015年，中国对非洲出口前三类商品分别为机电产品、纺织品及原料、贱金属及制品，这三类商品合计622.9亿美元，占中国对非洲出口总额的比重共计为57.4%。受大宗商品价格走低的影响，2015年中国自非洲进口的多数类别的金额均出现了下滑，但中国从非洲进口商品种类相对比较单一、进口商品集中度较高的问题并未发生变化。2015年，仅"矿产品"就占中国从非洲进口商品总额的一半以上，为360.4亿美元。其次是"其他""贵金属及制品""贱金属及制品"，这四类商品进口额合计为637.2亿美元，占中国自非洲进口总额的90.4%。

④中非贸易由逆差转为顺差。

2015年，中非贸易由逆差转为顺差，为383.0亿美元，改变了自国际金融危机爆发以来持续的贸易逆差状况。

从国别角度来看，中非贸易差额不均衡特点明显。除了南非、安哥拉、赞比亚等少数资源富集国，非洲大多数国家在与中国的贸易中均处于大幅逆差的地位。这主要由于非洲大多数国家当前经济发展较为落后，产业结构单一，工业制成品生产力量薄弱。

（2）存在的问题

①中非贸易依靠资源禀赋差异，这对中非经贸关系发展有一定负面影响。

根据赫克歇尔-俄林理论（H-O理论），资源、要素禀赋差异是国际贸易发生的决定性因素，一国应分工生产密集使用其相对丰裕要素的商品，并将其出口。中国劳动力资源众多，而非洲矿产资源丰富，从前文所列数据来看，非洲对中国出口的主要是矿产品，中国对非洲出口的主要是工业制成品，这与H-O理论预测结果具有较大的吻合度。进一步地从表5-1中数据来看，一方面，中国对非洲的资源产品依赖度有上升趋势，燃料一项占非洲对中国出口的比重自1995年的19%上升至2015年的39.1%，另一方面，中国工业制成品以价格优势不断抢占非洲市场，较欧美国家的产品而言，其市场占有率不断上升。

尽管欧美国家仍是非洲矿产品的主要进口国，非洲普通百姓也的确需要价格便宜的制成品，但这样的贸易模式仍可能引起一些误解和担忧。一是西方国家用"新殖民主义""掠夺资源"来抨击和贬低我国，导致中非贸易甚至中非整体经贸合作的环境面临恶化。二是非洲自身工业化进程可能因我国大量制成品的进入而受阻，这已经引起不少非洲国家的关注，他们采取贸易保护主义措施保护本国产业的发展，从而导致中非贸易摩擦日益增多。三是石油、矿产毕竟是不可再生资源，加之目前全球环保压力加大，新能源异军突起，依靠传统能源消耗的经济发展模式总要面临转型，中非贸易需要在各自经济发展的过程中寻找新的增长点。

②中非贸易总量仍处于较低水平。

尽管近十年以来中非贸易额增速很快，但在各自对外贸易总额中的比例仍比较小，以2015年为例，中非贸易额占中国对外贸易总额的比重（4.5%）远远小于中国与欧盟的贸易额（14.3%）、中国与美国的贸易额（14.1%），中非贸易额占非洲对外贸易总额的比重亦低于20%。主要原因可以归结为以下几点：一是非洲自身经济发展水平较低，出口产品单一，进口能力亦有限；二是中非之间开始贸易往来的时间比中欧之间晚了许多；三是中国企业对非洲国家及市场尚缺乏了解，对其风险掌控能力不够、开拓信心不足、经营手段有限；四是随着欧美国家债务危机的发展、全球经济结构的调整，非洲市场将成为发达国家、新兴发展中国家重要的角逐地，日益激烈的竞争在一定程度上牵制中国在非洲对外贸易中的影响力。

5.4 非洲市场的特性和开发与营销策略

5.4.1 非洲市场的特性

1）贸易自由化总趋势初见端倪，贸易保护主义依然存在

贸易自由、取消进口许可证限制、外汇兑换自由、取消外汇管制、降低关税等贸易自由化举措，在一些非洲国家，如冈比亚、多哥、利比里亚等，已广泛实行。但仍有一些国家，外汇管制较严、关税偏高、实行进口许可证限制，有的还实行日内瓦SGS检验，如塞内加尔、喀麦隆、加蓬、布基纳法索、科特迪瓦、加纳、马里等。

2）外商和民族商融合在一起

非洲国家的商人一般分为三种类型：①西方垄断公司在非洲的分公司。这些公司资本实力雄厚，底蕴深，经营能力强，其经济额在非洲国家的进出口总额中占有相当大比例，主要经营欧美国家和日本的商品，对中国的商品订购不多。②亚洲国家在非洲的商人。他们属于小商人，在当地关系较广，经营能力较强，一般都有小店铺，批零兼营。他们主要经营中国货。③非洲国家的民族商。他们的资本一般较少，订货批量小，有些对进出口业务不熟悉。绝大多数中小商人只愿做"现货现售"生意。还有些商人资信不佳，甚至有商业欺诈行为。这部分人一般都订中国货。

3）市场容量不大，但所需商品种类繁多

非洲市场容量不大的根本原因，在于大多数非洲国家经济发展缓慢，水平低下。非洲国家制造业水平低，大量内需产品特别是工业制成品，对国际市场依赖性较强。按类划分，以下商品在非洲的需求量较大：钢铁制品以及其他冶金产品，成套设备，运输工具，塑料制品以及其他化工产品，航空设施，船舶及器材，农具和农机，粮食

及其他食品，建材，燃料，木制品，纺织品，公共用品，饮料，书籍等。

4）非洲国家存在着一些风险

任何一个国家都有潜在的风险，非洲国家也不例外。主要有：①近些年，"民主化"风潮席卷非洲大陆，使一些国家政治动荡，还有一些国家发生社会骚乱和武装冲突。2015年末，非洲一些国家频繁发生恐怖袭击事件。这些都会影响经济的发展和贸易的正常开展。②贸易流程不规范，朝令夕改，随意性强，如关税说涨就涨、外汇申请环节太多、土政策太杂等。③社会风气欠佳，行贿受贿、走私行为普遍。④企业支付能力较差，资信不好，拖欠贷款严重，商业欺骗较多。

5.4.2　非洲市场的开发及营销策略

非洲土地辽阔，国情各异，中国企业进入并开发各国市场的方法也就不同，具体分为五个部分来阐述。

1）北非市场

北非市场包括埃及、利比亚、突尼斯、阿尔及利亚、摩洛哥、西撒哈拉、加那利群岛。

（1）认真对待北非国家和地区的招标业务

北非一些国家和地区的部门与企业进口大宗货物，多通过招标形式。由于投标的外国公司颇多，在价格、质量上要求严格，截标时间短，竞争激烈。中国一些产品无论在价格还是质量都占有一定的优势，故可研究招标条件，不失时机地参加投标。对于按规定应通过当地代理人进行投标的，应物色好代理人，平时做好交际工作。参与当地的招标业务时，中国有关部门做好各公司的协调工作，统一对外，防止自我竞争。

（2）到当地市场投资建厂开展经济合作

埃及对外国投资持鼓励态度。埃及军工部军工厂的军转民项目很多，与中国企业合作的有生产农机、电表、机床、电动机等，还有一些埃及的厂家希望与外国企业合作生产平板玻璃、玩具、化纤、自行车、毛巾，合作组装拖拉机、榨油等项目。由此可见，到埃及投资建厂开展经济合作的领域是比较广阔的。

（3）注意贸易平衡，注重市场需求

中国对马格里布地区出口的主要商品是茶叶、日用五金、化工产品等，从该地区进口的是磷酸钾、三料、钴纱等。对非洲国家和地区出口的商品要适应当地的市场需求。比如在毛里塔尼亚，药品的利润很大，市场需求量也大，且该国进口药品是免税的，经营者只缴纳5%的营业税。对于这样的庞大市场，中国企业肯定不能错过，应该在产品的包装、质量等方面下功夫。

（4）采取多种途径推广产品

一是积极参加各地区的国际博览会。如埃及的开罗博览会每年举行一次，如果中国产品参展，将有利于其在埃及拓销。二是建立中国产品陈列室。其作用是介绍客户看样订货、做广告、招揽客户、牵线搭桥，促使非洲企业与中国企业联系，或者达成交易。此举可与当地企业合作，由当地企业负责提供场地，办理出关、运输等手续。

2）南部非洲市场

南部非洲市场包括：南非、莱索托、斯威士兰、纳米比亚、博茨瓦纳、津巴布韦、安哥拉、赞比亚、马拉维、莫桑比克10国。

（1）选择适销于南部非洲市场的日用工业产品和生产资料

南部非洲长期"重重轻轻"，即重视重工业和能源的发展，轻视轻工业的发展，纺织业发展缓慢，当地的产品供给不能满足需求，这就为开发南部非洲商品市场提供了机遇。南部非洲的服装和纺织品进口额比较可观，服装款式偏向欧洲风格，这对于纺织业发达的中国来说是一个有利条件。南部非洲的手表供应不足，各种档次的手表都需要进口一部分。款式时髦的手表很受年轻人的欢迎。南部非洲的电子产品进口量颇大，销量最大的是数据处理硬件，其次是电信器材和消费性电子产品。中国生产的各式各样的玩具也是南部非洲进口的重要产品。南部非洲需要的市场资料包括部分特殊钢材、工程设备、发电机、民用客机等。

（2）增加高层次互访频次，打通直接贸易通道

2015年，中国与南部非洲合作的领域涉及钢铁、能源、医疗、水果、海鲜、葡萄酒、纺织等。我国外贸部门有关负责人可组成贸易代表团或访问南部非洲工作团，同南部非洲官方、非官方或主要商业界代表进行广泛接触，了解南部非洲市场情况、贸易法规和业务做法，与客户建立正常的往来关系。有关部门和企业可以在南部非洲举办专业的博览会。

（3）加强对南部非洲市场进出口贸易的宏观管理

中国的某些产品如家电、音响、纺织品等在南部非洲市场"自相残杀"的情况比较严重。以D/A（承兑交单）和D/P（付款交单）方式付款的货物，到时候出口企业可能收不回货款，最后被迫低价竞销，导致进口方实行反倾销行动，迫使中国部分商品从其市场上退出。中国的相关部门应加强对进出口贸易的宏观管理，预防这种情况发生。

（4）在南部非洲建立中国商品分拨中心

南部非洲仓租费便宜，为中国出口企业在当地建立商品种类齐全的大型商品分拨中心，提供了有利条件。建立该中心以后，可适应南部非洲市场中小商人资金有限而喜欢见货付款或分期付款的习惯。

3）东非市场

东非市场，指吉布提、埃塞俄比亚、索马里、肯尼亚、乌干达、卢旺达、布隆迪、坦桑尼亚、塞舌尔、科摩罗、马达加斯加、毛里求斯和留尼汪岛等13个国家和地区市场。

（1）在某些港口设立分拨中心或报税仓库

为了适应东非市场多品种、小批量的进口要求，解决运途远、多次倒装、到货不及时，货损、货差严重，修证、改证、支付困难等问题，可以有选择地建立分拨中心或保税仓库，并持续在一些国家和地区增设代表处。在有条件的国家和地区，开设中国商店，从事进口、批发、零售业务。在市场需求量大、售后服务要求强烈的地方，兴办修配厂或修配车间。

（2）在当地设厂，绕开关税和非关税壁垒

虽然包括东非国家和地区在内的非洲贸易保护主义仍较盛行，并且非洲国家和地区的区域性合作在加强，难免带有排他性。但是，毕竟非洲国家已经采取贸易自由化措施，且资金普遍匮乏，对外多采取宽容态度。因此，在非洲就地设厂，绕开关税及非关税壁垒，是一条推进商品贸易的有效途径。

（3）提高产品档次，扩大机电、化工产品的出口

我国对非洲的传统出口产品，如轻纺、土特、农副产品等，已在当地占有较大份额。但是，它们中的多数仍然属于低档产品，价格明显低于发达国家的同类产品。因此，我国出口企业应该提高产品质量，增加品种，改进包装，树立中国产品的美好形象。

从东非市场上的工业制成品来看，大多数这类产品的市场几乎被西方工业化国家垄断。但是，我国诸如机电、化工、家电等产品在非洲仍具有一定的优势，因为它们价格低廉，且对于当地来说是"适宜"产品。我国出口到东非的拖拉机在性能、功率、外形上特别适合当地的情况。中国沼气技术在非洲也有很大的影响。

（4）实行灵活的贸易方式

东非国家经济落后，短时间内难以从根本上摆脱困境，在双边贸易中若一味坚持现汇贸易，难以扩大贸易规模，所以应该实行灵活的贸易方式。

①易货贸易。非洲的初级产品在世界市场上具有十分重要的地位，其中不少是中国紧缺物资，如木材、咖啡、可可、石油等。可以考虑从非洲进口这些物资，以便推动对非出口。还可利用中国出口产品价格较低的优势，在易货贸易中将报价压低，购进后销往第三国。

②转口贸易。东非国家和地区也有众多的优良港口，仅坦桑尼亚就有三大港口，中国的外贸企业也可利用这些良港，大力发展转口贸易，还可以在这些港口建立商品转运中心，提高交货效率，创造更多的成交机会。

③补偿贸易。非洲资源丰富，但缺乏资金和技术，分析中国对非洲开展补偿贸易的情况可知，中国具有一定的优势。在实行贸易保护主义之时，可以开展补偿贸易，从非洲购进原料，再销往第三国，可解决我国向第三国出口配额的问题。

④记账贸易。东非国家和地区的外汇支付能力时强时弱，这完全取决于初级产品变幻无常的国际市场行情，因此，当一些国家暂时无外汇支付能力时，可暂行记账贸易。如卖方无力偿还，也可考虑在其主要产品价格疲软时接受一部分实物抵债。

（5）注重增加非洲产品的进口比重

东非国家和地区有些独特的天然资源，很多农矿产品在中国有很好的销路，中国企业可以多进口这类产品，缩小中方现存的过大的顺差，以进促销。

4）西非市场

西非市场，指毛里塔尼亚、尼日尔、尼日利亚、马里、布基纳法索、贝宁、多哥、加纳、科特迪瓦、利比里亚、塞拉利昂、几内亚、几内亚比绍、冈比亚、佛得角15国市场。

（1）出口物美价廉或者关税低的商品

西非国家经济比较落后，至今不少国家仍为低收入国家。有些国家长期受殖民统治，工业不发达，国民经济对外依赖性很强，大约80%的消费品需要进口。目前西非大多数人的消费观念属于实用型，追求的是实惠、经济和耐用，对商品的牌子、式样、包装不甚讲究；属于享受型的人为数不多，限于少数高薪者和大的私人业主。因此，高档商品的市场容量有限，如果产品价格便宜、质量优等、做工精致，那么西非人肯定喜欢。在西非，散件进口关税低，中国企业可以利用这个有利条件，出口汽车、自行车、缝纫机等散件。

（2）启动一些资源开发项目

启动一些资源开发项目，如采矿、森林开发和渔业等，不仅可以帮助中国解决一些原材料紧缺问题，还可以增加当地政府的财政收入，获得当地人民的好感，为双方开展深层次的合作奠定基础。这些都会给西非经济发展带去很大的帮助。对于中小项目，中国企业可以分批、分阶段开发；对于投资大的项目，可以与跨国公司或机构联合开发。

（3）境外企业本地化

首先，境外企业应尽量聘用当地人才，因为他们熟悉所在国的法律法规，有广泛的人际关系网络，劳动力也便宜。其次，企业经营和管理也要当地化，要按照国际惯例办事，而不能拘泥于中国固有的管理模式。

5）中部非洲市场

中部非洲市场，指中非、加蓬、乍得、喀麦隆、刚果（金）、刚果（布）、安哥拉、赤道几内亚、圣多美和普林西比这9个国家。

（1）重视中部非洲市场，培养一批既能吃苦耐劳又有开拓奉献精神的人

中部非洲的地理位置值得我们重视，如果把中部非洲市场开发好了，就会对周边的国家或地区产生辐射作用，使得开拓周边市场更顺利。去中部非洲开拓市场比较艰苦，因此相关工作人员既要精通外语、熟悉外贸业务、富有营销能力，又要有吃苦耐劳的精神、很强的事业心。企业要从物质与精神两方面给予他们激励，让他们对工作的地区和行业具有归属感，长期坚持下去为中部非洲的发展做贡献。

（2）按照消费者的需要扩大出口

中非国家在调整产业结构的过程中，普遍实行贸易自由化和企业私有化，放宽进口限制，降低部分商品的关税，尤其是机电产品、机械设备和农机具的进口。另外，西药、中成药和医疗器械也是他们需要的产品。

本章小结

随着经济政治形势的好转，在全球化背景下，物产丰富和历史悠久的非洲吸引着越来越多国家关注的目光，欧盟、美国、印度、日本、俄罗斯、土耳其和韩国等都加大了对非洲的投资政策力度和外交攻势。非洲逐渐成为国际社会争夺的热点地区，是因为世界各国和非洲国家都有自己的需求。本章从地理、政治、经济、文化、经贸合

作组织几个方面对非洲进行了介绍。近年来，中非间的经贸总额创新高，中非关系日益紧密，但也存在着问题。根据非洲的市场特性，企业进入非洲市场应该讲究方法和策略。

思考题

1.名词解释：

非洲联盟　南部非洲发展共同体　中部非洲经济与货币共同体　东非共同体　西部非洲国家经济共同体　南部非洲关税同盟　中非合作论坛

2.非洲国家为什么难以形成有效的经济联盟？

3.简述非洲联盟成立的重要意义。

4.分析多年来中非贸易的特点、存在的问题及解决措施。

5.概括非洲市场特性，并谈谈企业应如何在非洲市场营销。

6.案例分析

双卡功能机酿造传音非洲营销传奇

Tecno 在中国默默无闻，即使在业内也有很多人对这个牌子闻所未闻。2011年，肯尼亚首都内罗毕举行非洲电信联盟大会，华为和传音受邀参会，华为的人经介绍才知道传音也来自深圳。原来，Tecno 是一个手机品牌，由总部位于深圳科技园的中国手机公司传音控股创立。

但是，在非洲 Tecno 却与三星齐名。尤其是撒哈拉沙漠以南的非洲地区，Tecno 是一个家喻户晓的品牌。在独立非营利机构"品牌非洲"（Brand Africa）发布的"2014年最受欢迎品牌"榜单中，传音最早推出的品牌 Tecno 名列第15位，紧随苹果之后，传音的另一品牌 itel 排在第72位，紧挨着肯德基。

2014年，传音控股在非洲的手机出货量高达4 500万台。同年，全球第三大手机商华为的智能机出货量是7 360万台。在深圳《手机报》列出的国产手机出货量榜单中，传音在2015年1月以700万台高居第2位，仅次于华为（830万台），排在第3位、第4位的分别是 TCL（600万台）和小米（480万台）。

传音控股进军非洲最早始于2007年，当时距离其前身——传音科技——在中国香港成立不足两年。传音最初主要充当集成商角色。当时，来自深圳华强北的各路手机厂商不单在国内拼抢地盘，在印度、东南亚国家等海外市场也厮杀凶猛。

传音的创始人、董事长竺兆江决定不在国内或东南亚市场扎堆。2007年11月，传音首度试水非洲市场，推出第一款 Tecno 双卡双待手机。英国媒体《经济学人》曾报道过 Tecno 等中国手机风靡尼日利亚，称配有两个 SIM 卡槽的手机方便用户使用两个不同的网络，"在一个信号不好的国家很实用"。Tecno 凭双卡功能机逐渐抢占了较大的市场份额。

2008年6月，传音在非洲第一人口大国也是当时头号产油国尼日利亚建立第一个分支机构。当年7月，公司决定全面进入非洲市场。

早年的经历是竺兆江决心到非洲干一番事业的背景。出生于浙江奉化的竺兆江，曾在老牌国产手机企业波导担任过国内及海外销售负责人。曾经与竺兆江共事的人士称他为"传奇"。1996年，竺兆江进入波导，从销售传呼机的小业务员做起，3年后晋升为波导华北区首席代表，2003年前后成为波导销售公司的常务副总经理。后来，他主动提出开拓国际业务，走遍90多个国家和地区，由此建立对非洲市场的认识。

竺兆江选择这条路现在看来是正确的。当年国内市场竞争激烈，要做大品牌难度很大，非洲市场底子虽薄，但发展潜力巨大，竺兆江应是看中了这一点。

现在，传音的市场主要在撒哈拉沙漠以南的非洲地区。公司在尼日利亚、肯尼亚、坦桑尼亚、加纳、刚果（金）等20多个国家设有分支机构。

非洲手机市场近年增势凶猛。根据国际调研机构 Informa Telecoms & Media 公布的数据，非洲早在2012年就成为全球第二大移动通信市场，仅次于亚太地区。智能手机的普及也在加速。国际数据公司（International Data Corporation，IDC）的数据显示，2014年非洲智能手机整体销售量增长108%。行业分析师普遍相信这一高增长还将持续下去。

传音团队第一次踏上非洲市场即实施"农村包围城市"战略，从贫穷落后的地方做起。"这些地方，三星和诺基亚都没怎么当回事。"一家为传音贴牌的手机厂商的老板说。

初到非洲，传音只做双卡机，主攻中低端市场。传音的想法也很简单，不同运营商之间的通话费比较贵，一部双卡手机等于两部单卡手机，这对消费者来说更划算。同时，传音把手机质量做好，价格实惠，自然而然就会有越来越多的人使用。

一位到过东非商品大市场卡里亚库（Kariakoo）的业内人士这样形容自己看到的情景："我看到了铺天盖地、从近到远、密密麻麻、让我永远不会忘记的 Tecno。这里放眼看过去都是 Tecno——每个店面的 poster（海报），每个 billboard（公告牌）、每块玻璃、每个店门上，都是 Tecno 的广告。"在这个市场，Tecno 设有专门的办公室，随叫随到，负责销售及售后维修。

传音是一家特别重视营销的公司，内部常用"黑手党提案"（Mafia Offer）来形容竞争对手难以模仿或超越的品牌营销策略。传音的售后服务中心在内罗毕开张时，曾在当地的 Luthuli 大街邀来了当时的内罗毕市长奥姆维拉（George Aladwa）站台剪彩，盛况空前甚至引发封路。"要么做第一，要么做唯一，要么第一个做"，这是传音营销人员常挂在嘴边的一句话。

面对三星、诺基亚等强大的先行者，传音采取的是"全球化+本土化"策略。竺兆江常提及"Glocal"，意即将国内经营经验复制到非洲，实施价格战略，再有针对性地提供更多功能。

这些专为非洲生产的中国手机的共同特点是：开机时音乐似乎永远不结束，来电时铃声大到恨不得让全世界听到——非洲人民热爱音乐。

依托本土化战略，传音把自己的渠道渗透到了非洲大大小小的村落。在取得初步的成功后，它也像所有品牌一样遇到了假冒伪劣问题——各种渠道、环节都可能出问题，甚至是渠道商自己也可能掺假。传音曾和肯尼亚通信协会联手发起行动，打击当地市场的假 Tecno 手机。

2010 年，传音的 Tecno 手机出货量为 650 万台，短短 3 年后，出货量就达到了 3 700 万台，2014 年蹿升至 4 500 万台，涨势惊人。按照《手机报》的统计，2015 年 1 月份，传音出货量高达 700 万台，其中功能机 490 万台，高居功能机排行榜榜首；智能机出货 210 万台，位列智能机榜单第 10 位。

传音主做功能机也是顺应非洲市场的大势。2014 年非洲市场整体的智能机和功能机比例大概是二八分，功能机市场还将活跃一段时间，"未来智能机的发展速度，取决于经济发展水平、政府政策、运营商环境，终端商要把握大势"。

传音曾出现供应商缺货的情况，需要自建工厂满足不时之需。传音在国内设有 4 家工厂，在埃塞俄比亚等非洲国家也设有组装工厂。

每当被问及为何传音能够成功，传音员工的标准答案是"不过早走半步"。传音在非洲的营销方式非常传统，就是广告投放加发展传统经销商。相比其他手机厂商，它的高明之处在于做得比较早，工作比较细致，而且帮它做贴牌的都是优秀企业。

传音主要采取"国包—省包—地包"的传统销售模式。在非洲人口第一大国尼日利亚，传音的"国包商"可能有十多家。在当地主流媒体，例如肯尼亚发行量最大的《民族日报》上，经常可见到 Tecno 刊登的整版广告。

2014 年巴西世界杯期间，在超级体育（SuperSport）非洲频道的转播画面中，白底蓝字的 Tecno 标识甚至出现在屏幕左下角。

最早一批走向海外的深圳手机厂商中，基伍从 2008 年开始打造自主品牌 G-Five，以阿联酋、印度为中心，自建本地化渠道，主推中低端手机，依靠物美价廉的策略积累口碑，曾一度覆盖印度以及中东地区近 30 个国家，跻身全球手机品牌前十强。另一个国产手机品牌 VIVO 也是依靠中低端市场策略在印度尼西亚获得很好的口碑。它们共同的特点是：低价+好质量+接地气的品牌运作，以发展中国家为目标市场。

相比之下，传音的故事显得更为神奇。这也是由其创始人的风格和能力决定的：传音首先是一家营销型公司，技术并不领先，商业模式也谈不上创新，但贵在认真。传音从创立之日起就明确"不能赊账"的原则，并坚持"先收款再发货"。

事实上，传音一起步就比较正规，注重品牌建设，致力于研究本地用户使用习惯，培养用户和渠道商的忠诚度，不仅自己赚了钱，还教会当地人怎么做生意。相对三星这样的大企业而言，传音更接地气。例如，传音的功能机可以做到和智能机一样下载游戏等多种应用，这种玩法三星就没有。

另外，传音所植根的土壤也是一个重要的基础，这源于深圳华强北在手机研发、设计、生产上形成的一整套完备、高效的供应链体系。深圳华强北是中国的手机产业集散地，拥有全世界最大的手机生产能力，同样举世闻名的是这里成千上万的山寨机厂商。正是依托于这个巨大的生产制造基地，以及非洲日益壮大的手机市场，传音得以迅速成长。

天策营销专家陈洪点评：传音控股创始人竺兆江董事长以其在手机领域的多年实战经验，以及对于国际市场的判断，做出进军非洲市场的战略布局，展现出非凡的勇气和魄力！在开拓非洲市场的过程中，传音控股精准地把握当地市场特征，并极其务实地走农村包围城市路线，从而逐步壮大其在非洲市场的地位。传音控股的成功不只是其员工所说的"不过早走半步"那么简单，其领导人的战略眼光和个人能力起着至关重要的作用。其中，"要么做第一，要么做唯一，要么第一个做"的营销理念对广大创业者有着非常积极的思考借鉴意义！

资料来源　佚名. 2015 中国年度品牌营销案例：双卡功能机酿造传音非洲营销传奇［EB/OL］.［2016-02-25］. http：//www.a.com.cn/info/domestic/2016/0225/287545.html.

问题：

（1）传音是如何在非洲创造营销传奇的？

（2）传音带给其他企业的营销经验是什么？

资料链接：2017年世界人口排名

第 6 章

独联体国家市场营销分析

学习目标 ◎

通过本章学习，你应该达到以下目标：

知识目标：了解独联体国家概况及市场环境。

技能目标：能分析进入独联体国家市场的方式及面临的风险。

能力目标：具备熟练分析独联体国家市场状况的能力，能运用基本的国际营销方法。

6.1 独联体发展历史与现状

6.1.1 独联体基本情况介绍

1）独联体的成员方构成及历史变迁

1991年12月21日，俄罗斯、乌克兰、白俄罗斯、摩尔多瓦、阿塞拜疆、亚美尼亚、哈萨克斯坦、乌兹别克斯坦、吉尔吉斯斯坦、塔吉克斯坦和土库曼斯坦11个国家的首脑在哈萨克斯坦阿拉木图举行会晤，签署了《关于建立独立国家联合体协议的议定书》等6项文件，正式宣布"独立国家联合体"建立。

独立国家联合体是由组成苏联的大多数共和国组成的进行多边合作的独立国家联合体，简称"独联体"。成立时，除波罗的海三国外，其他12个共和国，包括阿塞拜疆、亚美尼亚、白俄罗斯、格鲁吉亚（1993年12月起）、吉尔吉斯斯坦、摩尔多瓦（1994年4月起）、哈萨克斯坦、俄罗斯、乌兹别克斯坦、乌克兰、塔吉克斯坦和土库曼斯坦，均为独联体正式成员方。2005年8月，土库曼斯坦宣布退出独联体。2009年8月18日，格鲁吉亚正式退出独联体。2011年独联体的成员在圣彼得堡签署协议，成立自由贸易区。

2014年3月，因为克里米亚独立入俄问题，乌克兰也正式启动退出程序。

2）独联体的组织结构及宗旨

独联体的总部位于白俄罗斯的首都明斯克市，独联体的主要机构有独联体国家元首理事会、政府首脑理事会、跨国议会大会、协调协商委员会等。独联体国家首脑会议是独联体的最高协商机构，系指独联体国家元首理事会和政府首脑理事会分别举行的会议或两者联席会议。

（1）独联体的组织结构

①独联体国家元首理事会和政府首脑理事会：国家元首理事会是独联体的最高权力机构，通常每年召开两次会议。政府首脑理事会每年召开四次会议。会议轮流在各国首都举行，各国领导人按照其国家俄文名称字母的顺序轮流主持会议。

②跨国议会大会、跨国经济委员会和支付联盟，以及外交、国防等部长级理事会等。

③协调协商委员会：为独联体常设执行和协调机构，每个成员方派两名全权代表常驻该委员会。独联体工作语言为俄语。

（2）独联体宗旨

《独联体章程》规定：独联体以所有成员方的主权平等为基础。独联体不是国家，也不拥有凌驾于成员方之上的权力，它为各成员方进一步发展和加强友好、睦邻、族际和谐、信任、谅解和互利合作关系服务。各成员方在国际安全、裁军、军备监督和军队建设方面实行协调的政策，采用包括观察员小组和集体维持和平部队等手段保证独联体内部安全。当成员方的主权、安全和领土完整以及国际和平与安全受到威胁时，各成员方应立即进行协商，协调立场，采取相应措施。

3）独联体成立的相关协议

（1）《别洛韦日协议》的内容

我们白俄罗斯共和国、俄罗斯联邦和乌克兰是苏联的创始国，签署了1922年的联盟条约（下称缔约各方），因此我们指出，苏联作为国际法主体和地缘政治现实，将要停止其存在。

以我们各族人民的历史共同性和相互之间形成的联系为基础，考虑到缔约各方之间签订的双边条约，致力于建立民主的法治国家，希望在相互承认和尊重国家主权、尊重不可剥夺的自决权，在平等和不干涉内政、不使用武力、不使用经济压制手段或其他任何压制手段、协商解决争端等原则以及其他公认的国际法原则和准则的基础上发展相互间的关系，认为进一步发展和加强我们三国之间的友好、睦邻和互利合作关系符合三国人民根本的民族利益并有助于和平与安全事业，重申自己忠于联合国宪章、赫尔辛基最后文件和欧洲安全与合作会议其他文件的宗旨和原则，保证遵守有关人权和各国人民权利的公认的国际准则，并就下列各项达成协议；

第1条　缔约各方组成独立国家联合体。

第2条　缔约各方保证本国公民享有平等权利和自由，不管他们属于哪个民族和有什么差别。缔约各方中的每一方应根据有关人权的公认的国际准则保证他方公民以及在该方领土上居住的无国籍人士（不管他们属于哪个民族和有其他差别）享有公民的权利和自由以及政治上、社会上、经济上、文化上的权利和自由。

第3条　缔约各方愿意帮助在各领土上居住的少数民族和现有的民族文化地区表现、保留和发展民族的、文化的、语言的和宗教的独特性，承担保护它们的责任。

第4条　缔约各方将发展本国人民和国家在政治、经济、文化、教育、卫生、环境保护、科学、贸易领域、人文领域和其他领域的平等互利合作，促进广泛的信息交流，认真负责地和无条件地承担彼此的义务。

各方认为有必要在上述领域缔结合作协议。

第5条 缔约各方相互承认并尊重领土完整和联合体范围内现有边界不可侵犯性。

它们保证在联合体范围内开放边界、公民来往和传递信息的自由。

第6条 联合体成员方将在确保国际和平与安全，实施削减军备与军费的有效措施方面进行合作。它们力争销毁一切核武器、在严格的国际监督下全面彻底裁军。

各方将尊重相互间谋求取得无核区和中立国地位的意愿。联合体成员方将在联合司令部之下保留并支持共同的军事战略空间，包括统一控制核武器，由专门协议协调实施统一控制的办法。

它们还共同保证战略武装力量的部署、行使职能、物质与社会保障的必要条件。各方应在军人及其家属的社会保护和赡养问题上奉行协调一致的政策。

第7条 缔约各方认为，它们根据平等原则通过联合体共同的协调机构实施的共同活动范围是：

——协调对外政策活动；

——在形成并发展共同的经济领域、全欧与欧亚市场、关税政策方面进行合作；

——在发展交通运输与邮电中进行合作；

——在保护环境方面进行合作，参与建立全面的国际生态安全体系；

——移民政策问题；

——同团伙犯罪做斗争。

第8条 各方意识到切尔诺贝利浩劫的世界性质，将联合起来并协调各自在努力减轻和克服浩劫造成的后果方面做出的努力。

它们商定，为此目的缔结专门的、考虑到浩劫造成的严重后果的协定。

第9条 有关对本协议各项准则的解释及运用中的争端，应用有关机关之间谈判的方法解决，必要时在政府首脑与国家元首一级谈判中解决。

第10条 缔约各方的每一方保留中止本协议或本协议某些条款生效的权利并将此事在一年前通知协议参加国。经缔约各方相互同意，本协议的各条款可以补充或修改。

第11条 本协议自签订之时起，在签署协议国家境内不许使用第三国，包括苏联的准则。

第12条 缔约各方保证履行苏联签署的条约和协定所承担的国际义务。

第13条 本协议不涉及缔约各方对第三国承担的义务。本协议敞开供苏联所有成员方以及赞同文件的宗旨和原则的其他国家加入。

第14条 明斯克市为联合体协调机构的正式所在地。苏联各机构在联合体成员方境内的活动将停止。

本协议于1991年12月8日在明斯克市签订，共三份，每份均以白俄罗斯文、俄文和乌克兰文写成，各种文本具有同等效力。

（2）《阿拉木图宣言》的内容

独立国家——阿塞拜疆共和国、亚美尼亚共和国、白俄罗斯共和国、哈萨克斯坦共和国、吉尔吉斯共和国、摩尔多瓦共和国、俄罗斯联邦、塔吉克斯坦共和国、土库曼斯坦、乌兹别克斯坦共和国和乌克兰，努力建设民主的法治国家，将在互相承认和尊重国家主权和主权平等、不可分割的自决权、平等和不干涉内部事务的原则，不使用武力和以武力相威胁，不施加经济或其他方式的压力，和平解决争端，尊重人权与人的自由（包括尊重少数民族的权利），认真履行国际法义务及其他公认的原则和国际法准则的基础上发展相互关系；互相承认并尊重领土完整及现有边界的不可侵犯；认为加强具有深刻的历史渊源的友好、睦邻和互利合作关系，符合各国人民的根本利益，有利于和平与安全事业，意识到自己对保持公民和睦和民族和谐的责任；忠于建立独立国家联合体协议的宗旨与原则。

兹声明：

联合体参加国将通过以均等原则建立的、按联合体（它不是任何国家组织）成员方协议规定的程序行使职能的协调机构实行平等协作。

为保障国际战略稳定与安全，将保留对军事战略力量的统一指挥和对核武器的统一监督，各方将互相尊重争取成为无核或中立国家地位的愿望。

独立国家联合体在其所有成员方都同意的情况下，可供前联盟成员方或同意联合体宗旨与原则的其他国家加入。

重申愿在形成并发展共同经济区域、全欧和欧亚市场方面进行合作。

随着独立国家联合体的成立，苏维埃社会主义共和国联盟将停止存在。

联合体成员方保证按自己的宪法程序履行前联盟条约与协定中规定的国际义务。

联合体成员方必须恪守本宣言原则。

另外，《关于协调机构的协定》规定成立"国家元首理事会"协调解决有关联合体利益的原则问题，成立"政府首脑理事会"解决社会经济问题。

4）独联体大事记

国家元首理事会是独联体的最高机构，通常每年召开两次会议。

政府首脑理事会每年召开四次会议。会议轮流在各国首都举行。

独联体成立以来，虽然存在内部摩擦等问题，但在促进成员方经济恢复与发展等方面发挥了重要作用。随着国际和地区形势的变化，近年来，有关独联体改革的声音一直不断。2007年10月，独联体国家元首理事会会议在塔吉克斯坦首都杜尚别举行，会议通过了有关独联体未来发展构想的重要文件，决定在确保安全、发展经济两大方面加快改革步伐。

2009年10月9日，独联体国家领导人在摩尔多瓦首都基希讷乌举行峰会。会议通过了由俄罗斯财政部长库德林提交并经与会国领导人签署的旨在呼吁独联体国家共同克服金融经济危机的报告。出席本次峰会的有俄罗斯、摩尔多瓦、乌克兰、亚美尼亚、阿塞拜疆、白俄罗斯和吉尔吉斯斯坦7国总统，塔吉克斯坦和哈萨克斯坦两国总理，以及乌兹别克斯坦议长和土库曼斯坦副总理。

2009年11月10日，独联体成员方国防部长委员会第57次会议在塔吉克斯坦首都杜尚别召开，会议通过了独联体成员方2010年至2015年国防合作发展纲领。会议通过的国防合作发展纲领涵盖了包括军事领域在内的全方位国防合作计划，旨在加强整个独联体地区的安全。

2009年11月20日，独联体国家在乌克兰南部旅游城市雅尔塔举行政府首脑理事会会议，并通过了能源合作构想等一系列文件。

2010年5月21日，来自独联体成员方的政府首脑在俄罗斯圣彼得堡会晤，会后共同签署了19项文件，内容涉及各国在电力能源领域以及其他经济与安全领域的合作与发展。

2010年11月19日，独联体政府首脑在俄罗斯圣彼得堡举行会议。此次会议主要讨论了独联体一体化、自由贸易区建设以及独联体创新合作等问题。与会各方签署了20余份合作文件。分析人士认为，在新的国际和地区形势下，独联体分裂趋势得以缓解，一体化进程继续前进，但由于各国间固有的矛盾与利益分歧仍然存在，独联体一体化的基础依旧脆弱。

2011年5月19日，独联体政府首脑理事会会议在白俄罗斯明斯克举行。会议通过了独联体国家2020年前和平利用核能计划。该计划将对独联体国家能源消费状况以及核能发展潜力做出评估，为各国安全运行核电站、开采铀矿、生产燃料及利用核废料建立统一条件。

2011年9月3日，独联体国家元首理事会会议在塔吉克斯坦首都杜尚别隆重举行。在本次会议上，与会者除重点审议《独联体成立20年来的发展概要和今后发展任务》等文件外，还就打击非法移民、加强区域合作等一系列问题进行磋商。

2011年10月18日，俄罗斯、乌克兰、白俄罗斯、哈萨克斯坦、吉尔吉斯斯坦、塔吉克斯坦、摩尔多瓦、亚美尼亚等8个独联体国家签署了自由贸易区条约。该条约旨在实现独联体国家间真正有效的自由贸易，推动各国未来在世界贸易组织规则之下的一体化进程。该条约要求各国相互取消大部分商品的进出口关税，并尽量减少依然存在进口关税限制的商品清单。这一成果标志着独联体国家在经济一体化进程中迈出了实质性的一步，为在新经济环境下发展独联体框架内的经贸合作奠定了基础。2012年5月30日，在土库曼斯坦首都阿什哈巴德举行的独联体国家政府首脑会议，讨论了乌兹别克斯坦加入独联体自由贸易区协定问题，并通过相关决议，支持该项建议。

2011年12月，独联体成立20周年纪念峰会在莫斯科举行。峰会期间，俄罗斯、白俄罗斯和哈萨克斯坦3国签署了启动统一经济空间的系列文件，成立了超国家机构——欧亚经济委员会，为统一经济空间下一年初的运作铺平了道路。

2012年12月5日，独联体峰会在土库曼斯坦首都阿什哈巴德举行，会议通过了独联体成员方进一步发展全面合作宣言。

2013年10月25日，独联体国家元首理事会会议在白俄罗斯首都明斯克举行，讨论的重点议题包括打击贩毒、买卖人口等犯罪活动和反恐。

2014年10月10日，独联体国家首脑峰会在白俄罗斯首都明斯克召开。此次会议共通过了15个文件，主要内容集中在进一步发展独联体国家人文、安全等领域的合作，包括对伟大的卫国战争胜利70周年的关注，关于"麻醉剂储存及监控国际体系"的声明，以及发展独联体国家跨地区合作、关于实施"独联体国家文化之都"的方案、独联体国家关于打击非法移民2015—2019年纲要、独联体国家打击贩卖人口合作等决定。

2015年10月16日，独联体国家首脑峰会在哈萨克斯坦阿克莫拉州布拉拜景区举行。当天会议共对17个问题进行了审议并最终通过了一系列重要成果文件。其中一个最为重要的议题和成果就是各国在反恐方面达成了共识，除此之外，各国首脑就加强经贸、军事、边防和人文等领域合作达成了共识。

2017年10月11日，独联体国家元首理事会会议在俄罗斯索契举行，各成员方领导人签署了一系列扩大和深化各领域合作的文件，包括规范麻醉剂、精神药品和原料以及火器、弹药和爆炸物等运输的议定书，就在反洗钱以及反对资助恐怖主义和大规模杀伤性武器扩散方面进行合作达成共识。

5）独联体部分国家现状介绍

独联体主要成员方领土、国民生产总值比较见表6-1。

表6-1　　　　　　　　独联体各国领土、国内生产总值比较

项目	领土（万平方千米）	国内生产总值（2015）（百万美元）
俄罗斯	1 707.54	1 860 000
白俄罗斯	20.76	60 530
乌克兰	60.37	85 440
摩尔多瓦	3.37	6 140
阿塞拜疆	8.66	62 200
亚美尼亚	2.98	9 300
哈萨克斯坦	272.49	203 140
乌兹别克斯坦	44.74	68 190
塔吉克斯坦	14.31	8 530
吉尔吉斯斯坦	19.85	7 370

资料来源　领土数据参见中华人民共和国商务部网站，国内生产总值数据参见世界银行2015年数据。

（1）俄罗斯

俄罗斯联邦，简称俄罗斯或俄联邦，国土面积约1 700万平方千米，是世界上面积最大的国家，地域跨越欧亚两个大洲，与多个国家接壤，水域面积占13%。

俄罗斯人口约1.443亿（2016年），城市人口占全国总人口的73%，人口密度约8.3人/平方千米（在世界国家和地区中排第209名），性别比为0.88。俄罗斯有100多个民族，其中俄罗斯族占80%。主要少数民族有鞑靼、乌克兰、楚瓦什、巴什基尔、白俄罗斯、摩尔多瓦、乌德穆尔特、亚美尼亚、阿瓦尔、马里、哈萨克、奥塞梯、布里亚特、雅库特、卡巴尔达、犹太、科米、列兹金、库梅克、蒙古、印古什、图瓦等。

俄语是俄罗斯联邦的官方语言。各共和国有权规定自己的官方语言，并在该共和国境内与俄语一起使用。目前有4个独联体国家的官方语言是俄语。

俄罗斯资源总储量的80%分布在亚洲部分。

①森林和水力资源

森林覆盖面积8.67亿公顷，占国土面积的50.7%，居世界第一位。林材蓄积量

807亿立方米。水力资源为4 270km³/年，居世界第二位。

②矿产资源

俄罗斯的矿产资源有煤（库兹巴斯）、石油（秋明油田、第二巴库油田）、天然气、铁（库尔斯克）、锰、铜、铅、锌等。石油探明储量82亿吨（2009年数据），占世界探明储量的4%～5%，居世界第八位。天然气已探明蕴藏量为48万亿立方米，占世界探明储量的1/3强，居世界第一位。核电占俄罗斯电力的10%。煤蕴藏量为2 000亿吨，居世界第二位。铝蕴藏量居世界第二位，铁蕴藏量居世界第一位，铀蕴藏量居世界第七位，黄金储藏量居世界第四至第五位。

（2）乌克兰

乌克兰位于欧洲东部，总面积为60多万平方千米，是欧洲除俄罗斯外面积最大的国家。人口约4 500万（2014年），共有100多个民族，乌克兰族占70%，其他为俄罗斯、白俄罗斯、犹太、克里米亚、鞑靼、摩尔多瓦、波兰、匈牙利、罗马尼亚、希腊、德意志、保加利亚等民族。官方语言为乌克兰语，通用俄语。

全国黑土面积居世界首位，占其国土面积的2/3。境内有大小河流2.3万条，湖泊2万多个，其中3 000条河流长度超过10千米，116条超过100千米。主要河流有：第聂伯河、南布格河、德涅斯特河、北顿涅茨河、普鲁特河和多瑙河。森林资源较为丰富，森林覆盖率为43%，跨越三个植被带——森林沼泽带、森林草原带和草原带。矿藏资源72种，主要有煤、铁、锰、镍、钛、汞、石墨、耐火土、石材、石油和天然气等，其中锰矿藏量超过21亿吨，铁矿藏量约275亿吨。石油和天然气资源相对匮乏，其中80%蕴藏在第聂伯罗彼得罗夫斯克州和黑海沿岸，90%依赖进口。顿巴斯为乌克兰最大的煤矿，已探明储量1 090亿吨。

据乌克兰海关统计，2015年，乌克兰货物贸易进出口总额为756.371亿美元，比上年同期（下同）下降30.15%。其中，出口381.348亿美元，下降29.3%，进口375.023亿美元，下降31.1%。全年货物贸易顺差6.325亿美元。

从国别（地区）看，2015年，乌克兰货物贸易主要出口目的国为俄罗斯（12.7%）、土耳其（7.3%）、中国（6.3%）、埃及（5.5%）；主要进口来源国为俄罗斯（20%）、德国（10.4%）、中国（10.1%）、白俄罗斯（6.5%）。服务贸易主要出口目的国为俄罗斯（31.6%）、瑞士（7.8%）、美国（6.8%）、英国（5.6%）；主要进口来源国为英国（12.9%）、俄罗斯（12.8%）、德国（9.3%）、美国（5.6%）。

（3）白俄罗斯

白俄罗斯位于欧洲地理中心，处于东、西欧国家及黑海、波罗的海沿岸国家交通运输的十字路口，是连接欧亚大陆至欧盟及大西洋港口的重要公路铁路运输走廊。它东接有1.8亿人口的欧亚经济联盟，西连有5亿人口的欧盟。

白俄罗斯是一个内陆国家，西邻波兰，东与俄罗斯接壤，北、西北分别与拉脱维亚和立陶宛交界，南毗乌克兰。国土面积20.76万平方千米（与我国陕西省的面积相当），由6个州和1个直辖市组成。人口940多万（2015年），共有80多个民族，其中白俄罗斯族占81.2%，俄罗斯族占11.4%，波兰族占3.9%，乌克兰族占2.4%。平均人口密度为46人/平方千米。官方语言为白俄罗斯语和俄语。

①自然资源

白俄罗斯非金属矿丰富，黑色金属和有色金属矿缺乏，石油和天然气能源矿藏少。境内有30多种矿产分布在4 000多个矿区，最重要的矿藏钾盐，储量居世界第三位，可供开采100多年。白俄罗斯盐岩储量超过220亿吨，居独联体首位。其他主要矿产有花岗石、白云石、石灰石、泥灰土和白垩、防火材料和亚黏土等。泥煤储量达44亿吨。饮用矿泉水和医疗矿泉资源丰富。

白俄罗斯水资源丰富，拥有2万多条河流，总长度为9.1万千米，其中6条河超过500千米。拥有总面积为2 000平方千米的1.1万个湖泊，另有130多个水库，11个大型养鱼基地，总面积173平方千米。

白俄罗斯拥有近800万公顷的森林，覆盖率为39%，在独联体中仅次于俄罗斯，居第二位。以针叶林为主，主要树种是松类，其次有云杉、白桦、橡树、赤杨、塔树和榆树等。占地面积1 165平方千米的别洛韦日自然森林保护区在欧洲享有盛誉。白俄罗斯药材种类达290余种。以蘑菇为主的生物资源达7.03万吨。动物3.1万种，其中最珍贵的森林动物有欧洲野牛、野鹿、熊、貂、豹猫等。

②经济状况

白俄罗斯工农业基础较好。工业部门较为齐全，机械制造和加工业发达，具有较高的科研和教育水平，劳动力素质相对较高。拥有玛斯载重汽车、别拉斯矿山自卸车、轮式牵引车、拖拉机等世界著名的机械制造类企业，以及钾肥生产和石化等大型企业。白俄罗斯还是世界第三大钾肥生产国，钾肥出口量约占世界的15%。白俄罗斯在电子、光学、激光技术等领域也具有世界领先水平。农业普遍实行大规模机械化生产，农产品特别是肉类及肉制品、牛奶及奶制品、禽、蛋、糖等除自给自足外，还可大量出口。

2016年，白俄罗斯GDP总量为474.33亿美元，GDP增长率为-2.65%，人均GDP为4 989.25美元，居民消费价格指数同比增长11.8%，失业率为0.5%。截至2016年7月，白俄罗斯国际储备资产达46.3亿美元。2016年1—11月，白俄罗斯货物进出口总额为538.55亿美元，同比下降10.1%。其中：货物出口金额为269.94亿美元，同比下降10.4%；货物进口金额为268.61亿美元，同比下降9.9%；贸易顺差1.33亿美元，上年同期逆差1.23亿美元。2016年，白俄罗斯吸引外资86亿美元。

③投资环境

白俄罗斯经商环境较好，有较大的投资吸引力。根据世界银行发布的《2015年全球营商环境报告》（Doing Business 2015），在参评的189个国家中白俄罗斯商业环境排名第57位。白俄罗斯的经商环境在欧亚经济联盟国家中名列第1位。就经商环境而言，白俄罗斯在某些方面名列世界前茅，比如说，在财产登记方面名列第3位，在保障合同执行方面名列第7位。白俄罗斯为欧亚经济联盟成员，这为外国投资者提供了新的机遇，可通过白俄罗斯打开欧亚经济联盟的大市场。随着欧亚经济联盟正式开始运行，白俄罗斯的经商环境有望向更好的方向发展。

（4）哈萨克斯坦

哈萨克斯坦共和国横跨亚欧两洲，国土包括中亚北部和东欧乌拉尔西南部，西面濒临里海。国名取自其最大民族哈萨克族。哈萨克斯坦已经成为独联体国家中最具投资价值和生活水准较高的国家，拥有丰富的自然资源和较雄厚的工业基础，农业发达，是全球发展中的新兴经济体之一，亦是全球发展最快的国家之一，正逐渐成为中亚及高加索区域性大国。

①自然地理

地跨亚欧两洲，与中国、俄罗斯、乌兹别克斯坦、吉尔吉斯斯坦和土库曼斯坦等国接壤，并与伊朗、阿塞拜疆等国隔里海相望，但它在行政上属于亚洲国家。哈萨克斯坦面积为 272.49 万平方千米，排世界第九位，约占地球表面积的 2%，相当于整个西欧国家面积之和，是世界上面积最大的内陆国。名为内陆国，其实可以到达外海（伏尔加河—黑海—地中海—大西洋）。哈萨克斯坦国境线总长度超过 105 万千米，其中陆路国境线超过 1 200 千米。哈萨克斯坦通过里海可以到达阿塞拜疆和伊朗，通过伏尔加河–顿河运河可以到达亚速海和黑海。哈萨克斯坦国土多为平原和低地。

②人口与民族

人口为 1 749.81 万（2015 年），由 130 多个民族组成。哈萨克族占 65%，俄罗斯族占 22%，还有乌兹别克、乌克兰、白俄罗斯、德意志、鞑靼、维吾尔、朝鲜等民族。哈萨克语为国语，俄语在国家机关和地方自治机关与哈萨克语同为正式使用的语言。

③经济与贸易

哈萨克斯坦的经济地理位置非常有利。它处于过境运输线的中部，是过境运输线的交叉点，西面、西北面和北面与俄罗斯联邦的经济区波沃尔日、乌拉尔和西西伯利亚接壤，南面和西南面与吉尔吉斯斯坦、乌兹别克斯坦和土库曼斯坦三国交界，东南面和东面与中华人民共和国为邻。

据哈萨克斯坦统计委员会统计，2016 年，哈萨克斯坦货物进出口额为 483.7 亿美元，比上年同期（下同）下降 20.2%。其中，出口 328.6 亿美元，下降 20.3%；进口 155.1 亿美元，下降 20.2%。贸易顺差 173.5 亿美元，下降 20.3%。在出口方面，意大利、中国、荷兰和瑞士为哈萨克斯坦前四大出口目标国。2016 年哈萨克斯坦对上述四国的出口额分别为 74.8 亿美元、42.2 亿美元、32.6 亿美元和 26.9 亿美元，其中，对瑞士出口增加 1.1%，对意大利、中国和荷兰出口分别下降 8.1%、23.1% 和 34.6%。对上述四国的出口额合计占哈萨克斯坦出口总额的 53.7%。在进口方面，中国、德国、美国、意大利和法国是哈萨克斯坦的前五大进口来源国。2016 年哈萨克斯坦自上述五国的进口额分别为 36.7 亿美元、14.4 亿美元、12.7 亿美元、8.3 亿美元和 6.6 亿美元，分别下降 27.9%、27.3%、10.0%、29.0% 和 1.5%。自上述五国的进口额合计占哈萨克斯坦进口总额的 50.8%。哈萨克斯坦主要贸易逆差来源地依次是德国、美国和韩国，2016 年其逆差额分别为 11.8 亿美元、6.5 亿美元和 2.2 亿美元；贸易顺差主要来自意大利、荷兰和瑞士，2016 年其顺差额分别为 66.4 亿美元、29.7 亿美元和 25.8 亿美元。

④矿产资源

哈萨克斯坦的自然资源非常丰富，已探明的矿藏有 90 多种。煤、铁、铜、铅、锌产量丰富，用于核燃料和制造核武器的铀的产量也居世界第一，被称为"铀库"，此外里海地区的油气资源也十分丰富。2015年产煤1.07亿吨，商品铁矿石2 400万吨。钨储量占世界第一位，铬和磷矿石占第二位。铜、铅、锌、钼和磷的储量占亚洲第一位。此外，铁、煤、石油、天然气的储量也较丰富。已探明的石油储量达100亿吨，煤储量为39.4亿吨，天然气储量为11 700万亿立方米。森林和营造林2 170万公顷。地表水资源530亿立方米。耕地大部种植以春小麦为主的粮食作物，还产棉花、甜菜、烟草等。

6.1.2 独联体整体经济发展现状

2011年10月18日，除阿塞拜疆、乌兹别克斯坦和土库曼斯坦三国之外的独联体成员方在独联体国家政府首脑理事会会议举行期间签署了自由贸易区条约。该条约取代独联体国家于1994年签署的自由贸易区条约。这一成果标志着独联体国家在经济一体化进程中迈出了实质性的一步，为在新经济环境下发展独联体框架内的经贸合作奠定了基础。

2012年全球经济持续低迷，国际市场能源商品价格增幅回落，受此影响，以资源产品出口为导向的大多数独联体国家经济增长速度明显放缓。

自2013年以来独联体国家经济发展面临复杂的内外环境。从外部环境看，欧债危机的后续影响仍在蔓延，全球经济复苏势头依然薄弱。欧盟是独联体国家的主要贸易伙伴，其经济萎靡导致需求不振，抑制独联体各国扩大对欧出口，从而使独联体经济发展受到一定制约，乌克兰和白俄罗斯等国的经济形势变得十分严峻。与此同时，受全球经济增速放缓的影响，国际能源市场供求趋于平衡，因此依赖能源出口的国家，如俄罗斯、哈萨克斯坦和其他中亚国家的经济发展面临巨大挑战。这些国家经济增速放缓，与其经济联系十分密切的吉尔吉斯斯坦和塔吉克斯坦也受到影响。从独联体国家内部看，虽然自2012年以来独联体各国政府纷纷采取了扩大内需的政策，但其依赖出口的经济发展模式短期内仍难以实现根本性转变，国际市场的不利影响依然十分明显。与此同时，尽管各国克服了彼此间的分歧，签署了自由贸易协议并推进了关税同盟的发展，但既有经济利益冲突仍不断发生，制约着一体化进程，使其难以达到预期效果，例如俄罗斯与乌克兰的经济摩擦不断爆发、俄罗斯与白俄罗斯的经济纠纷层出不穷便证实了这一点。

6.1.3 独联体的文化交流

2010年，独联体国家开始启动"独联体文化之都"项目，该项目规定从2011年开始，每年在独联体成员方中挑选两个城市作为"独联体文化之都"，以促进各成员方间的文化交流，推动独联体融合进程，提高独联体的国际地位。2011年2月28日，独联体正式授予白俄罗斯城市戈梅利2011年"独联体文化之都"称号。戈梅利是第一个获得"独联体文化之都"称号的城市。除戈梅利外，俄罗斯的乌里扬诺夫斯克也被选为"独联体文化之都"。独联体在2011年3月份正式授予乌里扬诺夫斯克这一称号。

到 2014 年为止，被评选为"独联体文化之都"的有白俄罗斯的戈梅利、俄罗斯的乌里扬诺夫斯克、土库曼斯坦的马雷、阿塞拜疆的盖贝莱、吉尔吉斯斯坦的奥什、俄罗斯的沃罗涅日、土库曼斯坦的达沙古兹等城市。

6.2 独联体国家市场环境特点分析

6.2.1　乌克兰

1）煤炭业

煤炭业在乌克兰能源战略中占据重要地位。乌克兰煤炭蕴藏量十分丰富，探明储量约为 340 亿吨，这是全欧洲储量的 10% 和世界储量的 3%，居世界第八位，已探明的煤矿储量够用 400 年。东部的顿涅茨克、卢甘斯克，中部的第聂伯罗彼得罗夫斯克及西部的利沃夫州、沃伦州都产煤，其中东部储量占了大多数。苏联解体后，乌克兰煤炭业因为体制陈旧、投资不足和设备老化等原因处于滑坡状态，煤炭产业的基础性地位被动摇。2014 年以来，受乌克兰国内局势，特别是东部战事影响，乌克兰煤炭产量大幅下滑。乌克兰能源与煤炭工业部公布的数据显示，2014 年 7 月煤炭产量同比骤降 23.1%，月环比下滑 13.3%，仅为 240 万吨，为历史最低。为弥补能源不足，乌克兰不得不从国外进口煤炭。乌克兰能源与煤炭工业部 2014 年 8 月下旬就宣布，从澳大利亚、新西兰、美国等地进口煤炭。

2）造船业

造船业一直是乌克兰十分重要的工业部门。濒临黑海与亚速海的得天独厚的地理位置为乌克兰造船业提供了十分优越的条件。苏联时期 20% 的船舶制造零件和 10% 的导航设备、水声呐设备和雷达设备都产自乌克兰。

进入经济恢复性增长期后，乌克兰造船业也开始复苏并稳步发展。2005 年乌克兰共生产船舶 27 艘，总载重量达 411 861 吨（按载重量计算成为欧洲第十大造船国），总金额达 1.17 亿美元，较 2004 年增长了 32%。2006 年生产 26 艘，总金额 1.35 亿美元，其中出口 9 960 万美元。2007 年乌克兰造船企业获得 42 艘订单，总价值 2.48 亿美元。2014 年以来，乌克兰东部不稳定的政治形势和武装冲突已经导致许多造船合同被取消。再加上国内需求缺乏及全球造船市场竞争加剧，乌克兰造船合同数量进一步减少。现在，乌克兰造船业形势很严峻。

6.2.2　摩尔多瓦

摩尔多瓦地处东南欧，位于东经 26.4°～30°、北纬 46°～48° 之间，属温带大陆性气候，年平均气温为 8°C～10°C，年均降水量为 400～500mm。摩尔多瓦境内主要地貌为丘陵和平原，地势较低。黑壤土覆盖国土的 75% 以上。其气候和土壤条件非常适合谷物、水果和蔬菜的种植。葡萄种植及葡萄酒酿造业发达，在独联体中拥有很高的声誉。

摩尔多瓦葡萄种植面积为 15 万公顷，平均年产葡萄约 95 万吨，其中鲜食葡萄 20 万吨，加工葡萄 75 万吨。所有欧洲葡萄品种在摩尔多瓦都有种植，用于酿酒的品种繁多。摩尔多瓦的葡萄酒酿造业历史悠久，在国家经济中的地位举足轻重。无论从基础研究、应用技术推广、科研力量、加工工艺、管理水平还是葡萄酒的品质、种类、包装而言，摩尔多瓦被冠以葡萄酒王国的美誉都当之无愧。其葡萄酒酿造业产值占工业总产值的18%，占国内生产总值的9%，占国家财政收入的8%。摩尔多瓦全国共有葡萄酒厂约150家，从业人员1万余人，具有大学以上文化程度的专家2 000多名。摩尔多瓦农业部表示，2011年，摩尔多瓦的葡萄产量比2010年增长15%，达到55万吨，其中48万吨用于生产葡萄酒，7万吨作为食用葡萄。根据计算，3万吨葡萄可用于出口，2011年摩尔多瓦葡萄种植业的产值约为2.2亿美元。

摩尔多瓦可生产150多种葡萄酒，其中高品质葡萄酒及已获注册商标的葡萄酒有90种。摩尔多瓦葡萄酒酿造企业技术先进、管理科学、加工标准化程度高、注重品牌、质量意识强。全国实行统一技术标准，原料及产品质量标准一致，严格确保酒的质量。酒厂收购生产原料前需到园中进行实地检测，各项含量指标未达标的绝不收购。各厂均能检测其产品成分，如酒中的天然酒精、维生素、微量元素等含量，不符合规定的不出厂，由国家统一监督执行，从而为摩尔多瓦所产葡萄酒的高质稳定提供了有力的保证。各厂都有足够容量的地下酒窖，酒窖温度常年保持在12℃~16℃，湿度保持在80%以上。贮酒容器多采用橡木桶。所有的酒都要经一定时间的贮藏方可罐装出厂。许多酒厂都贮藏着大量的3年至30年有的甚至达50年的酒。

为进一步发展葡萄酒酿造业，摩尔多瓦政府制定了《推动葡萄酒进入国际市场2006—2010年国家战略》，通过扩大播种面积、增加葡萄品种、发展滴水灌溉、扶植生产和出口商、更新落后设备、推广先进技术、改善经营管理、优化酿酒行业税收政策和保护本国葡萄酒品牌等措施，提高葡萄酒品质和增加出口，带动本国经济发展。

2014年12月4日，中国商务部与摩尔多瓦经济部共同召开中国-摩尔多瓦政府间经贸合作委员会第七次会议。会议期间，双方共同举办了摩尔多瓦葡萄酒推介品鉴会。摩尔多瓦农业部副部长罗京亲自出席此次活动并携多款摩尔多瓦名酒进行现场讲解与推介。本次活动期间摩尔多瓦农业部下属的葡萄与葡萄酒局与中国签订了《关于在葡萄酒贸易领域开展交流合作的意向备忘录》，该备忘录旨在支持并促进摩尔多瓦葡萄酒进入中国市场，推动中摩双方加强合作并逐步建立两国葡萄酒贸易平台。

6.2.3 立陶宛

1）木材制造业

立陶宛木材资源丰富，2013年总林地面积为217.3万公顷，森林覆盖率为33.3%。2003—2013年，森林面积增加12.8万公顷，相当于森林覆盖率增加2.0%，2013年共采伐木材3 805.4立方米。

立陶宛木材加工业包括木材及制品业、家具业和造纸业等相关产业。木材加工业是该国发展较快、颇具前景的制造产业之一，其增长速度大大超过整个制造业的平均水平，是立陶宛制造业的重要支柱。木材加工业主要包括木材及制品业、家具业和造纸业等，主要产品为：锯木、胶合板、木质板材、家具、木箱、木制构件、瓦楞纸板、纸箱等。木材及木制品制造业是立陶宛重点行业之一，2012年约有1 163家企业，几乎都为中小型企业，大多数企业员工不超过49人，主要分布在维尔纽斯和考纳斯。近年来，有几家立陶宛木材加工业进行了跨行业综合性发展，形成由木材加工、家具生产、服装、金融、能源等企业组成的控股集团，如SBA集团、LIBROS集团、VAKARU MEDIENOS集团、BALTIJOS BALDU集团等。立陶宛木材制造业从业人员总数约53 000人，占全国劳动人口的2.3%。其中，从事制造部分的人员约占58%。该行业解决就业能力强，从业人数增长快，其中，家具生产行业最为突出，40%的员工为女性。立陶宛木材制造业既需要高技能的专业人员，也为普通技能工人提供了就业机会，大部分从业人员年龄为30~50岁，60岁及以上者仅占3%。

立陶宛木材加工、家具和造纸行业历史悠久，产品质地优良，大部分木材工业产品出口给周边国家，有一定行业竞争力，对外贸易持续增长并保持顺差。家具和木工产品出口约占93%，而且每年稳步走升，仅2011就比2010增长19.7%，达到7.87亿欧元。立陶宛的家具和木工产品主要的国外市场为斯堪的纳维亚国家、德国和英国。前五大出口国家为：德国（18%）、瑞典（10%）、丹麦（9%）、挪威（6%）、拉脱维亚（6%）。立陶宛家具行业已经成为跨国公司宜家家居的第五大供应商来源。

2）光学（激光）产业

立陶宛的光学研究历史悠久。建立于1579年的维尔纽斯大学是欧洲最古老的教育机构之一，早在17世纪最初的30多年里，该大学的教授们就已经草拟并签署了最早的一些光学研究协议。

立陶宛的现代光学及光工程学包括量子电子学、非线性光学、超高速光电子学等。1967年维尔纽斯大学就成功研制出了自己的激光发生器。此后，立陶宛在激光学领域一直保持领先地位。2001年，立陶宛皮斯卡尔斯卡斯教授荣获欧洲量子电子学和光学奖，这标志着立陶宛激光物理学家在该领域内的顶尖地位已经得到了欧洲物理学界的承认。

立陶宛不仅有优秀的激光专家，还有优秀的激光企业，立陶宛政府也把激光业定为优先发展的行业。科研与生产紧密结合，使得这些企业在该领域里保持着主要竞争优势和世界领先地位，也使立陶宛激光行业在国际市场上占有重要地位。激光技术公司的总产值已经达到了2 000万欧元，90%的激光技术和产品设备出口欧盟国家、以色列、瑞士、日本和美国，销售网络遍及全球近100个国家。出口皮秒激光器的Ekspla公司和生产超高速函数发生器的Light Conversion公司分别占有全球市场份额的50%和60%。世界上不少享有国际声誉的尖端科研机构都是这些公司的重要用户，如剑桥大学、加利福尼亚州大学伯克立分校、康奈尔大学和北卡罗来纳大学等。

立陶宛主要的光学科研机构有维尔纽斯大学量子电子学系、激光研究中心、半导体物理研究所、物理研究所。立陶宛激光和光科学技术协会成员包括维尔纽斯大学、立陶宛物理研究所、Ekspla公司、Eksma公司、Light Conversion公司、Standa公司、Optida公司、Altechna公司和Color Technologies公司。该协会制定了立陶宛激光工业发展战略计划目标：使立陶宛激光工业产值在未来7~10年内至少达到立陶宛

GDP 的 1%。

　　3）生物技术

　　立陶宛在生物技术领域是中东欧国家中的领先者，该国的生物技术专家已在东欧和远东地区享有一定的声誉，他们依靠遗传工程药品及遗传工程相关的生物化学和化学媒介进入西方市场。该国生物技术公司向许多国家出口产品，并且发展迅猛。在国际市场上，立陶宛在分子生物方面取得的成就和开发的不同生物技术应用获得了极高的评价。

　　立陶宛主要的生物科研机构是生物化学研究所和生物技术研究所。

　　立陶宛生物化学研究所成立于 1967 年，主要研究方向是：（1）基因结构和基因表达以及细胞新陈代谢系统调节的研究；（2）真核细胞信号系统的运作与调节；（3）酶的结构、功能及应用；（4）氨基酸、碳水化合物、杂环化学生化过程中的调节物的研究与合成。

　　立陶宛生物化学研究所对氨基酸或肽的细胞活性衍生物以及磷酸（硫磷酸）的合成和立体异构化取得了成功，抗癌和抗白血病化合物的研究也达到了预期的效果。四种人造化合物经临床验证对治疗肿瘤有疗效，已由立陶宛化学和制药企业投入生产。

　　在生物催化剂研究的基础上，立陶宛生物化学研究所又开始了生物传感器的开发和应用，创造出超过 30 种的生物传感器及其构造变量以用于测定葡萄糖、胆固醇、乳酸、乙醇、尿素和其他重要的生化物。其中的葡萄糖生物传感器被用于一种名为"Eksan-G"的葡萄糖高速分析仪。

6.2.4　爱沙尼亚

　　1）电子业

　　爱沙尼亚电子业的发展历史可以追溯到 20 世纪初。今天，它已经成为爱沙尼亚经济发展速度最快的领域之一。2007 年，爱沙尼亚有 315 家电子公司，13 000 多名高素质人员受雇于该领域，并且这个数字随着该行业的不断发展还在快速递增。

　　爱沙尼亚电子工业主要由四个部门组成：电子机械及器材（生产增加值 3.4 亿美元）；电信设备（3 亿美元）；医学、光学和其他精密仪器（1.3 亿美元）；计算机及办公设备（0.9 亿美元）。

　　2014 年爱沙尼亚电子产品出口额为 34.9 亿美元（占爱沙尼亚出口总额的 18.7%），主要出口线路板、电脑等产品，主要出口国是芬兰、瑞典、丹麦、拉脱维亚和英国。

　　爱沙尼亚电子企业主要为不到 50 人的中小企业，中小企业的交易额超过爱沙尼亚电子业交易总额的一半。

　　爱沙尼亚许多的 IT 公司拥有自己的产品，并同北欧公司建立了密切联系，开发创新软件。爱沙尼亚具有国际竞争力的软件系统包括：银行软件系统、财会软件和加密解决方案。

　　2015 年，爱沙尼亚正式启动"电子公民"项目，世界各国公民都可以在线登录爱沙尼亚"电子公民网"（e-resident.gov.ee），登记成为爱沙尼亚的"电子公民"。爱沙尼亚是世界上第一个提供跨国数字身份认领的国家，目的在于为世界各国公民提供安全、便捷的数字化服务，推动爱沙尼亚信息技术领域的发展和数字化进程。目前，已有来自73个国家的1 500余人成为爱沙尼亚的首批"电子公民"。其中，芬兰人占34%，俄罗斯人占15%，乌克兰人占6%。

2）木材加工业

20世纪90年代产业结构调整后，爱沙尼亚木材加工业获得了较快发展，成为国民经济一大重要产业。爱沙尼亚木材加工业企业主要为中小企业，遍布全国，在塔林、塔尔图、帕尔努和拉克维列更为集中。2008年，爱沙尼亚木材加工及家具生产企业共有1 594家，共雇用25 918人，人均产出104万爱沙尼亚克朗（约合9.7万美元），每小时产出608爱沙尼亚克朗。80%的企业雇用人数达20人，但是仅有3.8%的企业有超过100名的员工。

同欧洲发达国家相比，爱沙尼亚木材加工企业的产品的主要竞争力在于其合理的性价比，这意味着，爱沙尼亚企业产品的价格低于西欧企业，但质量比波兰和波罗的海其他国家的高。2005年到2007年，其木材及木制品出口一直呈稳步上升趋势，2008年及2009年，受全球金融危机的影响，出口有所下滑。2009年，爱沙尼亚木材及木制品出口87.65亿爱沙尼亚克朗（约合7.78亿美元），占出口总额的8.6%。其主要出口市场是德国、英国、芬兰、法国、瑞典和丹麦。

爱沙尼亚木材加工业规模最大、影响最大的行业协会是爱沙尼亚林业协会，它拥有56个会员企业，建立了木材行业信息网络。

3）油页岩开采加工

油页岩是含石油的页岩，经干馏工艺处理后可制取出可燃气和石油，还可用作生产水泥的辅助原料。爱沙尼亚矿产资源中以分布在东北部地区奥陶纪岩层中的油页岩最为丰富，已探明的储量为60亿吨。最高年开采量曾达3 000多万吨（1980年），2006年开采量为1 410万吨。用油页岩加工出来的页岩油广泛用于发电、供暖及提炼化工产品，是爱沙尼亚最主要的动力燃料。爱沙尼亚政府公布了2016—2030年页岩油行业发展规划。该规划的主要内容包括：维持每年2 000万吨的页岩油开采数量；允许在自然保护区以外的地区开发新矿；投入2 000万欧元科研经费以提高页岩油行业生产技术水平；完善页岩油行业税收制度体系，更多地考虑国际市场原油、电力价格等因素；适当降低页岩油在总体能源结构中的比重，维持页岩油占爱沙尼亚发电总量50%、供热总量80%的水平。

爱沙尼亚小颗粒（小于15毫米）油页岩加工技术在世界具有领先水平。爱沙尼亚开采油页岩的企业只有一家，炼制页岩油的企业有三家，利用页岩油发电的大电厂有一家，用油页岩制造水泥的工厂有一家。

6.2.5　拉脱维亚

1）林业及木材加工业

拉脱维亚是欧洲森林资源最丰富的国家之一，国土森林覆盖率超过45%，木材储藏量达到5.73亿立方米。林业及木材加工业近几年增长率均达到9%以上，是拉脱维亚第一大工业，行业的生产增加值占工业生产增加值的23%（占GDP的7.5%）。该行业就业人员占工业就业总人员的25%（占全国就业人员的5%）。

林业及木材加工产品是拉脱维亚最重要的出口产品（该行业75%的产品用于出口），出口额占全国出口总额的近1/3。主要出口产品包括锯木（占该行业出口的38%）、圆木（12%）、家具（10%）、胶合板（8%）、燃料用木（8%）、纸浆及纸板（6%）等。主要出口目的地是欧盟国家，占出口的88.9%。

2）化工医药业

化工医药业是拉脱维亚的传统产业，拥有一批高级技术人员及良好的科研基础，主要具有竞争力的产品有药品、石化产品、人造纤维、油漆涂料、家用日化、橡胶塑料、瓷器、农业化学、水泥建材。

1995—2015年，拉脱维亚制造业产值由7.2亿欧元增至26.3亿欧元，但在GDP中所占比重由20%降至12%。拉脱维亚政府提出复兴制造业的口号。2009年拉脱维亚内阁将化工医药产业确定为重点行业之一。2015年该行业约有450家企业，营业额和雇员人数在拉脱维亚制造业中分别排名第四和第六。拉脱维亚化工医药产业主要门类包括：制药、药物和天然药（产值占行业的比例为32%），塑料和橡胶（31%），涂料和油漆（8%），化合物和合成纤维（6%），日用化工、化妆品和香水（4%）及其他产品（19%）。

拉脱维亚化工医药企业逐年扩大对生命科技、木材化学、新材料（太空、汽车、建材）等方面的研发投入。新产品研发技术表现在：新药，多肽、多肽原料、多肽合成方法、合成多肽醛、多肽醇和多肽酰胺的新型链接剂、多肽缩合剂，生物聚合体，兽药，仿制药，生物科技（实验设备、生物能源、生物反应剂），耐火材料。

化工医药产业外向型特点突出，其出口比例在拉脱维亚制造业中排名第四，46%的化工产品、30%的医药产品和24%的塑料产品出口至国外。独联体国家是其主要出口市场，波罗的海国家占38%，俄罗斯占18%，德国占6%，丹麦和白俄罗斯各占4%，芬兰和乌克兰各占3%。同时，该行业从欧洲和全球著名公司采购原料和试剂，德国邦泰、芬兰Algol、芬兰Bang Bonsomer、芬兰Telko、比利时阿泽雷斯等公司在拉脱维亚有分支机构和仓库。

3）渔业及鱼加工业

拉脱维亚具有悠久的渔业及鱼加工业历史，1884年起加工鱼罐头。拉脱维亚专属经济区水面占波罗的海水面的10%，内陆水面有2 543平方千米，占陆地面积的3.9%。

拉脱维亚渔业及鱼加工业生产增加值约占全国GDP的3%，就业人员占全国就业总数的1.3%。拉脱维亚总捕捞量约12万吨（鲱鱼、沙丁鱼、三文鱼、鳕鱼）。鱼加工业是拉脱维亚经济中为数不多的立足本国资源的产业，上百家企业分布于沿海地区。SAPARD（欧盟支持新成员方农业和农村发展特别项目）的投入极大促进了拉脱维亚鱼加工企业的现代化升级，产品附加值得到提升。鱼加工总产量约11.5万吨，主要生产鱼罐头（占总产量的53%），其他还有冷藏、冷冻、腌制、熏制等产品。

渔业及鱼加工业是拉脱维亚具有较强比较优势的出口产业，生产最高峰时行业出口额占全国出口总额的9%，其中，鱼加工制品的95%出口。主要出口产品是冻鱼和鱼罐头，占70%，主要出口目的地是欧盟、其他独联体国家及南亚国家。

6.2.6 格鲁吉亚

格鲁吉亚位于外高加索中西部，全境约2/3为山地和山前地带，西部地区年降水量为1 000～4 000毫米，东部地区年降水量为300～600毫米；土壤有红土、黄土、黑土等。水土多样性为葡萄种植创造了良好条件。

格鲁吉亚的葡萄酒酿造业历史悠久，公元前就已具有相当高的水平。格鲁吉亚有500余种葡萄，其中，法律规定的标准葡萄品种有62种，包括29种酒用葡萄和9种食用葡萄。在几个世纪的葡萄种植和葡萄酒酿造过程中，格鲁吉亚形成了具有自身特色的酿造工艺，包括葡萄汁发酵、陈醇和储藏工艺。其中运用最广泛、最具特色的是卡赫基工艺：用圆锥形特制陶罐生产葡萄酒，容量可达3 000～5 000升；将陶罐埋入土中，只将罐口露出地面，埋入土中的罐子可使葡萄汁在14℃～15℃的温度下发酵和保存，使葡萄酒在良好状态下保存相当长时间。

20世纪80年代初，格鲁吉亚年产葡萄酒2.5亿～3亿升。苏联解体后，格鲁吉亚葡萄酒产量急剧下滑。1997年，格鲁吉亚葡萄酒产业开始恢复增长，2005年产量为3 900万升，但仍不到1980年产量的1/5。格鲁吉亚葡萄酒绝大部分出口，主要出口目的地为俄罗斯（68%）、乌克兰（11%）、哈萨克斯坦（7%）、美国（6%）。据格鲁吉亚农业部统计，格鲁吉亚葡萄种植面积为4.8万公顷，2011年葡萄产量为20万吨，较2010年增加3万吨，增长17.6%，格鲁吉亚向全球51个国家出口葡萄酒1 902.8万瓶，较2010年增加407.3万瓶，增长27.2%。2011年格鲁吉亚葡萄酒出口额为5 410万美元，同比增长37.7%，占格鲁吉亚出口总额的2.5%。格鲁吉亚前十大葡萄酒出口国分别为乌克兰、哈萨克、白俄罗斯、波兰、拉脱维亚、立陶宛、中国、阿塞拜疆、美国、德国。

格鲁吉亚将中国市场作为其葡萄酒产品出口重点开拓地区之一，积极在中国北京、上海举办葡萄酒推介展示会，通过中国经销商在中国市场宣传销售格鲁吉亚产葡萄酒。2015年格鲁吉亚投入50万美元"在中国讲述其葡萄酒的故事"，并在北京成立格鲁吉亚葡萄酒中心，以推广其葡萄酒和葡萄酒文化。2017年5月13日，中格自由贸易协定在北京正式签署，协定从2018年1月1日起正式生效。格鲁吉亚葡萄酒、矿泉水和农产品属于零关税出口到中国的货物范围，并且没有任何过渡期。

6.2.7 亚美尼亚

1）珠宝加工业

早在苏联时期，加工业在亚美尼亚经济中就占相当大的比重。尤其是珠宝加工业，在长期的发展过程中积累了丰富的经验，珠宝制品的优良工艺受到许多国家的好评。2015年，亚美尼亚加工珠宝产值为4 453万美元，同比增长61%，宝石、半宝石、贵金属和珠宝的出口总值达2.06亿美元。亚美尼亚已成为世界十大珠宝加工国之一。

　　亚美尼亚共有珠宝加工企业达50家，全部为民营企业，每年加工钻石约100万克拉。2007年，俄罗斯政府同意分配给亚美尼亚毛坯钻石45万克拉，此外亚美尼亚还从比利时、以色列等国进口60万克拉。按照亚美尼亚企业的加工能力，这些钻石原料尚不能满足需求，因此亚美尼亚政府为了开辟其他钻石来源的渠道，与南非商谈，希望能从南非得到钻石供应。亚美尼亚95%以上的钻石及其他首饰制品均出口，国内销售量不到5%。廉价的劳动力和相对较高的产品质量是亚美尼亚钻石加工企业的主要竞争优势。

　　为了加强对珠宝及首饰加工行业的统一管理，亚美尼亚政府在贸易与经济发展部成立了宝石与首饰管理司，专门负责珠宝原料与成品进出境数量的登记与管理，分配配额，监督检查有关法律法规的执行情况。为了协调行业内的经营活动，还成立了亚美尼亚金银首饰协会，由业内企业家代表和政府主管部门的领导组成协会最高委员会，进行统一组织与管理。政府也非常重视珠宝及首饰行业的发展，建立并完善相关的法律法规，采取一系列降低税收的措施，以促进本国珠宝业的发展。根据亚美尼亚的法律规定，珠宝生产企业除免交年营业额1%的补充税款外，还可免交进口原材料（未加工钻石、黄金等）增值税。亚美尼亚政府希望通过这些举措来吸引投资，刺激该行业的发展。

　　2014年10月24日，亚美尼亚开设的第二个自由经济区——"子午线"自由经济区——在其首都埃里温市开始运营。该经济区主要从事珠宝首饰生产和加工产业。该自由经济区将促进亚美尼亚珠宝行业发展、吸引外资和增加就业。

　　2）铜矿资源开采加工

　　亚美尼亚铜矿的构成分为铜、铜-黄铁矿、铜-铅-锌矿、铁-黄铁矿等几种，上述矿产结构占亚美尼亚已探明铜矿储量的10%，其中80%以上储存于铜矿及铜-黄铁矿中，铜的平均含量为0.6%~0.7%。

6.2.8　阿塞拜疆

　　阿塞拜疆的石油天然气资源丰富，主要分布在濒临里海的阿普歇伦半岛和里海大陆架。据专家评估，阿塞拜疆石油可采储量超过23亿吨，其中90%左右集中在里海大陆架。

　　陆上石油主要分布在阿普歇伦半岛北部的希阿赞地区、半岛西南方向的古布斯坦和希尔万地区，以及萨良平原，探明剩余可采储量为1.77亿吨。20世纪90年代以后，陆上石油在阿塞拜疆原油年产量中的比重已下降至1/4以下。阿塞拜疆最大的外国石油开发商英国石油公司（BP）曾称，阿塞拜疆里海大陆架探明石油储量约为10亿吨，天然气储量为1.37万亿立方米。近年来新的预测称，阿塞拜疆里海大陆架石油远景储量为35亿~40亿吨，探明剩余可采储量为30亿吨；天然气远景储量为18万亿~20万亿立方米，探明剩余可采储量为8500亿立方米。

　　阿塞拜疆共有57个油气田，其中海上油气田18个，其余均在陆上。截至2011年底，阿塞拜疆与近20个国家的油气公司签署了40个区块的产品分成合同，其中23个正在执行，因勘测不利、不具备开发价值和归属权争议等原因已退出的有17个，涉及总投资额600亿美元。油气开发项目以"阿齐久"和"沙赫德尼斯"进展最为顺利。其中，阿齐久油田近年来一跃成为阿塞拜疆主力油田，沙赫德尼斯天然气田项目于1996年启动，是阿塞拜疆最主要的天然气开采地，其投资方多来自西方国家，2014年启动二期项目。

1994—2004年，阿塞拜疆年均原油产量为1 300多万吨。2005年，阿塞拜疆全国原油产量为2 220.79万吨，2010年，阿塞拜疆石油产量为5 084万吨，创历史新高。从2011年开始，石油产量逐渐下滑，至2015年，阿塞拜疆石油产量为4 166万吨。

2014年，阿塞拜疆对外出口仍以石油及石油产品为主，其在出口总额中的占比达91.97%。其中，石油在出口总额中的占比为84.32%，石油产品为6.25%，天然气为1.4%。

6.3 独联体国家市场营销策略及途径

6.3.1 进入独联体市场的营销策略

1）产品策略

产品策略是实现有效出口独联体市场的关键之一，我国中小企业应结合自身的条件与特点，避免与强大竞争对手直接抗衡，根据目标市场的需要开发适销对路的产品，调整企业产品项目的宽度、长度、深度。出口企业还需要采取产品的差异化策略，利用其小、快、灵的特点，生产满足顾客特定需求的产品。

2）品牌策略

中小企业缺乏资金、信息闭塞、技术水平相对落后，在获取信息、技术、人才、资金等生产经营要素资源和开拓独联体国家市场方面的能力还较弱，中国企业在国际贸易中大部分还停留在卖产品阶段，缺乏有影响力的品牌。创新品牌是国内企业参与国际竞争的重要条件。从国内大环境看，我国企业正在实现从"市场换技术、资金"到"市场换市场"的战略转折，输出品牌比输出产品更划算；从国际大环境看，国际竞争已经进入高档次的品牌竞争阶段，"一流企业卖品牌、二流企业卖资本、三流企业卖产品"，品牌效应相当明显，消费的品牌化将成为全球市场上一种主要的消费趋势。但我国的大部分企业在走出去方面还处在初级阶段，相当一部分企业卖的都是产品，而且还是贴牌产品；即使部分企业拥有自主品牌，其品牌的附加价值也低，竞争力较弱，由于对品牌自我保护意识淡薄，外国公司抢注国内企业商标事件屡屡发生。

对于出口量较大的国内OEM制造商来说，要把品牌建设提高到战略的高度，结合企业自身特点，尝试将自主品牌的产品销往独联体国家市场，即一方面用自己的品牌，一方面用国外经销商的品牌，条件成熟时可过渡到完全自主品牌。

3）包装策略

重视目标市场的包装文化、包装规定，进行绿色包装、适度包装。要请专业的贸易服务公司协助企业开展对独联体国家的市场开发工作。

不同的国家和地区有不同的文化背景、宗教信仰、风俗习惯、道德观念、生活方式，因而也就有消费者自己喜爱或禁忌的图案及相应的规定，产品的包装只有适应这些才有可能赢得当地消费者的认可。我国企业面向独联体国家市场销售产品时，要依据各个国家的禁忌和相关规定，对产品包装所使用的文字、标志、图案、色彩、材料、容器结构、标签内容等进行相应的设计。如果出口商品的包装设计不讲究禁忌，不仅商品销售不出去，甚至会引起法律诉讼和民族冲突。同时，要讲究绿色包装，防止过度包装。目前国际上对过度包装有三个控制标准：对包装物的容积、包装层数、包装物与商品间隙、包装成本与商品价值的比例的控制；对非纸质及不能回收包装征税等经济手段；加大生产者责任，规定由生产者回收。

4）价格策略

在独联体国家市场打造中国知名品牌，按产品概念和营销模式定价，避免国内无序竞争的局面在独联体国家市场继续上演。我国相对低廉的劳动力成本及强大的加工能力使我国产品具有价格上的优势。价格低廉是我国企业产品参与国际市场竞争的一大利器。近年来，中国经济高速发展，中小企业在竞争中显示出前所未有的活力。今后，中小企业要继续加强竞争，但一定要避免内部恶性竞争，低价竞销是一种低级的竞争方式，是一种短期行为，不仅竞争对手可立即仿效，而且消费者可能质疑产品质量，造成恶性循环，不利于整个产业的发展。

5）渠道策略

在过去的外贸垄断体制下，中国企业都是由相关进出口公司办理产品的外销，仅几家大企业有自己的外销网络。目前，不少内地企业通过香港、澳门、台湾的中间商将产品出口到目标市场；中小企业中，以直营方式与国外目标市场零售终端直接接触或在国外设立分公司的十分少见。一个进入独联体国家市场的完整的企业销售渠道是建立在贸易服务平台上的。以往企业出口到独联体国家，由于渠道的长度太长，企业对渠道的控制力很弱，无法获得来自目标市场与目标终端消费者的反馈信息，在国外大客户市场上竞争乏力。当前，对我国企业来说，根据自身实力，在保证渠道成员获得利润的前提下，和从事专业贸易服务的国际公司合作，使其直接参与面向独联体国家目标市场的产品销售、品牌推广和招商代理，有助于减少贸易摩擦，规避关税与非关税壁垒，降低风险，增加盈利。

6.3.2　进入独联体市场的途径

1）进入市场的准备阶段

在进入一个市场之前，进行市场可行性研究和营销研究是两项重要行动。一般的程序是先派遣研究小组到目标市场地，进行实地调研。由于每个文化环境都有自己的独特性，因此会有很多不便之处阻碍商业信息的搜集，可以通过销售子公司来完成初步的资料搜集工作，最后将搜集到的营销情报汇总后上交母公司，由母公司营销部将搜集到的情报建成资料库，分析并指出市场机会。

通过对市场信息的收集及分析，我们可以更好地处理文化差异带来的市场进入问题。这也是所有跨国经营企业进入新的地区必须进行的阶段，也是决定成败的阶段。

2）进入市场的方式

（1）对外直接出口和间接出口

若企业本身在国内具有一定的知名度、美誉度，或者企业在独联体一些国家有一定的市场与影响力，则可以选择直接出口的方式，这样既可以不受国内中间商销售和业务范围的限制，也可以通过与国际市场的直接联系及时获取市场信息，从而改进企业的生产经营；也可以增强对营销活动的控制，有利于改进营销工作。直接出口的合同期限一般较短，企业易于调整目标市场及进入市场的方式，因而具有一定的灵活性。若是在国内本身不具备一定市场影响力的中小企业，或者是刚开始跨国经营的企业，则可以选择间接出口的方式，特别是可以选择在独联体国家已有一定市场基础的企业或与独联体国家联系紧密地区的企业为间接出口的依托。这样可以利用本国出口贸易机构的渠道和经验，有利于商品的顺利销售；企业也不需要亲自完成市场选择、市场调研、产品定价等出口业务，因而不需要从事出口的专门机构和人员，可以节约营销费用；另外，企业不直接同国际市场联系，不承担国际市场销售的风险，有较大的灵活性。

（2）寻求本土企业的合作

对外合作的形式主要包括合作经营、技术转让、特许经营、合同生产等。若企业本身具有资金、技术和设备等方面的比较优势，可以选择合作经营的方式。合作经营本身不需要建立具有法人地位的经济实体，这样就更加简单易行，除了具有合资经营的好处之外，投资方式还更灵活，适应性更强。一些大企业还可以选择特许经营的方式，可以控制大量分散的当地中小企业，进一步扩大企业在两国市场的占有率。

中小企业可以选择合同生产的方式，通过与当地企业签订订货合同，实际上是把生产厂设置在目标市场国，当地生产，当地销售，使生产和销售紧密结合。当然，中小企业也可以通过特许经营的形式与当地大公司联营，提高企业知名度，扩大销售，增加收入。

（3）直接建立生产基地

自2004年开始，我国政府就放松了投资限制，允许公司无须通过政府的可行性研究就可以投资海外。2012年，中国机械工业集团有限公司与乌克兰农业巨头UkrLandFarming股份有限公司合作，在乌克兰建设年产40万吨的猪肉生产基地、年产60万吨的鸡肉生产基地以及在黑海周边建设年装货量为500万吨粮食的港口等。

2011年，中国已在土库曼斯坦、哈萨克斯坦获得油气田，在俄罗斯合作开发油气田，与三国签署长期的能源进口合同，铺设油气管线。土库曼斯坦是中国最大的天然气供应国，进口的天然气占比接近一半。2014年，中国从俄罗斯联邦进口的石油约占中国石油进口总量的10.74%。特别是2008年金融危机后，应相关国家的请求，中国加大了对独联体国家的无偿援助、优惠信贷和直接投资。

3）市场的巩固阶段

（1）产品方面

一旦企业可以在独联体市场上获得初步的立足点，就可以乘胜追击，在现有产品的基础之上补全和完善自身产品线，以期在总体市场上更多地接触有利可图的市场区域。

第一，产品线的延伸。产品线的延伸通常有两种行之有效的方式：单向延伸和双向延伸。前者是较为常见的，基本上所有的早期进入者都采取这种方法：产品线延伸顺着一个方向行进，即从最低端移到中间地带，再向高端产品进军。后者是指在追求市场渗透时，同时向较低价位和较高价位的市场延伸。

第二，产品的多样化。产品多样化策略可以同时满足新进厂商的多重目的：首先，可以使新企业在独联体市场上满足更多的细分市场的诉求：在增加产品线之后，可以为不同品位、偏好以及消费水准的消费者服务。其次，企业推出的产品数目越多，对分销渠道和零售终端的把控能力就越强，这种做法能够有效遏制竞争对手打进分销通路，使其很难在有限的展示空间取得一席之地。

第三，产品品质的改良。对产品品质进行改良，有以下两个步骤：首先，虚心聆听消费者意见。新进市场的企业应该花更多的时间听取消费者的意见和建议，与顾客讨论现有产品的限制与缺陷、如何加以改进以及顾客对可能的产品修正的反应。这些讨论结果都可以作为专业产品研发人员洞察消费需求及预计产品发展趋势的灵感来源。其次，对竞争者的产品进行深入的研究，模仿并改进其技术工艺，也可以获得诸多产品改进来源。

（2）价格方面

营销经理的重要任务之一就是制定合适的价格，使他们的公司在进入目标市场时能够实现多重目标。定价的策略方法有很多，如竞争导向法、成本导向法、综合导向法等。很多企业在刚进入一个新市场时，往往采取成本导向的方法（即成本加上利润），且只将目标设定为获取利润，而非长期的市场占有率。这种做法在大多数情况下只能获得短期回报，如果企业真正想进入独联体市场，并且长久地站稳脚跟，这种做法当然不可取。

我国企业在面对比较成熟的独联体市场的时候，可以选择市场占有率定价策略：使用低廉的进入价格，以提高市场占有率，并进而建立起长期的市场领导地位。在进入该市场初期可以将产品价格制定得比竞争者低，以吸引潜在的顾客。有些时候甚至可以早期亏损，而将这种行为作为公司长远发展的一种投资。当然，这种带有恶性竞争意图的行为常常会被竞争者和当地政府冠以"倾销"的罪名，这就需要企业灵活运用相关政策和法律法规来保护自身安全。

在适当降低价格的同时，相对于竞争对手，企业还要把价格、品质和服务视为三项不同的特性加以结合。尤其是在一些电子产品和高科技含量的行业当中，更需要这种整合的做法。因为最初较低的价格只是吸引了一些对企业比较信赖的少部分合作商，然而定价是一把双刃剑，仅靠低价格又难以展现出科技含量以及更高的产品可靠性，所以应该按照客户的需求，将必要的维修服务、相应的配套设施都准备齐全，以期在客户心目中建立起更大的信任感。

4）应对挑战的对策

当地同行竞争者也一定不会坐以待毙，他们会采取一系列的防御措施甚至猛烈的反击措施来应对市场挑战者，此时作为市场新手也切记不能盲目应对，应该制定一系列防御策略，对手不只勇于保护他们千辛万苦获得的市场地位，同时也是在不断地巩固和扩张其市场份额。

第一，保持领导地位。当产品已经在市场上赢得一席之地以后，单纯地巩固原有市场，画地为牢，掘地自卫，很容易被同行击败，此时应该居安思危，以自己在市场上的主宰地位和技术实力为基础，不断地追求产品和市场的发展，以攻为守才是上策。

第二，充分发挥优势。在已经获得消费者认可时保持市场份额和技术上的优势也是必要的，此时应该不断改进产品，并抢占新的未被开发的市场，因为企业依靠专有的技术和市场优势，可以加快产品研发速度，并凭借侵略性的定价攻势，赢得一大块专有品牌的市场。此时，由于当地企业会受到政府的保护，当地的企业或者工会可能会将此行为定为"倾销"而诉诸法院，但只要市场具有独占性、技术具有不可复制性，产品最终还是会引领市场需求。

第三，反击策略。面临当地企业对自己地位的侵略性反攻时，应适时给予反击。反击行动最直接的就是制定侵略性价格，与对手直接进行大力度的价格战是反击策略中正面攻击的直接体现，也是效果最为明显和猛烈的。其次，也可以在促销力度和分销奖励上与竞争对手直接较劲。

第四，灵活应对。当市场日趋成熟，利润逐渐降低，市场竞争白热化等现象出现，或者面对强大的竞争对手，暂时无法占上风时，可以策略性地将市场重心转移到别的市场，同时发展新市场来延长产品生命周期，同时降低与竞争者直面竞争所带来的损失。

6.3.3　进入独联体市场的风险及建议

作为经济转型的市场，独联体国家的市场存在巨大的机遇和潜力，但这一时期的市场也存在一些问题和风险。我国企业在投资该市场时应考虑到以下方面的问题：

第一，它们在由计划经济体制向市场经济体制转变过程中，由于没有成功的经验借鉴，在很多方面完全照搬西方经济模式，产生很多理论与实际脱节的现象。各政府部门分工不明确，造成了国家政策多变，政府部门间缺乏协调，国家制定的很多优惠政策很难及时落实，为企业投资市场制造了很多障碍。

第二，独联体各国民主政治体系尚不完善，人治色彩比较浓厚，政府官员更替频繁，难以保证政策的连续性、稳定性。政策方面的影响会对企业投资、经济发展产生巨大影响。这也是所有外国企业营销所面对的最大问题。只有稳定的、良好的经济政策，才有助于国外商品的进入。

第四，道路、通信等社会基础设施发展与经济发展节奏相对滞后，难以适应经济发展的需要。基础设施的滞后是制约独联体经济发展的重要因素。没有物流的配送、销售信息的收集，外国企业的商品很难在第一时间抢占市场，也很难使自己的商品本土化。

第五，独联体各国企业支付能力有限，本国银行信用度不高，政府和银行难以提供信用担保，使得投资企业难以分担投资风险。还有，中国公民办理签证难、发邀请难、入境难，严重阻碍了双边经贸合作的发展和人员正常往来。这些经济以外的因素也使得我们的营销举步维艰。

第六，克里米亚的回归为俄罗斯经济带来挑战。一是克里米亚回归，可能激化乌克兰境内一部分民族主义分子的反俄思想，在一定程度上削弱乌克兰境内的亲俄力量。二是乌克兰东西部矛盾加大，东西部问题仍是掣肘乌克兰未来发展和乌俄关系的重要因素。三是不管乌克兰是否完全倒向欧洲，乌克兰危机使亲欧分子在乌克兰政坛占据上风，俄罗斯与西方在对乌克兰的争夺中优势不如以前。

克里米亚回归俄罗斯后，欧盟对俄罗斯经济采取了制裁方式。能源是俄罗斯经济的命脉，从能源合作的角度来打击俄罗斯经济也是欧盟国家最有效的方式。欧盟国家取消了与俄罗斯能源合作的产业项目。俄罗斯与欧盟合作的谈判项目被冻结，俄罗斯被从八国集团中除名，对俄罗斯各种投资活动减少，俄罗斯的市场经济受到沉重的打击。2014年5月，欧盟取消了与俄罗斯的公共能源建设项目，切断了俄罗斯获取能源的技术渠道。这严重威胁了俄罗斯能源企业的发展，很多企业面临着倒闭的风险，俄罗斯境内的新油气开采项目被迫停止。制裁内容还包括禁止俄罗斯一些高官、经济界精英、社会活动家入境；冻结俄罗斯某些企业和个人资产以及某些银行业务等。英法称，可能暂停与俄罗斯的某些军事技术合作项目。2014年3月26日，美国总统奥巴马在海牙国际核安全峰会结束后表示，如果乌克兰局势升级，美国将把对俄罗斯的制裁扩大到能源、金融、军售和贸易领域。

不管风险如何，只要我们坚持以积极且审慎的态度，立足自身经验积累，树立风险规避意识，有效设置风险控制环节，稳妥落实风险防范工作，合理安排风险化解措施，我们也可以抓住这个机遇。

独联体的市场潜力巨大，蕴藏着无限商机。虽然进入该市场存在一定的困难和风险，但其巨大的发展潜力不容忽视，中国与独联体国家在经贸合作领域互补性强，只要我国企业抓住机遇，找准进入的切入点，选取合适的合作伙伴，在该市场站稳脚跟，必将给企业发展带来巨大利益。

独联体各国一直致力于加入世界贸易组织，其市场管理规范将逐步完善，我国企业大举进军独联体市场已为期不远，如在该地区设立中国商品批发零售市场和带件加工装配工厂等生产性企业，力争在该市场尽可能多地占领份额。

中国作为在这些国家对外经济关系中地位逐渐上升的伙伴，中国企业在许多领域可以有所作为。如可以积极参与独联体国家的基础设施和电信等领域的私有化改造，争取推动我国的成熟技术、国内市场渐趋饱和的技术设备的出口，同时也为该领域的中国生产性企业进入这个市场创造条件。

中国必须向世界推进，增强中国企业在国际市场的核心竞争力。中国政府放松了中国企业投资海外的限制，为企业走向世界创造了有利的条件，也带来了更多机遇和更大的发展空间。

本章小结

苏联的解体给其成员方的经济、政治等各方面带来了巨大的冲击。1991年12月

21 日，俄罗斯、乌克兰、白俄罗斯、摩尔多瓦、阿塞拜疆、亚美尼亚、哈萨克斯坦、乌兹别克斯坦、吉尔吉斯斯坦、塔吉克斯坦和土库曼斯坦 11 个共和国首脑在哈萨克斯坦阿拉木图举行会晤，以组成"独立国家联合体"的形式来共同面对苏联解体后的挑战与机会。本章从各成员方的经济政策、贸易政策、人口地理环境等各方面对"独联体"这个区域经济合作组织进行详尽的介绍，为企业界进入该区域市场提供一些帮助。

思考题 👥

1.名词解释：

《独联体章程》　　《别洛韦日协议》　　《阿拉木图宣言》

2.试分析独联体国家市场环境。

3.阐述独联体国家市场营销方法及途径。

4.论述克里米亚的回归带来的影响，欧盟及美国等大国对此的态度。

5.案例分析

中国 LED 龙头瞄准俄罗斯和独联体市场

2014 年 8 月，俄罗斯联邦驻中国商务代表处代表格鲁杰夫（Gruzdev Alexey）走访调研了深圳、广州、佛山等地 LED 龙头企业，就广东企业与俄罗斯及独联体市场进一步合作寻求机会。调研期间，他出席了在深圳举行的"俄罗斯和独联体国家照明市场分析及渠道战略大会"。格鲁杰夫在大会上表示，俄罗斯希望 LED 产业能进一步提高中俄贸易总额，并吸引中国先进 LED 企业到俄罗斯设厂。而记者了解到，许多深企已经摩拳擦掌，把目光投向了俄罗斯和独联体国家，一些企业已经加大对俄罗斯以及独联体国家新兴市场的研究和观察。

中国是俄罗斯 LED 照明灯饰第一大供应商

"2010 年以来，中国为俄罗斯第一大贸易伙伴国，而俄罗斯在中国主要贸易伙伴国中排名第九，最近几年两国贸易稳定发展，2013 年俄中贸易总额达到 889 亿美元，增长率为 1.6%，2014 年上半年贸易总额同比增长 3%，已达到 430 亿美元。"格鲁杰夫在大会致辞中说，2014 年 5 月底，普京总统与习近平主席在上海会谈，两国元首签署了联合声明，为俄中经贸关系的发展开辟了新的道路。

格鲁杰夫介绍，俄罗斯 LED 行业 2013 年发展快速，增长率达 250%，其中 LED 照明灯饰占俄罗斯照明行业 10% 的市场份额。数据显示，2013 年，照明市场上，俄罗斯 LED 灯泡的销售量为 10 亿个，销售额为 400 亿卢布。由于俄罗斯政府出台一系列措施推广节能灯源，预计到 2016 年，LED 照明灯饰占俄罗斯照明行业的市场份额将提高到 35% 左右。

格鲁杰夫表示，随着俄罗斯加入 WTO，发布白炽灯禁令时间表，在 2014 年索契冬奥会以及 2018 年世界杯等赛事的带动下，俄罗斯对于 LED 照明设施需求量极大。而在照明灯饰类产品中，中国一直是俄罗斯的第一大供应商。因而，俄方非常欢迎有实力的广东企业参与俄罗斯和独联体国家公共机构、大型工矿企业、运动场馆改造等

LED工程项目。

"中国已经形成了比较完整的富有国际竞争力的现代LED产业，我相信中国照明行业的优秀企业将有很好的机会去开发俄罗斯市场，寻找长期可靠的合作伙伴。"格鲁杰夫说。

俄方以优惠政策吸引中国LED企业设厂

"我们非常鼓励中国先进企业到俄罗斯开发。很多中国企业到俄罗斯投资开发业务，担心投资环境、税收、法律保护等问题，俄罗斯政府这几年在改革开放过程中做了大量工作，在公司注册、投资、银行服务、关税等方面有了很大改善。"格鲁杰夫介绍，俄罗斯为了吸引外商投资，提供一系列的优惠政策。

"在我看来，俄罗斯提供的优惠政策，比中国现在实行的政策要更优惠。"格鲁杰夫认为，因为中国开始得早，反而有不少经济特区、开发区在增值税、所得税等方面的优惠政策已经开始取消，而俄罗斯现在正积极推进这些优惠政策。

他表示，如果中国企业到俄罗斯注册设厂，在提供优惠条件的基础上，政府会再划拨一定的资金给予支持，不同的地区有不同的政策。"比如起码五年免收土地使用成本费，一般所得税税率是20%，为了鼓励中国企业到俄罗斯设厂，这个比例可能有所调整。此外，在简化行政管理、缩短审批流程、减少审批手续等方面，地方政府很多州长态度也都比较积极。"

深企瞄准俄罗斯和独联体

广东省新兴产业战略发展研究院博士李文玉介绍，2013年，中国对俄罗斯及独联体国家出口LED产品共计8亿美元，其中俄罗斯占75.74%。中国LED产品在俄罗斯市场上的占比超过40%。

虽然与俄罗斯保持贸易往来的中国LED企业数量不少，但目前还没有企业直接到俄罗斯投资设厂，而俄罗斯的另外两个重要LED产品供应国日本、韩国都有企业直接到俄罗斯设厂。

记者跟随格鲁杰夫走访深圳LED龙头企业发现，许多深企已经摩拳擦掌，把目光投向了俄罗斯和独联体国家，也有一些企业开始加大对俄罗斯以及独联体国家新兴市场的研究和观察，并在出口上进行了一定调整，目前大部分企业对于直接到俄罗斯设厂心态较为谨慎。

深圳市洲明科技股份有限公司董事总经理刘娇分享了她对俄罗斯LED市场的观察所得。在她看来，俄罗斯LED市场有三种强劲需求——商业办公场所替换、道路照明替换、场馆照明及景观照明设计，深圳企业可以从中寻觅到机会。"工厂、地下停车场、办公楼宇等LED管、筒灯已启动大批量更换，LED路灯未来2~3年会形成替换风潮，而索契冬奥会、2018年世界杯足球赛等国际赛事活动，将推动当地政府LED节能环保设计及应用工程的实施。"

深圳LED龙头企业通普科技总经理温国涛告诉记者，目前深圳LED企业都在积极开发可进入的新兴市场，不少都瞄准了俄罗斯和独联体国家。此前通普科技产品主要出口欧美和日本，东南亚市场则份额不大，营业额较为平稳。

"欧美和日本市场对于产品质量要求相对较高。东南亚市场对于性价比要求更高，和国内市场竞争差异不是很大。"在温国涛看来，俄罗斯市场对于产品品质的要求在欧美和东南亚之间，而市场需求量非常大，以前俄罗斯主要跟欧洲合作，近几年与中国的贸易越来越多。他透露，公司从2014年年初开始加大出口俄罗斯市场的力度，针对俄罗斯电压范围、接口等具体情况，对产品设计、生产线进行了调整。

广东省半导体照明产业联合创新中心主任眭世荣告诉记者，目前中国LED企业进入俄罗斯市场的方式主要是通过当地经销商和工程商。随着贸易量的不断扩大，出于物流成本的考量和俄罗斯对本土产品的政策支持，中国企业肯定要在俄罗斯设厂。

格鲁杰夫提醒有兴趣到俄罗斯设厂的LED企业，一定要对国际惯例或者俄罗斯本地法律提前了解，避免不必要的损失。

资料来源　胡明．中国已成俄罗斯LED照明最大供应商［EB/OL］．［2018-02-10］．http：// tech.sina.com.cn/it/2014-08-21/08489566223.shtml.

问题：

分析独联体LDE市场，并给出中国LDE企业开拓独联体市场的措施？

资料链接：五大营销技巧助力外企在俄罗斯成功拓展业务

第 **7** 章

东亚国家市场营销分析

学习目标 ◐

通过本章学习，你应该达到以下目标：

知识目标：了解日本和韩国的贸易政策。

技能目标：分析东亚国家的现状，选择合适的营销策略，促进中、韩、日的贸易最大化。

能力目标：具有熟练分析东亚国家市场特点的能力，具备进行国际市场营销的基本能力。

7.1 日本的主要贸易政策

7.1.1 日本国情

1）自然状况

日本位于亚洲东部，是由北海道、本州、九州、四国四个大岛和 7 000 多个岛屿组成的群岛国家，总面积为 37.8 万平方千米，从南向北纵伸 2 900 千米。日本的山地约占全国总面积的 76%。主要山脉有南北走向的北湾山脉和东西走向的南湾山脉，两者交汇于中部，称为中央山脉。富士山就处于中央山脉之中，海拔 3 776 米，是全国最高峰。日本的河川湖泊众多，水资源丰富。农业耕地面积为 476 万公顷，约占国土面积的 14%。水稻是主要粮食作物，也是政府进行贸易保护的重点。

日本矿产资源贫乏，大部分工业原料需要进口，但日本的工业高度发达，工业体系完整，工业结构为知识、技术密集型。

日本的首都东京位于关东平原南端、东京湾的西北岸，人口为 3 800 万（2015年），是日本的政治、经济、文化中心。

2）人口状况

近年来日本人口增长率下降，年轻人的数量和占总人口的比例不断下降，高龄化社会等问题越来越显著。伴随着人口的这种变化，劳动力不足、投资减少等社会和经济问题显现出来。第二次世界大战以后，日本人口增长进入快速上升阶段，1945—1949 年是人口增长的第一个高峰期，平均年增长率为 3.2%，1950 年人口总数达到 8 400 万人。1971—1974 年为人口增长的第二个高峰期，平均年增长率为 1.4%。

此后，人口增长率持续下降，近年降低到0.2%左右。2002年日本的总人口为12 740万人，2003年（11月1日）总人口为12 763万人。截止到2015年，日本总人口为12 691万人。

根据日本国立社会保障与人口问题研究所的预测，到2050年时日本人口总数的推算结果是：高位推算数据为18 000万人，中位推算数据为10 100万人，低位推算数据为9 200万人。65岁以上的老年人口，1950年为400万人，到2015年增加到3 342万人，人口比例已经达到26.7%，第一次超过人口总数的1/4。另一方面，未满15岁的少年人口，1950年为2 900万人，到2015年减少到1 585万人，占总人口比例的12.7%，世界倒数第一。

从人口结构上看，未满15岁的人口在不断减少，而65岁以上的人口显著增加，高龄化问题加剧。据日本总务省公布的该国老龄人口的数据，截至2016年9月15日，日本65岁以上的老年人口达到3 461万人，比上年增加了73万人，占总人口的27.3%，人数及比例均达到史上新高。根据日本国立社会保障与人口问题研究所表示，到2030年65岁以上老年人口的比例将达到31.5%。

3）社会经济状况

日本是世界上仅次于美国的第二大经济强国。20世纪90年代以来受"泡沫经济"以及东南亚经济危机的影响，日本的经济陷入长期萧条的局面。

日本的农业在国民经济结构中居次要地位，但农业发达，机械化程度高，多使用小型农业机械精耕细作。日本的农产品以大米为主，还有麦类、大豆、蔬菜、水果、茶以及畜产品等，水果以苹果和柑橘居多，也有"21世纪"梨和"巨丰"葡萄等。近年来日本的畜牧业发展也很快，但农产品综合自给率只有40%，在很大程度上依赖进口。从事农业的劳动者在不断减少，而且高龄农业劳动者所占比例在不断上升，2013年从事农业的劳动者有239万人，平均年龄66.2岁，其中65岁以上的农业劳动者有106.7万人。

工业是日本经济的支柱产业。日本工业的生产规模、技术水平和出口竞争力都位居世界前列。日本年产汽车1 000多万辆，其中年产量超过百万辆的生产厂家有5家。日本有"造船王国"之称，能建造50万吨以上的油轮，2015年1—12月日本造船完工量为2 109万载重吨。日本的电子工业也非常发达，家用电器以轻巧、款式多样和方便实用驰名国际市场，深受消费者的青睐。几十年来，日本企业不仅创出许多名牌产品打入世界市场，而且还有很多公司迈入世界大企业的行列。据统计，全世界50家最大的工业公司中，日本就占了11家，即丰田（汽车）、日立（电气）、松下（电器）、索尼（电器）、日产（汽车）、本田（汽车、摩托车）、东芝（电气）、富士通（计算机）、NEC（电气）、三菱电机（电气）和三菱自动车（汽车）。日本工业主要集中在太平洋和濑户内海沿岸，呈带状分布。按产值排序，东京（23区）、丰田、大阪、名古屋、横滨、川崎、仓敷、京都、神户和市原为全国最大的十个工业城市。

4）中日双边贸易概况

据日本海关统计，2016年日本与中国双边货物进出口额为2 705.0亿美元，增长0.2%。其中，日本对中国出口1 138.9亿美元，增长4.3%；日本自中国进口1 566.1亿美元，下降2.5%。日本与中国的贸易逆差为427.1亿美元，下降16.9%。

日本对中国出口的主要产品是机电产品、化工产品和运输设备，2016年出口额分别为469.8亿美元、115.49.5亿美元和114.4亿美元，增长6.4%、1.8%和17.4%，占日本对中国出口总额的41.3%、10.1%和10.1%。在所有出口商品中，贵金属及制品降幅居前，为27.6%。

日本自中国进口的主要商品为机电产品、纺织品及原料和家具玩具，2016年进口额分别为711.7亿美元、216.3亿美元和93.6亿美元，下降1.2%、5.6%和0.1%，占日本自中国进口总额的45.4%、13.8%和6.0%。

在日本市场上，中国的劳动密集型产品依然占有较大优势，如纺织品及原料、鞋靴伞和箱包等轻工产品，这些产品在日本进口市场的占有率均在60%以上。在这些产品上，中国的主要竞争对手来自亚洲其他国家和地区（如越南、泰国）以及意大利、美国等国家。

目前，中日贸易进展缓慢，这其中既有日本经济自身发展的影响，也有其他一些因素的影响。

7.1.2　日本战略性贸易政策的内容

第二次世界大战（以下简称二战）后，日本把赶超世界先进水平作为国家的战略目标；把贸易立国、技术立国作为国家的基本国策；把促进产业结构的高度化、知识化作为最重要的政策课题；把技术进步作为实现现代化的关键动力。这一经济战略思想始终贯穿在其产业政策与贸易政策的实施过程中。在日本经济发展的不同时期，随着其贸易战略的调整与改变，其战略性贸易政策的内容也有所差异。

1）经济复兴时期的"贸易保护政策"

二战后，日本在美国的引导和支持下，用较短的时间完成了国内经济的重建与恢复，并逐步走上"贸易兴国"的道路。1949年5月，日本政府设立了主管经济发展、制定产业政策和贸易政策的通商产业省（以下简称通产省），其使命是把日本带入国际经济体系，大力振兴出口产业，发展通商贸易。其第一任经济产业大臣稻垣平太郎在通产省成立大会上指出，其任务是将产业行政的措施由原来以国内经济为中心转变为以国际贸易为中心，促进国际贸易和出口产业的发展，实现"通商第一主义"。

（1）经济背景

当时日本的要素禀赋状态是资本存量低、技术落后、土地面积狭小、国内资源贫乏、劳动力过剩、生产资金不足，但日本政府并没有因此而走上劳动密集型的工业化道路，而是主张通过制定政策和政府作用，对本国弱小产业进行保护和扶植，使得某些在国际市场上处于比较劣势的商品在一定时期内可以转变为具有比较优势的产品，成为出口的重点。它选择了规模经济利益大、吸收就业人口能力强的资本密集型的重化学工业化道路。这一时期通产省所制定的政策的内容主要有两部分：一是保护；二是扶植。在经济复兴阶段初期，通产省将其政策的重点放在了煤炭、钢铁、电力、造船等基础工业部门，随着经济的稳步发展与工业化的不断加深，政策的重点转向扶植发展新兴、成长型产业，涵盖了从合成纤维、石油化学工业到机械电子工业、汽车工业等各个领域。以保护和扶植为中心内容的政策以及为实现这一政策而不断完善的措施体系，为之后日本政府全面实施战略性贸易政策奠定了基础。

（2）主要政策措施

第一，金融优惠政策。为扶植重点产业和新兴产业，日本政府相继成立了日本输出入银行、日本开发银行和中小企业金融公库。其中，日本开发银行成立于1951年4月，其重点任务就是扶植重点工业的发展，辅助产业政策的实施。其主要任务是为引进和改良设备提供优惠贷款，仅在1951年至1955年，其向煤炭、钢铁、电力、造船等基础工业部门提供的贷款总额就达2 533亿日元，有力地促进了这些重点基础工业部门的发展。日本输出入银行的主要职能是为日本对外出口提供信贷服务；中小企业金融公库为中小企业提供提供优惠贷款。它们是通产省引导产业发展和促进贸易的重要手段，通产省通常对这类贷款提供最优惠的利率或相当长的贷款期限等优惠。

第二，税收优惠政策。特别针对政策重点扶植产业的税收优惠政策又叫"租税特别措施"，始于20世纪50年代初。主要措施是：重要机械和合理化机械的特别折旧、重要产品免税、重要机械进口免征关税、现代化设备免除固定资产税、对重要产业设备加速折旧、对出口收入实行特别扣除等，同时对企业用利润的一部分设置的各种准备金实行免税。到1956年，各种租税特别措施已达50多种。

第三，制定各种立法和政策措施。日本政府对重点行业分别制定措施进行扶植，如：1950年8月制定了《钢铁业和煤炭业合理化政策纲要》，以后分别细化为《钢铁第一次合理化计划》和《煤炭合理化五年计划》；在汽车工业方面，制定了《汽车合理化三年计划》；在电力工业方面，1952年制定了《电源开发促进法》；在机电工业方面，制定了《开发电源五年计划》。

第四，引进先进技术。二战期间，世界范围的科学技术有了重大突破，对日本引进先进技术创造了前提和有利条件。二战后日本相继公布了《外汇及外贸法》《外资法》，用法令的形式鼓励引进外国的先进技术。日本引进外国技术非常广泛，引进的重点一直放在重化学工业部门。1950—1955年，重化学工业部门引进的技术占引进技术总量的80%。通过引进外国先进技术，日本提高了本国劳动生产率，使落后的工业技术水平获得了很大的改观。

第五，限制进口保护国内产业。除了上面列举的金融和税收扶植与振兴措施外，日本政府还采用了限制进口保护国内厂家的措施，尤其是对汽车和重型电机行业。但即使是限制进口保护国内厂家，也并不是单纯为保护而进行保护，在限制的同时对企业施加市场竞争压力。例如，在重型电机部门，敦促企业通过进口一号机而后在国内生产二号机的方式缩小技术差距。在汽车生产行业，也是通过拆卸组装外国车，学习外国车的技术优势并将其应用到国内厂家的汽车生产上，同时大力鼓励这些部门直接引进外国技术。到20世纪50年代后期，日本的汽车和电机生产已经发展成了高收益工业。这一时期，日本经济从封闭走向开放，从控制向市场自由化发展，产业政策不但保证了国民经济的快速恢复，而且为国民经济打下了坚实的物质基础，引导国民经济走上下一阶段的高速发展之路。

2）经济高速增长时期的"贸易自由化政策"

1960—1973年是日本经济的高速增长时期，这个时期也是日本战略性贸易政策实施最为成功的一个时期。在这一时期日本政府主要扶植的出口产业为资本和技术密集型的重化学工业。

（1）经济背景

第一，国民经济开始高速增长。经过1945—1960年15年的经济复兴，日本经济已全面恢复并超过了二战前和二战时的最高水平，国民经济开始走上快速增长轨道。从1959年开始日本经济就进入了两位数的增长。1950—1955年，日本国民生产总值实际增长率平均为10.9%，1955—1960年为8.7%，高速的经济增长创造了大量的国民财富，使日本经济开始走上良性发展轨道。随着经济的复兴，日本从20世纪50年代中期开始出现了设备投资的高潮。设备投资的增长意味着生产量的增长和生产力的提高，这为经济的高速增长打下了基础。

第二，贸易自由化趋势加大。不同于经济复兴时期贸易保护政策下严格的外贸和外汇管制，这一时期日本政府明显加大了贸易自由化和市场开放的程度，以1960年6月发表的《贸易和外汇自由化大纲》为标志，日本开始从保护贸易转向自由贸易体制。这一政策方向的转变，一方面是源于来自以美国为首的西方各国的强大压力，另一方面从国内形势来看，也是日本政府为积极参与国际分工、享受经济全球化条件下的经济利益而做出的努力。然而，对于贸易自由化可能对国内市场带来的冲击，日本国内各界仍是心怀疑虑。

第三，与欧美国家相比仍有差距。20世纪50年代中期，虽然经济已全面恢复，但无论在经济总量上还是技术水平上，日本与欧美发达国家相比仍有很大差距。1955年，日本的国民生产总值只有美国的1/5，而且由于二战后经济起点低，这一时期日本的产业结构、生产技术和劳动生产率等与欧美国家相比也仍有不小的差距。

第四，日本的优势产业逐渐失去优势。以纤维工业和食品工业为主的轻工业从二战前开始就是日本的优势产业，但随着战败，日本不能在亚洲继续用殖民的方式垄断亚洲市场，新的合成纤维技术的出现与迅速发展又使日本的纤维工业失去了吸收就业人口和在制造业中占重要地位的优势，因而日本需要寻找新的优势产业来替代轻工业。

第五，就业问题。二战后新一代逐渐成长为就业劳动力，给农业、轻工业造成很大的就业压力，日本需要寻找和发展能吸收大量就业人口的产业，以解决就业问题。

第六，二战后国际上涌现出大量新兴产业部门。二战后，在欧美国家特别是美国，新技术大量出现，涌现出许多新兴的产业部门，原有的传统产业部门也进行了技术的更新换代，日本要缩小与发达国家的差距，必须发展这些新兴产业，跟上世界潮流。那么，这些新兴的产业是什么？什么产业具备先进技术，能带动国民经济高速增长，迅速增强国家实力，又能吸收大量就业人口？在当时的世界经济条件下，这些新兴产业就是重工业、化学工业，简称重化学工业，包括石油化工、精密机械、合成纤维、汽车、家电等。

（2）主要政策措施

1960 年，日本政府专门编制了《国民收入倍增计划》，提出了促进产业结构高级化的目标：产业结构的比重要从生产率低的部门向生产率高的部门过渡。产业结构高级化的解决方法就是发展技术含量高、生产率高的重化学工业，并改变出口商品结构，形成以附加值高的重化学工业品出口为主的出口结构，增加外汇收入，增加国民财富。也就是，今后日本产业的发展方向是重化学工业化。《国民收入倍增计划》为当时日本政府制定产业政策与贸易政策提供了方向和依据。

第一，分阶段自由化政策。进入 20 世纪 60 年代之后，在国际和国内双重压力下，日本贸易自由化的推行势在必行。为了尽可能减少贸易自由化给国内市场带来的冲击，日本政府采取了一种有选择的、渐进的方式来实施贸易自由化，在事先向产业界进行充分宣传、诱导的基础上，定出各种产业得到保护的最后期限，促进企业在开放市场的时间到来之前提高国际竞争能力，分阶段实行贸易自由化。在推行贸易自由化的过程中，对于汽车、电子计算机等战略性工业，在质量和国际竞争能力方面还存在问题的，就尽量延期实行自由化，争取时间，以使这些产业具有能够经受外国竞争的能力。例如，日本国内对于小汽车的进口自由化是在 1965 年开始实行的，当时进口满足国内需求的比率只有 2%，而出口在总产量中的比例则达 16%。

第二，利用关税与非关税壁垒限制进口。在这一阶段，日本政府的进口政策和制度主要围绕两个方针展开：一是为出口而鼓励的进口，主要是进口原材料、燃料和非最终商品的初级产品，再就是鼓励为提高产业结构而进口高技术含量的机械设备；二是为保护本国落后的基础产业如农业，幼稚产业如轿车业、计算机产业等，而实行的限制进口的政策。为了防止市场放开、自由贸易化带来的冲击，日本政府在分阶段地实行贸易自由化的过程中，还修改了关税制度，利用关税制度作为自由化对策，例如提高部分进口商品的关税税率，由从价税改为从量税，采用紧急关税制度、关税配额制度和混合关税制度等。关税制度在实现贸易自由化过程中对提高产品竞争力发挥了很大的作用，正是这些灵活的关税制度，使日本政府尽可能多地把握开放过程中的主动权，增强应变能力。就非关税壁垒来看，日本除了规定配额制、进口许可证制度以外，还规定了许多严格和烦琐的技术安全标准、卫生检疫制度、环境标准等。在实施过程中还有隐性的规定，例如有关政府采购这一块，虽然形式上对外国供应商实行一定的开放，但由于规定的程序复杂、供货期限短，外国供应商实际上无法参与。这些非关税壁垒都在无形中保护着日本的国内市场，严格控制着外国商品的进入。

第三，以鼓励出口为目的的出口优惠政策。日本政府通过各种法律和非法律手段，在税收、金融、外汇、外贸和技术、外资引进管理等各方面，对不同产业采取有差别的、有针对性的政策，如出口优惠金融制度、出口振兴税收制度和出口保险制度等，另外还制定了一些专门的法规，如《振兴特定工业临时措施法》《振兴电子工业临时措施法》《振兴机械工业临时措施法》《扶植石油化学工业对策》等，积极协助日本重化工业企业开拓国际市场。

第四，对于重化工业进行重点扶持的产业政策。日本政府通过行政指导和立法手段促进企业的合理化，推动产业向高级化方向发展，以加强日本出口商品的国际竞争力，并获得高附加价值。在制定了重化学工业化的目标后，日本通过大量引进欧美发达国家的先进技术，尤其是重化学工业方面的先进技术，加快了工业现代化的步伐，电子、石油化学、汽车等新兴工业部门迅速发展起来，并初步具有自主研发的能力。这一时期，能源从主要依赖煤炭转向全面依赖石油。这种转变促进了石油化学工业的发展，同时石油作为高效率能源被采用又促进了其他基础工业如钢铁工业和电力工业的发展。能源结构的转变和新技术的开发应用，扩大了各种产业之间的联系，并衍生出许多新兴产业部门，日本在这一时期开始大力改造旧的产业结构，一方面提升制造业在产业结构中的比重，另一方面提升重化学工业在制造业结构中的比重，而且改良重化学工业的内部结构。

这一阶段，日本改变了以纤维、食品等轻工业为主的出口商品结构，发展重化工业品出口，提高出口换汇的能力。通过调整，纤维、食品等传统轻工业出口商品的重要性相对减弱，出口方面出现了产业交替的局面，重化学工业品出口开始大幅度增长，这些产业的出口贡献率达到了75%。日本在20世纪60年代前期的主要出口工业品是缝纫机、照相机、自行车、收音机等小型家庭消费品，在这些小型耐用消费品的出口稳定增长时，又发展了摩托车、家电、汽车等成为新的出口主力。重化学工业品的出口急剧增长，迅速扭转了日本国际收支逆差的不利局面，对外贸易开始处于优势地位。

同时，日本还积极地促进工业生产规模向大型化发展，并撮合大企业开展合并与协作，从而出现了一批在世界排名前列的大企业集团。例如，1964年合并的三菱重工业公司，1966年合并的东洋纺织公司，1967年合并的三井造船公司，1970年合并的新日本制铁公司等，都是在那个时期合并成立的航空母舰型大企业，其中新日本制铁公司成立后，成为世界第一大钢铁公司，这些大企业的合并大大增强了日本产品在国际上的竞争力。

3）石油危机后战略性贸易政策的调整

在1973年第一次石油危机的冲击下，日本经济停止了高速增长，而日本一贯实施的战略性贸易政策也面临前所未有的危机。能源危机、贸易摩擦、要素效率降低导致经济增长率下降等问题都在促使日本政府开始考虑其对外贸易政策的调整。这一时期日本政府政策调整的依据是1970年5月公布的《70年代的通商产业政策展望》。其后，随着时代和环境的变化，日本政府又分别于1975年和1980年两次进行修改，出台了《产业结构的长期展望》和《80年代的通商产业政策展望》。而政府扶植的重点产业也由原先的重化工业转向的知识密集程度高的中高级重化学工业即加工装配工业。这一时期日本政府的对外贸易政策调整主要表现在：

（1）贸易自由化的进一步放开

石油危机以后，由于内外环境的变化，特别是贸易自由化的进展和贸易摩擦的升级，日本政府最初具有明显贸易保护色彩的贸易政策难以继续。在国内外各种压力下，日本政府开始大幅度地调整其进出口贸易政策。在进口政策方面，日本政府通过降低关税、消除非关税壁垒来降低进口门槛，如：1985年7月日本政府公布《市场开放行动计划》，提出了"原则自由，例外限制"的基本原则，减少进口限制，进一步促进贸易自由化，中心内容是削减1 853种产品的进口税，其中1 780种产品的税率一律低于20%，汽车零配件等34种商品和32种税率低于2%的商品取消了进口税，对农林水产品和矿产品也降低了关税以扩大进口。结果日本的关税负担率到20世纪80年代中期已降到2.5%～2.6%，低于同期美国3.3%、欧洲共同体2.7%的关税负担率，在主要发达国家中属于最低水平。同时，日本政府还采取了"企业进口表彰制度"等新措施来促进企业进口。在出口政策方面，日本政府继续实施自愿出口限制政策，来减少贸易顺差，缓和贸易摩擦；同时，与产业结构的知识密集化相适应，日本政府开始调整出口结构，逐步调整对外贸易结构的重化学工业化程度，提高知识密集型商品在出口商品结构中的比重。另外，日本政府还加强了对外投资，从过去的商品输出逐步转向资本输出和技术输出，把能源、资源、劳动力消耗大的产业向周边国家转移。

（2）贸易重心开始向亚太地区倾斜

石油危机以后，西方发达国家的经济大多出现萧条，发展中国家经济债务负担加重，全球性贸易保护主义浪潮发展迅猛。此时，另一种经济区域化趋势也在不断延伸，欧洲经济共同体越来越巩固，美加自由贸易区开始积极筹建，亚太地区的经济地位迅速上升，尤其是东亚地区保持了强劲的发展势头。这一切都促使日本全球经济贸易的战略重心向亚太地区倾斜。日本政府积极推动亚太经济合作组织的建设并促进日本与各国或地区间的人才、能源与技术合作，同时还依靠贸易、投资、政府援助开发三位一体的经济模式，加强对亚太地区的经济渗透。日本政府以灵活的、低姿态的策略逐步推进它的"亚太经济战略"，企图建立一个日本能够在其中发挥主导作用的经济势力范围，来抗衡来自美国和西欧的压力。

（3）加强政府在推行"科技立国"战略中的作用

日本政府认识到，日本外贸顺差不断扩大的主要原因是日本商品具有强劲的国际竞争力，技术优势则是使其出口商品保持强劲竞争力的关键因素。然而随着日本赶超任务的完成，技术引进越来越困难，如何保持出口商品的国际竞争力成为最紧迫的问题。为此，日本政府适时提出"科技立国"战略，希望通过自主开发技术来保持这种出口商品的强劲势头。日本政府的"科技立国"战略就是要用头脑资源来克服"资源小国"的弱点、用头脑资源进行创造性的技术开发，通过知识密集型产品的出口占领国际市场，提高日本商品的国际竞争力和整个国家的经济实力。它结束了日本战后长期以来推行的引进、消化、模仿吸收型经济发展战略时代，标志着日本开始步入独立开发本国技术、以高科技带动经济增长的时代。

为实现"科技立国"战略，日本政府采取了以下一些策略：①建立稳定的能源供应机制。面对石油危机的冲击，节能和开发替代能源以及建立稳定的能源供应机制，是石油危机以后日本经济的重大战略措施之一，以克服能源供应的不稳定性，摆脱对石油的严重依赖。②努力实现出口产业结构的知识密集化。这主要通过提高技术密集型产业的国际竞争力，来增强技术密集型商品的出口；通过培育技术出口产业，努力促进技术贸易的黑字化。进入20世纪80年代之后，日本产业结构改革的方向是发展高技术产业。③促进科学技术走向国际化，提升日本产品的国际竞争力。日本政府通过吸引国外优秀人才以及在日本召开国际性会议等方式来促进科学技术走向国际化，通过国际化的科技合作提高日本技术开发能力，促进日本产业结构的升级，最终带动出口结构的高级化。

7.2 韩国的主要贸易政策

7.2.1 韩国国情

1）自然状况

韩国全称"大韩民国"（Republic of Korea），位于朝鲜半岛南部，隔"三八线"与朝鲜民主主义人民共和国相邻，面积9.97万平方千米，南北长约500千米，东西宽约250千米，东濒日本海，西临黄海，东南与日本隔海相望。韩国的地形特点是山地多，平原少，海岸线长而曲折。韩国四季分明，气候温和、湿润。

2）人口状况

韩国综合统计显示，截至2014年底，韩国人口约为5 062万，人口增长率约为0.4%。人口密度为503人/平方千米（FAO Database），是世界上人口密度最大的国家之一，其中近半数人口生活在首尔及周边地区（仁川与京畿道），农业人口占全国人口的9%。至2013年3月，在韩华侨华人人口总数已达51.45万人，其中华人有20万人，在韩中国（包括台湾/香港）籍人口总数高达76.5万人。

韩国人口在20世纪60—70年代保持了高速增长的局面，年轻人口比例较高，80年代以后，韩国人口增长势头开始减缓，老年化人口比重有所增加。韩国教育发达，一般学制为小学6年、初中3年、高中3年、大学4年。目前全国共有160多所大学，还有两年制的专科院校及职业大学。

3）社会经济状况

韩国的经济起飞始于20世纪60年代，9%以上的高增长率保持了30多年，是以政府为主导的外向型经济发展战略的成功典范。韩国也被誉为"亚洲四小龙"之一，到1995年，韩国人均国民收入突破了1万美元。1996年韩国加入了被称为"发达国家俱乐部"的经济合作与发展组织（OECD）。

1997年10月，韩国爆发严重金融危机，经济受到很大冲击。1998年韩国经济增长率为-6.7%，失业率1997年为2.4%，到1998年和1999年达到6.3%和6.8%。在国际货币基金组织（IMF）及美、日等国的紧急资金援助下，韩国渡过了危急关头，并通过对经济结构的着力调整，以及相关金融、企业、公共部门和雇佣制度等的改革，克服了金融危机，经济得以恢复，2000年韩国的失业率也下降到了4.1%。

近年来，韩国经济保持了持续增长势头。据韩国银行统计，2016年韩国GDP总量为1.41万亿美元，位居世界第11位，人均GDP28 524美元，位居世界第28位。

4）中韩双边贸易概况

据韩国海关统计，2015年韩国与中国的双边贸易额为2 273.8亿美元，下降3.4%。其中，韩国对中国出口1 371.4亿美元，下降5.6%；自中国进口902.4亿美元，增长0.2%。韩方贸易顺差469.0亿美元，下降5.6%。中国为韩国第一大贸易伙伴、第一大出口目的地和最大的进口来源地。

机电产品、光学医疗设备和化工产品是韩国对中国出口的主要产品，2015 年出口额分别为 677.9 亿美元、192.9 亿美元和 152.1 亿美元，机电产品增长 2.8%，光学医疗设备和化工产品下降 5.4% 和 14.3%，三类产品合计占韩国对中国出口总额的 74.6%。2015 年韩国对中国出口的矿产品出现较大降幅。

韩国自中国进口排名前三位商品为机电产品、贱金属及制品和化工产品，2015 年进口额分别为 418.7 亿美元、128.0 亿美元和 66.7 亿美元，机电产品增长 7.6%，贱金属及制品和化工产品下降 12.8% 和 4.9%，分别占韩国自中国进口总额的 46.4%、14.2% 和 7.4%。韩国从中国进口的主要商品中，矿产品出现较大降幅。在纺织品及原料、家具玩具这类劳动密集型产品的韩国进口市场上，中国继续保持优势。在这些产品上，中国主要的竞争对手是日本、美国、意大利和越南等国家。

7.2.2　韩国战略性贸易政策的内容

1）外贸基本情况

韩国实行政府主导的外向型经济发展战略，以"贸易立国"，利用国际市场的有利条件，克服国内资源贫乏、市场狭小的不利因素，实现了经济腾飞，跻身新兴工业国行列。近年韩国主要出口商品为电气电子产品（半导体、家用电子产品、电脑及周边设备、手机）、汽车、船舶、石化产品、一般机械、钢材、纺织品等；主要进口商品为半导体等电子零部件、原油、农林水产品、电气电子产品、机器设备、钢铁、石化产品等。韩国的存储半导体芯片（DRAM）、超薄膜液晶显示器（TFT-LCD）、平板玻璃、微波炉、CDMA 移动电话机、光盘驱动器、电脑显示器、电子血压计等在世界市场所占份额排名前列。韩国的主要贸易伙伴是美国、日本、欧盟、东南亚、中国大陆和中国台湾等国家和地区。韩国的工业品平均进口关税税率为 8%。

2）外贸管理体制

《对外贸易法》是韩国政府管理和振兴对外贸易的基本法，与《外汇交易法》《关税法》《有关提高出口产品质量的法》，为保护、扶植特定贸易的各项"振兴法"，与贸易有关的个别行政法规等构成了韩国对外贸易管理体制的基本框架。根据韩国《政府组织法》，产业资源部负责总的贸易政策的制定和实施，外交通商部的通商交涉本部负责对外通商交涉，农林部、海洋水产部、文化观光部、建设交通部、情报通信部等行业管理部门负责制定和实施涉及其主管领域的具体商品的贸易政策，产业资源部下属贸易委员会负责对因外国商品进口遭受损害产业的救济。韩国除根据乌拉圭回合协议对部分农产品（60 余种）进口实行数量限制外，一般商品均可自由进出口。韩国政府承诺逐渐解除对商品进口的限制，至 2004 年解除对最后一项商品——大米——的进口限制后，实行完全贸易自由化。

韩国外贸行业 1986 年起先后实行过许可制、登记制、申报制。据韩国《对外贸易法》，2000 年 1 月 1 日起，韩国外贸行业完全自由化，任何个人和企业均可自由从事对外贸易活动。只是为了便于通关和海关统计，韩国鼓励性实施"贸易业固有编号制度"，即鼓励从事外贸的企业到韩国贸易协会申领一个与企业对应的固定编号，在通关时填写。但药品、农药、有害化学物质、石油、香烟、人参、指定农水产品和外国期刊电影等特殊商品进出口的经营需依照相关法律获得许可后方能进行。

3）进出口商品管理

韩国原则上规定商品可自由进口，但为了履行有关国际规定，需要对进出口商品进行限制，即在最小的程度内进行限制。产业资源部通过发布"进出口公告""综合公告""战略物资进出口公告"等形式，确定限制进出口商品的种类、数量、金额或交易地区，以及许可的申请程序等。这类公告在产业资源部的网页上均可查询。"进出口公告"为不定期发布，在未发布新的公告前，旧的公告始终有效。公告主要规定限制进口的商品种类和数量，公告中未列入限制类名单的商品原则上均可自由进出口。综合公告是指产业资源部对在《对外贸易法》规定之外、韩国有关部门制定的53个特别法中有关进出口贸易的限制措施进行综合后发布的公告。综合公告的限制对象主要是危害人类生命及健康安全、污染环境或有违国际公约的商品。

据韩国对外贸易法实行令，目前实施出口审批管理的商品有以下几类：纺织品协定有关的商品；自律限制商品；政府间协定规定的商品；资源保护类商品。目前韩国没有实施进口审批管理的商品。进出口公告在列明需要"承认"（类似于"申领制"，即企业根据以往的实绩和需要，到有关主管部门去申请）的进出口商品的同时，也列明主管部门（主要由相关行政部门或相关行业团体负责人负责），从事外贸者可按规定的程序申请。此外，鉴于农水产品的特殊性，韩国对进口农产品、出口农产品、进口后加工的农产品实行特别的检验制度，对部分水产品要求在指定机构接受检验。农林部根据《进出口农产品检验特别法》，委托农业协同组合中央会和农水产品流通公社对农产品实行检验。水产品的检验由韩国国立水产品检验所统一进行。

4）对特定贸易方式的管理

韩国实行贸易自由化，但产业资源部对下列贸易方式进行特别管理：

（1）可能逃避进出口限制或妨碍实行产业保护政策的交易；

（2）物品的移动全部在海外发生，而结算在国内进行但有可能发生资金回收困难的交易；

（3）不发生资金结算、只有物品移动的交易。

根据以上规定，寄售贸易、租赁贸易、转口贸易、委托加工贸易、记账贸易（包括易货贸易和补偿贸易）、中介贸易和无单据出口（no draft export）等都需获得产业资源部的批准才能进行。

5）对战略物资进出口的特别管理

韩国政府对一些关系国际和平和国家安全的商品（简称"战略物资"）实行出口审批制、进口许可制等特别的管理办法。产业资源部就战略物资的商品名称、规格、出口限制地区、获得出口审批或进口许可的程序等做出规定并予以公告。产业资源部下属战略物资进出口统制委员会负责对各项限制措施的审议。

6）正常进出口贸易秩序的维持

根据GATT和WTO有关协定，以及韩国国内有关法律的规定，当外国商品正常或非正常大量进口导致国内相关产业受损时，韩国政府可通过征收反倾销税、反补贴税或实行保障措施等手段对相关产业进行救济；或应国内产业要求，通过在正常关税的基础上加征极高调节关税限制部分商品进口，以保护国内产业利益；或在正常关税基础上实行弹性下调关税，以鼓励国内紧缺的原材料性商品进口，降低企业生产成本，提高竞争力，平抑物价。

《对外贸易法》对国内贸易业者从事侵犯商标权和知识产权、侵害他人利益、违反原产地规则等不公平贸易行为规定了限制和惩罚措施。

当贸易伙伴国发生战争、灾难或对韩国采取歧视，违反国际公约关于维护世界和平、保护动植物生态环境等规定的行为时，韩国政府可对与该国的进出口贸易采取特别限制措施。

韩国政府通过各进出口组合对贸易业者的行为进行规范和管理，以维持正常的贸易秩序。此外，韩国政府依据 WTO "纺织及服装协定"（MAF），对纺织品贸易进行管理。

7.3 东亚国家市场营销的主要方法和途径

7.3.1　进入日本市场的营销策略

1）产品策略

日本具有独特的文化，外国产品要打入日本市场面临非常艰巨的任务。我国出口企业要使自己的产品在日本市场适销对路，首先要了解销日产品应具备的条件。要研究哪些产品可能进入日本市场，可以从两方面来结合进行：一方面，从日本市场看，哪些产品可以进入日本；另一方面，从出口企业来看，能够提供什么。根据日本市场的特点，可能进入日本市场并且有发展前途的制成品至少要符合下述三种情况之一：①具有浓厚的外国情调和一定程度奇异风格的产品；②在性能、式样、质量、价格等方面与日本产品有竞争力的产品；③日本市场上没有，但又有一定需求的产品。从出口企业看，理想的销日产品应该符合这样两个条件：①在较长时期内，生产能够稳定、质量能够保证和供货能够按时的产品；②在国内已创出品牌、有一定声誉的产品。

同时，我们要做到及时改进产品以迎合日本市场需求。出口消费品到日本时，出口企业应注意到日本人喜欢的色、香、味不仅与我国消费者的喜好有所不同，也与西方人截然不同。例如，日本人的洗漱器皿（包括厕所）不能有黄颜色和柠檬气味。他们一般把柠檬看作洗碗和洗衣服的用品而不是香料和芬芳剂。因此，出口企业应认真进行市场调查，随时准备调整和改变自己的产品，迎合日本的文化和社会环境，这是成功向日出口产品的关键因素之一。

最后，应该做到使产品规格符合日本海关检测标准。出口企业在日本碰到的一个大问题是产品难以符合日本海关标准。日本政府为了保护消费者不受劣等货之害，对于名目繁多的各种进口货物都有一套严格而又耗时的检测程序，对于人体吸入及使用中接触频繁的产品的检验尤甚。

2）渠道策略

日本的销售渠道十分复杂。产品从制造商到消费者手中往往要经过一个曲折的过程。出口企业可以与日本的供销商社合作，利用其分销网络。出口企业在收集到进入日本市场所需的情报和确定进入日本市场的可行性后，必须找一个当地的代理人或商业伙伴来推销产品。许多成功的外国厂商往往从日本国内的 8 000 多家商社中，寻找合适的商业伙伴，与之建立代理关系。这些商社有良好的市场声誉及广泛的市场销售网，由这些商社经销，有利于提高出口企业产品在日本中小型零售商心目中的形象，从而扩大销售网。我国出口企业也可以借助日商面向中国香港的采购部开拓市场。

3）广告策略

出口企业的广告宣传要做到本土化才能增强广告效果，广告策略必须适应日本市场的特征。日本产品的广告策略是以使每个消费者都能不断听到和看到的原则为基础而确立起来的，换句话说，就是用许多信息去刺激消费者，诱发其购买动机，促使消费者试一试。所以，出口企业的广告宣传可以采取诱劝的方法推销商品。同时，要选择最佳的广告媒介。

7.3.2　进入韩国市场的营销策略

1）了解韩国的营销文化

韩国传统文化中的等级观念、集体主义倾向、家族意识、从属关系及排他观念等，形成了韩国企业家族式管理的营销文化。由于韩国的社会文化中存在单一的民族特色和强烈的国家主义以及传统文化中的"面子"观念，韩国的企业大都有着强烈的民族自豪感。这可能形成与韩国开放的市场经济不相适应的营销文化。很多在华投资的韩国企业本土化程度远低于欧美国家的竞争者就是很好的例子。所以，我们要入乡随俗。在开拓韩国市场时，出口企业应该根据韩国人的性格特点来应对韩国客户。同时，韩国企业面对市场及客户需求时，反应迅速，这就要求我们面对韩国客户时也要反应敏捷。如果企业在与韩国客户交易时依照传统的固有的程序办事，反应缓慢，一定会丢掉客户。

2）注重产品品质

中国人的传统意识里普遍认为韩国客户比较挑剔，其实不然。韩国对本民族品牌的产品质量要求就很高，当然，对进口的产品自然而然要求也会很高。良好的质量意识在各个企业的营销文化中至关重要，建立和强化质量意识，在满足顾客需求的市场意识基础上，培养员工崇尚质量、重视质量、对顾客负责的质量意识，是每个企业培养良好营销文化的重点。我们应该制作品质精良的商品，使消费者愿意购买和使用。

3）以市场为导向，以客户为中心

做产品研发时，要进行充分的市场调查，研制出客户真正需要的商品。例如，韩国人有腌制泡菜的传统，腌制泡菜时还有专用的泡菜冰箱，那么我国的冰箱出口企业就可以根据韩国饮食文化的特点来为韩国消费者设计腌制泡菜用的冰箱，而不是带着在国内已生产好的冰箱到韩国去推销。只有生产出有客户需求的商品，销售量才能不断提升。

4）产品要不断创新

韩国企业都比较注重创新。以三星手机为例，三星追求产品品质和国际化品牌的影响力，对产品创新的追求从来没有间断过。我国企业开拓韩国市场时，产品也要不断地创新，要给消费者带来期待和惊喜。我国企业的特点是善于模仿，而不善于创新，通常都是跟随同行业竞争者，而不是引导行业的发展方向。我们应该不断创新，生产出有特色的产品，不能总是追随其他企业的新产品。

7.4　东亚国家市场营销的风险和注意事项

7.4.1　在日本开展市场营销面临的主要问题

1) 政策保护和政治环境的隐患

联合国贸易和发展大会给出的数据表明，同其他的国家相比，日本存在更多的非关税壁垒。比如，在产品的合格检测方面，通过各种形式给予本国企业援助，同时给国外的企业增加一些限制，使外国的产品更加难进入本国市场，或者是不符合相关的标准。这样做无疑会提高国外产品在本国销售的成本，甚至会阻碍外国产品进入日本市场。

20世纪五六十年代，日本政府的这种贸易保护尤为明显，先后制定了《外汇与外贸管制法》《外国资本控制法》等，并声称日本的某些产业要避免过早加入国际竞争当中，要受到保护。虽然在60年代日本开始了外商投资政策的自由化改革，但是自由化进度十分缓慢，影响力也很小。同时，政府又开始采取一些产业政策来保护本国一些产业，直到日本的企业在世界市场上具有较强的竞争力，外国企业才有机会进入日本市场。日本的政府与一般的发达国家相比是有差别的，它目前依然在宏观上指导产业发展，保护甚至控制着企业，日本经济产业省还会为日本产业制定发展计划，外国企业的投资可能并不符合相关计划，从而也无法进入日本市场。最后，日本媒体还会引导消费者更多地倾向于购买本国的产品。总的来说，在这样的政策保护下，外国企业想要在日本市场上求得生机是很困难的。

除了上面提到的政策保护外，中国与日本的关系也十分的微妙。伴随着日本经济的低迷，其右翼势力有趁机抬头的意图，在日本国内的影响力也在扩大。中日之间除了历史上的认知外，还存在钓鱼岛的领土之争。日本右翼势力所抛出的钓鱼岛国有化的购岛论也严重地伤害了中日两国的关系。

虽然说出于多方面的因素考虑，中日两国开战的可能性并不大，而且中日两国一直处于一种政冷经热的状态中，但是，如果日本对历史的认知一直存在问题的话，对钓鱼岛的问题始终无法达成共识的话，那么两国的关系始终存在隐患。

所以，中国的企业在日本发展的过程中，一方面要考虑到目前日本贸易保护所带来的麻烦，另一方面也要从两国关系的角度考虑，以维护企业自身的利益，还要考虑到中国消费者的观念问题，否则可能会得不偿失。

2) 分销渠道的开发存在问题

日本市场的分销系统十分复杂和分散，这是企业进入日本市场的又一个难题。

首先，日本的批发商数量十分庞大，这使得制造商要与许多小的批发商进行合作。而在产品进入市场的过程中，制造商和批发商之间的关系就显得很重要。在这种复杂的关系中，企业所面对的困难是多种多样的。比如，日本传统的商业惯例中有回扣制度，有按销售额的比例提供的回扣，还有为了特别目标和对忠诚度的奖励等特殊目的而提供的回扣，回扣的多少又可能会受到存货的多少、交易的批量性、促销方面的努力程度等多方面的影响。这一回扣制度对于外国的企业来讲很难了解其中的奥秘。

其次，日本的企业有很多的系列结构，制造商和批发商之间的关系十分密切，甚至有时制造商是可以控制批发商的，或者它们可以共同对外国的投资企业采取歧视的行为，这些都会对中国企业在日本建立销售网络带来障碍。此外，日本企业之间对长期合作所产生的信任和对企业的忠诚度等的倾向甚至高于合同内容本身，供货商和制造商之间的长期合作关系使得日本的企业很少向外国企业购买产品，同时在卖给外国企业产品时也存在困难。

从许多方面来讲，中国企业要想在日本拥有自己的完善的销售网络，既要解决商业惯例等问题，又要寻求与批发商的合作。渠道的开发对产品以及品牌在日本的发展有着十分重要的作用，为了打入其错综复杂的销售网络，可能就要采取与日本的企业进行合作甚至是合资收购等多种形式。

7.4.2 进入韩国市场面临的问题

1）中韩外交关系

从目前来看，中韩关系处在良好阶段。经过多年发展，中国现在是韩国最大的贸易伙伴，而后者也是中国第三大贸易伙伴，虽然双方在贸易上还存在难以避免的摩擦，但两国关系还是朝着良好方向前进，这也成为中国企业在韩国发展的坚实后盾。但同时，两国间也存在一些不利的变量因素，譬如最近随着朝鲜核试验及发射卫星，美国准备在韩部署"萨德"反导系统，顺便完成对中俄的战略牵制，一旦韩国实施部署，则会触及中方战略底线，中国可能会出台一些措施，而经济制裁则是首选，到时韩国也会出台反制措施，这肯定会对企业后续在韩发展有所制约。

2）民族情结

韩国是一个民族自豪感非常强烈的国家，韩国人普遍偏爱本国产品，对于本土品牌有极高的忠诚度。在有外来品牌进入时，国民的选择一般偏向于本国品牌。所以，中国企业进入韩国市场时必然会遇到业绩冷淡的状况，为了让韩国消费者接受其产品，需要了解韩国文化，尽可能地融入韩国文化。

本章小结

随着经济全球化的发展和区域经济一体化在全世界的推进，东亚区域经济一体化出现了迅猛发展的态势，作为东亚区域一体化合作的主要成员方，中、日、韩三国虽然没有形成正式的合作关系，但是各国民间交流越来越多，表现在经济上，三国之间相互依赖性越来越强，关系越来越紧密。本章通过分析日本和韩国的贸易政策，着眼于日本和韩国国情以及政策形势，介绍了企业进入韩国和日本市场的营销策略，以及市场营销的问题和注意事项，以期为中国企业进入东亚市场提供一些建议。

思考题 ⚎

1.名词解释：

贸易保护政策　贸易自由化政策　外贸管理体制

2.简述韩国和日本的贸易政策。

3.试析韩国"萨德"系统部署对该国企业营销的影响。

4.论述FTA给营销者带来的好处和问题。

5.案例分析

专注日本市场B2B2C模式的"速贸天下"

不同国家和地区间资源、能力等比较优势的差异构成了国际贸易持续繁荣的基础。而随着物流、金融、互联网等国际贸易基础设施的改善和新技术的出现，国际贸易的形态也在不断演化。显著的变化之一是，产品从工厂到消费者的通路越发多元化，跨境B2C这种业务模式逐渐受到企业重视，形成与B2B业务模块的有效互补协作。在B2B与B2C两者之间还存在着"B2B2C"的业务模式，即仍然需要借助中间商、分销商。

在跨境电商企业纷纷专注于俄罗斯、巴西等市场之际，另一个小语种市场——日本，却被很多人忽视，或者说，因为日本市场的攻坚难度太大，让许多人都选择浅尝辄止。

"速贸天下"是少数在日本市场获得成功的跨境电商企业之一。这是一个跨境B2B在线交易平台，专注小语种国家市场（目前仅针对日本），其主导的模式是让中国的制造商或批发商点对点地与海外的零售商对接，即为业内俗称的B2B2C的"小B"模式。

适合在"速贸天下"平台做生意的企业，必须是拥有产品且库存充足的商家，因为"速贸天下"是一个快速交易平台，所以只有此类商家才能在其平台上做得更好。

对于日本市场，"速贸天下"CEO林雅志曾说道，近年来，国内有许多电商平台都致力于日本市场的开发，但很多到最后都体无完肤，以失败告终，因为很多卖家在关注产品的同时，忽视了服务的重要性，这是进不了日本市场的根本原因。而"速贸天下"正是意识到了这一点，通过切合日本风俗的一站式服务才成功打开了日本市场。

据介绍，日本是个典型的月光族国家，整个社会人群几近100%持有信用卡（不含个人破产人群），这也大大反映出日本市场的强大消费需求。此外，虽然日本的人口少，只有1.2亿多人，但市场上用户的采购能力却是中国人的5倍以上，是中国出口贸易的第二大国家。

"目前日本对中国采购量最大的品类是服装，其次是3C产品，还有汽配等，'速贸天下'目前仅做服装，但接下来也将会涉及其他的品类。"林雅志说。2011年上线的"速贸天下"刚开始做的不仅仅是服装，还有3C以及其他品类。不过在运行一段时间后，由于资源过度分散，无法将每一品类都做好，因此结合市场需求以及主创人员对产品的熟悉程度，最终选择了服装作为主打产品。据悉，目前日本跨境网购市场上对服装的需求量很大，因为日本互联网上70%以上的商品都是境外采购，而非本土研发。

"在支付及物流环节，目前'速贸天下'使用的是自主研发的支付体系，对接海外与国内，切入到整个交易环节，为用户的交易做担保。而在物流方面，采用的是第三方服务，通过整合市场上最好的物流公司来服务我们的海外用户，在这一点上我们绝对占有优势。传统交易的物流成本是由卖家承担，而在我们这里，交易的物流成本是由买家承担，买家可根据自身情况选择物流运输方式，这既降低了买家的物流成本，也能同时保障卖家。"林雅志说。目前卖家入驻"速贸天下"是完全免费的，只需成交后缴纳6%的手续费即可，同时"速贸天下"还会为用户在海外承担3%的收单成本，因此相当于平台实际只收取3%的手续费。

"尽管我们现在只设日本站，但随着不断的发展，我们的第二站将会设在韩国。因为中日韩是亚洲经济的三大主要中心，打通了这三个国家就相当于打通了整个亚洲地区，也会为'速贸天下'以后进入全球其他国家带来更大的帮助。"林雅志说。他还表示，自2011年上线至今，"速贸天下"已经熬过困难期，初见曙光，现在是处于萌芽期，希望能够在未来的日子里走得更好，他对未来充满信心。

资料来源　佚名.跨境电商案例：专注日本市场B2B2C模式的"速贸天下"［EB/OL］.［2018-022-10］. http://www.chinaz.com/start/2014/0514/351380.shtml.

问题：

（1）辨析B2B模式、B2C模式与B2B2C模式。

（2）"速贸天下"是如何成功打开日本市场的？

资料链接：日本营销环境分析

第 8 章

太平洋国家市场营销分析

学习目标 ◐

通过本章学习，你应该达到以下目标：

知识目标：了解太平洋岛国的基本情况。

技能目标：辨析区域内主要经济合作组织的差异。

能力目标：针对太平洋岛国面临的困难，有较好的解决措施，能利用所学知识，分析进入该市场的策略。

8.1 太平洋国家简介

8.1.1 全貌概括

太平洋国家主要是指分布在南太平洋上的岛屿国家，该地区幅员辽阔，除澳大利亚和新西兰外，共有27个国家和地区，其中包括巴布亚新几内亚、斐济、萨摩亚、汤加、瓦努阿图等。这些国家和地区由1万多个岛屿组成。这些岛屿分属美拉尼西亚、密克罗尼西亚、波利西尼亚三大群岛区，它们或大或小，宛如一颗颗璀璨的珍珠镶嵌在浩瀚蔚蓝的洋面上。

南太平洋岛国是名副其实的袖珍国，它们国小人少，其陆地总面积仅55万平方千米，2015年总人口为1 100多万。其中，巴布亚新几内亚面积最大，陆地面积为46.28万平方千米，2015年人口为761.9万；最小的国家瑙鲁，陆地面积仅21平方千米，2015年人口约为1万。这里环境优美，拥有得天独厚的旅游资源。海天一色的自然风光、独具特色的热带风情吸引着世界各地的游客，使旅游业呈现蓬勃发展的势头。此外，南太平洋岛国拥有丰富的水产资源和矿产资源。这里的金枪鱼产量占世界总产量的一半以上，世界大约有55%的金枪鱼罐头产自南太平洋地区。

巴布亚新几内亚渔业资源十分丰富，盛产金枪鱼、对虾和龙虾，其中金枪鱼的储量占世界总储量的20%，年潜在捕捞量为40万吨。此外，巴布亚新几内亚的矿藏也很丰富，除了拥有丰富的海底天然气和石油等资源外，它的金、铜产量分别列世界第11位和第10位，截止到2017年已探明铜矿储量2 000万吨、黄金储量3 110吨。

南太平洋最小的国家瑙鲁曾经是这些岛国中的首富。尽管这个国家目前经济和财政形势都比较困难，严重依赖外援，但它仍拥有较为丰富的磷酸盐资源及渔业资源。

在瑙鲁的 200 海里专属经济区内，金枪鱼的年潜在捕鱼量为 4 万多吨。

8.1.2　目前政治和经济状况

1）政治状况

太平洋岛国上的居民大多由数千年前从东南亚一带迁移而来的马来人繁衍而成。从 18 世纪开始至 20 世纪 50 年代，除汤加外，法、英、德、日、美等西方列强对诸岛进行占领和瓜分，这些国家大都在 20 世纪六七十年代宣布独立。

目前太平洋地区的国家体制分为独立、自治和保护领地。宣布独立的国家，仍选择半殖民状态与其前宗主国保持密切关系以换取经济援助。宣布自治的国家，其防务和安全仍由原保护国负责，如马绍尔群岛、帕劳、库克群岛等，美国、新西兰仍凭《自由联系条约》继续对这些国家起保护作用。国家的对外关系决定一个国家经济上的富裕程度，政治上依靠谁是太平洋岛国经济发展的一个关键因素。外援是许多国家国民收入的重要来源，太平洋岛国是世界上最严重依赖外援的地区，外援主要来自澳大利亚、新西兰、日本、美国。由于它们严重依赖外援，也为区域外国家提供许多机会影响和插手其地区和国内事务。

2）经济状况

由于受到几个世纪的殖民帝国主义统治，南太平洋岛国的经济畸形发展，产品种类单一，多数国家以农业为主（包括渔业、林业），农业人口占总人口的 70% 以上，有的甚至高达 90% 以上。工业不发达，制造业产值占国内生产总值的比重，除工业最发达的斐济 2014 年占 19.1% 外，其他国家都比较低。有些国家甚至没有工业，主要靠出口椰干、热带水果和鱼发展经济，大部分生活消费品和工业用品需要进口。20 世纪 90 年代以后，许多国家开始发展旅游业。大多数岛国财政拮据，经济困难。许多岛国的经济模式为移民、汇款、接受援助（MIRAB），即移民宗主国，在宗主国找工作，将钱汇入国内。经济援助是岛国发展经济的重要来源。由于 MIRAB 模式是一种人工安排的模式，因此在全球经济一体化进程中极难生存。

8.1.3　主要问题分析

1）岛国经济面临全球化的严重挑战

由于地理位置远离国际市场，加上经济规模小、经济结构单一、人才外流，岛国经济极易受到外界的冲击，在世界经济一体化进程中易处于边缘地带。到 2015 年 7 月为止，斐济、汤加、萨摩亚、瓦努阿图是 WTO 成员，巴布亚新几内亚是 APEC 成员。目前它们最担心的两点是，今后难以进入澳大利亚、新西兰市场，《洛美协定》将不再对它们起保护作用。这些岛国与澳大利亚、新西兰签订有《南太平洋贸易和经济合作协定》，产品可优惠进入澳大利亚、新西兰市场，随着 APEC 的发展和贸易自由化的继续，亚洲国家的商品也将大量进入澳大利亚、新西兰市场，太平洋岛国显然不是亚洲国家的对手。它们虽与欧盟签订了《洛美协定》，但在 WTO 框架下的贸易自由化原则将使《洛美协定》的作用越来越弱。因此，它们一致认为，地区一体化、世界贸易一体化将是岛国长期面临的挑战。

2）环境恶化，海平面上升

根据新西兰水文研究所和法国气象服务中心的研究，20世纪90年代以来南太平洋地区气温平均上升了0.5℃~1℃，太平洋地区海面上升速度比其他地区快。太平洋地区的气候在今后20年将继续变化，如巴布亚新几内亚、密克罗尼西亚、马绍尔群岛将长期干旱，而基里巴斯、法属波里西尼亚群岛气候则变得更加潮湿，雨量比正常年份增加了30%。这种异常气候使许多岛国面临被湖水淹没的危险，已破坏许多重要的文化和历史遗址，有些小岛甚至消失；还使许多国家改变农业耕作，使鱼群游走，引起飓风，许多过去从没发生的疾病在这些岛国也接踵而来。在南太平洋地区已经出现了环境难民。

岛国政府十分担忧它们的环境问题，在各种国际会议上呼吁世界关注环境问题，希望尽快批准《京都议定书》。澳大利亚坚持其温室气体的排放量没达到排放标准，拒不签署《京都议定书》。2001年6月，澳大利亚追随美国退出《京都议定书》，使岛国十分不满澳大利亚的做法。2007年澳大利亚批准了《京都议定书》。

3）种族冲突不断，地区动荡不安

美拉西尼亚群岛由巴布亚新几内亚、斐济、所罗门群岛、瓦努阿图和新喀里多尼亚组成，2000年五六月份，斐济和所罗门群岛相继发生政变，由种族问题引发的矛盾至今没有得到彻底解决，还受到了国际社会的经济制裁。巴布亚新几内亚也因国内经济恶化，反对政府经济改革，多次发生军人哗变。瓦努阿图国内存在多个政治派系的斗争，近些年国内政局一直不稳定。这些问题近期无法解决，美拉西尼亚群岛将面临长期动荡不安的状况。

由于这些国家很分散，大部分领土分布在海上的岛屿，各种毒品、武器、人口走私时有发生。各国缺乏有效的巡逻和监督机制，许多无人烟的岛礁成为犯罪分子的中转站，"9·11"事件发生以后，全球为安全做出很大努力时忽略了该地区，使该地区成为恐怖分子躲藏之地。

4）南太平洋岛国部分国家存在反华情绪

2006年，汤加和所罗门群岛都曾发生大规模的骚乱，当地华人在骚乱中遭受了重大损失。在所罗门群岛，歹徒们手持长刀、斧子拥到街上，当地唐人街90%的店铺遭到了纵火和破坏，有数十家华人商铺被焚，数百华人华侨遭殃。由于华商的住所在商铺的顶层，遭纵火后只得跳楼求生，泅渡附近的河流，逃到对岸。有四五百名华人在中国驻外机构帮助下，躲进当地的警察总部。当时在汤加约有30家华人店铺被烧、被抢，华人华侨生命财产安全受到严重威胁，以致中国政府不得不派出专机将当地华人华侨接到中国。2011年，汤加政府劳工部发表了一份声明，这份虽然没有点名但明显是针对中国人的声明说，政府对一些商人在没有有效执照的情况下经营生意严重关切。声明要求人们对小生意经营者进行曝光，以便政府检查人员对他们进行检查。汤加政府劳工部说，政府要"创造一个让商业进行公平交易的土壤，恢复商业诚信，恢复人们在汤加王国做生意的信心"。这样的行动在南太平洋的许多国家都在进行。

"一个中国政策"获得国际上的支持和承诺，但南太平洋少数几个国家不认可。

2017年12月，澳大利亚的主流媒体和一些政治家不断发表反华排华言论。反华情绪似乎有些高涨。在他们看来，中国正在对澳大利亚进行政治经济以及文化上的渗透，极力渲染"中国威胁论"。

8.1.4　与中国的关系

中国同太平洋岛国的友好关系源远流长，历史上就有很多交往。中国积极发展同太平洋各岛国的友好合作关系，在经贸、文化、教育、卫生等领域的互利合作呈现出蓬勃发展的势头。双方合作具有很强的互补性：太平洋岛国拥有丰富的海洋、森林、矿产和旅游等资源，中国拥有市场、资金、技术等优势，因此加强相互合作有利于双方的共同发展。2015年，中国与太平洋岛国的贸易总额已达81.80亿美元，较上年增长62.77%，为2000年的29.8倍，其中中国从太平洋岛屿地区进口额为29.06亿美元，向太平洋岛屿地区出口额为52.74亿美元。2014年中国对太平洋岛屿地区投资总额为3 782万美元，较上年增长216.8%。太平洋岛屿地区成为中国对外贸易和投资增长最快的地区之一。

8.2　太平洋国家的区域经济发展情况

当今世界经济正朝着区域经济一体化、跨区域贸易自由化的趋势发展，南太平洋岛国在独立之前大都属于欧美殖民地，除澳大利亚和新西兰之外，其他岛国本地经济发展严重滞后，在很大程度上依靠欧美和世界各国的援助，没有独立的政治经济体系，因此在区域内达成共识、寻求合作和发展早已成为南太平洋国家的夙愿。本节要介绍的是南太平洋岛国区域经济发展的历程，其现阶段的主要发展成果是：太平洋岛国论坛，中国-太平洋岛国经济发展合作论坛，非洲、加勒比和太平洋国家集团。

8.2.1　寻求合作共赢之路

太平洋国家人口少，土地面积小，人力资源匮乏，偏处一隅，每个国家仅靠自身的力量发展将是非常困难的，在政治上也难有较大的发言权。如果太平洋国家能联合起来，不仅在政治上能增加谈判筹码，更重要的是在经济上能形成规模，降低交易成本，提升该地区的竞争力。因此，开展区域合作，促进区域经济一体化，形成统一市场，便成为许多太平洋国家的梦想。

早在许多太平洋国家独立之前，澳大利亚、新西兰、荷兰、英国、法国和美国六大托管国就开始着手区域合作，于1947年成立了南太平洋委员会，对太平洋地区的经济与社会发展开展磋商与咨询。从独立后至今，该地区政府间区域合作机构已增至10多个，区域合作也取得了一些成果：1971年成立的"南太平洋论坛"；1975年通过《乔治敦协定》成立了非洲、加勒比和太平洋国家集团；1980年达成了《南太平洋区域经济贸易合作协议》；1986年成立了南太平洋大学，2001年又达成了《太平洋岛国贸易协定》和《太平洋地区加强经济关系协议》；2002年成立了太平洋航空安全办公室等。2005年10月，16个太平洋国家（澳大利亚、库克群岛、斐济、基里巴斯、马绍尔群岛、密克罗尼西亚、瑙鲁、新西兰、帕劳、巴布亚新几内亚、西沙莫亚、所罗门群岛、汤加、图瓦卢、瓦努阿图和纽埃）通过了《促进区域合作与融合太平洋计划》（《太平洋计划》），掀起了区域合作的新势头。在此计划的推动下，中国与南太平洋岛国的双边关系也步入新时期，中国政府牵头正式成立了"中国-太平洋岛国经济发展合作论坛"，为今后双方互利合作制定了有力框架。

资料链接：《太平洋计划》战略目标

8.2.2　区域内主要经济合作组织

1）太平洋岛国论坛

（1）机构成立

该组织由斐济、萨摩亚、汤加、瑙鲁、库克群岛、澳大利亚、新西兰等七国于1971年8月在惠灵顿发起成立，当时名为"南太平洋论坛"，并决定每年召开一次会议。2000年10月，该组织正式改称"太平洋岛国论坛"。

（2）机构宗旨

加强论坛成员间在贸易、经济发展、航空、海运、电信、能源、旅游、教育等领域及其他共同关心问题上的合作和协调。近年来，论坛加强了在政治、安全等领域的对外政策协调与区域合作。

（3）机构成员

16个成员方：澳大利亚、新西兰、斐济、萨摩亚、汤加、巴布亚新几内亚、基里巴斯、瓦努阿图、密克罗尼西亚、所罗门群岛、瑙鲁、图瓦卢、马绍尔群岛、帕劳、库克群岛、纽埃。

1个地区：中国台湾。

2个观察员：新喀里多尼亚、东帝汶。

2009年5月，太平洋岛国论坛宣布中止斐济成员资格。

（4）论坛大事记

论坛除了集中讨论和解决机构成员内部的地区安全、良政、环保、经济和社会发展、地区合作与一体化、论坛职能审议等议题外，还同世界其他主要经济体和区域组织进行广泛而深入的交流。

从1989年起，论坛决定邀请中国、美国、英国、法国、日本和加拿大等国出席论坛首脑会议后的对话会议。

从1989年亚太经合组织（APEC）成立时起，论坛即为观察员。

从1994年起，论坛成为联合国观察员。

1997年，由日本倡议和推动举行论坛与日本领导人会议，每三年举办一次。

2003年5月，在日本冲绳举行了第3届会议。

2006年4月，斐济举行"中国–太平洋岛国经济发展合作论坛"首届部长级会议。

1991—2007年，论坛先后接纳欧盟、韩国、马来西亚、菲律宾、印度尼西亚、印度、泰国、意大利为对话伙伴。2013年，接纳古巴为对话伙伴。2014年接纳土耳其、西班牙为对话伙伴。至此，论坛共有17个对话伙伴。

（5）中国–太平洋岛国经济发展合作论坛

中国自1990年起以非本地区成员方的身份参加南太平洋论坛对话会议，加强了同论坛及其成员的合作关系。2005年10月，中国政府代表在第17届太平洋岛国论坛上，正式倡议建立"中国–太平洋岛国经济发展合作论坛"，以促进中国与太平洋岛国在环保、旅游、立法、教育、农渔业和卫生领域的合作。会议在"中国–太平洋岛国经济发展合作论坛"与会国中轮流举办。

2006年4月，首届论坛在斐济成功召开。论坛期间，时任总理温家宝宣布了中国与岛国开展投资、农渔业、旅游、基础设施建设合作以及扶持岛国发展经济的六项举措。

2013年11月8日，中国政府与太平洋岛国8个建交国政府在广州举办第二届中国–太平洋岛国经济发展合作论坛。本届论坛主题为"绿色创新，合作共赢"。活动主要包括开幕式、部长级会议、专题研讨会（贸易与投资、农渔业合作、旅游合作和环保合作）、中国–太平洋岛国经济合作与绿色发展图片展、太平洋岛国商品展、双边贸易与投资洽谈活动等。为突出中国愿与太平洋岛国加强环保合作、促进其经济社会可持续发展的立场，论坛召开期间，同时举行第三届中国国际绿色创新技术产品展。

2）非洲、加勒比和太平洋国家集团

（1）机构成立

非洲、加勒比和太平洋国家集团简称"非加太"（African，Caribbean and Pacific Group of States，ACP），是一个国家集团，1975年通过《乔治敦协定》成立。

（2）机构宗旨

在其成员方中推进可持续发展和消除贫困，并且促进其成员方在世界经济中进一步一体化。

（3）机构成员

非加太集团78国，其中：非洲地区48国，包括埃塞俄比亚、安哥拉、贝宁、博茨瓦纳等；加勒比地区15国，包括安提瓜和巴布达、巴巴多斯、巴哈马、伯利兹、多米尼加等；太平洋地区15国，包括巴布亚新几内亚、斐济、基里巴斯、所罗门群岛等。此外，古巴于2003年5月成为该协定的观察员国。

除古巴外，该组织的所有成员与欧盟签订了《科托努协定》，目前参与本协定的国家共有93个。其中，欧盟15国：爱尔兰、比利时、丹麦、德国、法国、荷兰、卢森堡、葡萄牙、西班牙、希腊、意大利、英国、奥地利、芬兰、瑞典。

（4）机构大事记

《科托努协定》的前身《洛美协定》曾是非加太集团和欧盟间进行对话与合作的

重要机制，也是迄今最重要的南北合作协定，欧盟一直通过该协定向非加太集团成员方提供财政、技术援助和贸易优惠等。2000年2月，双方就改进援助方式、发展私营企业、消除贫困和加强地区一体化等诸多问题达成共识，并于同年6月在科托努正式签署《科托努协定》。该协定自2003年4月1日起正式生效。

《科托努协定》有效期为20年，每5年修订一次，前8年为过渡期，后12年为执行期，主要内容包括双方进行全面政治对话、扩大经贸合作、实现贸易自由化等。欧盟在8年过渡期中向非加太国家提供135亿欧元的援助，非加太国家97%的产品可以免税进入欧盟市场。

8.3 澳大利亚的经贸状况与市场营销建议

8.3.1 澳大利亚的经贸状况

1）经济概况

澳大利亚是全球土地面积第六大的国家，国土比整个西欧大一半。截至2016年1月，其人口近2 370万，主要来自欧洲的英国、德国、希腊、意大利和一些亚洲国家，是个不折不扣的移民国家。2015年，澳大利亚国内生产总值达1.30万亿美元，人均国内生产总值为5.4万美元，排名世界第五，在2 000万人口以上国家中排第一位，乃全球高度开发、最富裕、经济最发达、生活水平最高的国家之一。

澳大利亚主要以农牧业、矿业和服务业著称。

（1）工业

澳大利亚的工业以制造业、建筑业和矿业为主。2014—2015年度，制造业产值为987.18亿澳元，占GDP的6.3%。建筑业和矿业产值分别为1 249.24亿澳元和1 345.48亿澳元，分别占国内生产总值的7.9%和8.5%。

（2）农牧业

澳大利亚农牧业发达，自然资源丰富，有"骑在羊背上的国家""坐在矿车上的国家""手持麦穗的国家"之称。澳大利亚长期靠出口农产品和矿产资源赚取大量收入，农牧业产品的生产和出口在国民经济中占有重要位置，是世界上最大的羊毛和牛肉出口国。受多年旱灾影响，澳大利亚农牧业产量和产值持续下降。2014—2015年度，农牧业从业人员30.7万，产值361.82亿澳元，占GDP的2.3%，农产品出口410亿澳元，农牧业用地4.05亿公顷，占全国土地面积的53%。澳大利亚主要作物有小麦、大麦、棉花、蔗糖和水果。

（3）旅游业

近年来，澳大利亚海外游客人数总体呈上升趋势，但国内游客仍是旅游业的主导。澳大利亚旅游资源丰富，著名的旅游城市和景点有悉尼、墨尔本、布里斯班、阿德莱德、珀斯、黄金海岸、达尔文、大堡礁、艾尔斯岩（乌鲁鲁巨石）等。据统计，从2014年9月到2015年9月的12个月中，中国游客在澳大利亚的消费达到了77亿澳元（1澳元约合4.68元人民币），增速是所有游客支出平均增速的3倍多。中国游客的支出同比增长了43%，澳元的贬值也使海外游客更愿意在澳大利亚花钱。

（4）服务业

服务业是澳大利亚经济最重要和发展最快的部门。经过30年的经济结构调整，服务业已成为国民经济支柱产业。2014—2015年度，服务业产值达11 838.51亿澳元，占GDP的75%。2015—2016年度，对外服务贸易产值达1 460亿澳元，占澳外贸总量的22.1%。

2）国际贸易和区域合作

澳大利亚对国际贸易依赖较大。2016年，澳大利亚货物进出口额为3 793.2亿美元，比上年同期下降2.2%。其中：出口1 900.7亿美元，下降1.3%；进口18 925亿美元，下降5.5%；贸易顺差8.2亿美元，而上年同期为逆差。澳大利亚与130多个国家和地区有贸易关系。澳大利亚的主要贸易伙伴依次为中国、日本、美国、韩国、印度、新加坡、英国、新西兰、泰国、德国等。

澳大利亚政府在其2004年的外交白皮书中表示：其基本外交政策是重视澳大利亚与美国之间的关系，并借助经贸互动促进与亚太地区国家的关系。近年来，澳大利亚政府一直致力于推进全球贸易的自由化发展，这也直接或间接导致了凯恩斯集团和亚太经合组织的形成。澳大利亚是经济合作与发展组织以及世界贸易组织创始会员国之一，并与美国签署了《澳美自由贸易协定》（Australia-United States Free Trade Agreement）。澳大利亚亦与新西兰签订了紧密经济合作协议（Closer Economic Relations）。新西兰是澳大利亚盟国，两国领导人有半年度定期互访机制，安全和经贸关系密切。澳大利亚2006年3月与日本建立"全面战略关系"，商定每年各举行一次外长会晤、副外长级政策对话和高官级战略磋商。2007年4月，澳大利亚和日本启动双边自由贸易协定谈判。2014年7月，两国签署经济伙伴关系协定（EPA），即两国之间的自由贸易协定。日本是澳大利亚第二大贸易伙伴。2015年6月17日，中国和澳大利亚两国政府正式在澳大利亚堪培拉签署《中华人民共和国政府和澳大利亚政府自由贸易协定》。中澳自贸协定谈判于2005年4月启动，历时10年。经过双方共同努力，此次协定正式签署，为两国分别履行各自国内批准程序、使协定尽快生效奠定了基础。中澳自贸协定的签署是中澳两国经贸合作发展的重要里程碑。中澳两国一直互为重要的贸易投资伙伴，双边经贸关系发展迅速，贸易和投资规模持续扩大。2016年，中澳双边贸易额1 040亿美元，是2000年的12倍。中澳自贸协定生效后，将进一步促进两国资金、资源流动和人员往来，推动两国经济优势互补，向持久和深入方向发展，使两国产业界和消费者广泛获益，造福于两国人民。

8.3.2 澳大利亚市场营销建议

前面介绍了澳大利亚的经济和贸易状况，作为世界上最富有的国家之一，其人均收入和社会福利非常高，市场消费能力旺盛，是很多国际企业趋之若鹜的大市场。由于澳大利亚是移民国家，各种文化相互融合，加之历史上英属殖民地的影响，且澳大利亚又拥有较高的市场成熟度和消费理性，所以在澳大利亚进行市场营销活动还需注意政治、文化、法律等各方面的因素。本部分主要分析在4P框架下，全球化企业进入澳大利亚开展市场营销活动中的注意事项和应对策略。

1）产品策略

一个产品的属性是一系列产品属性的集合体。如汽车的属性包括动力、设计、品质、运行表现、能耗和舒适性；汉堡包的属性包括口味、地质和大小；旅店的属性包括环境、品质、舒适度和服务。如果产品的属性与消费者需求相匹配，价格也比较合理的话，产品就卖得好。而消费者的需求会因文化和经济发展程度在各国有所差异，产品在某地销售还会受到当地产品标准的制约，这些都是在发达市场制定产品策略时应该注意的事项。

第一，文化的差异。

每个国家都有自己鲜明的文化特色，在很多方面都有或大或小的差异，包括社会结构、语言、宗教和教育等。这些差异对市场战略的制定具有重要意义。文化的差异最重要的方面体现在产品对当地传统的冲击，在食品和饮料方面尤其重要。例如，为反映传统饮食习惯的差异，根据不同饮食文化，个性化地定制不同的产品，瑞士食品巨头雀巢公司的冷冻食品部向英国市场供应冻鱼饼和鱼条，向法国市场供应牛排和红酒焖仔鸡，而向意大利市场供应蘑菇烩蛋白等，尊重当地饮食习惯的同时也在当地市场上大获成功。

另外，口味和偏好越来越世界化，这是一个发展趋势：咖啡在日本和英国比茶更受欢迎，而美国式的冷餐在稍加调整之后大受欧洲消费者的欢迎。利用这一优势把澳大利亚的速溶咖啡、通心面、低热量烹调冷餐以基本相同的方式推向北美和西欧市场。

第二，经济发展。

经济发展水平上的差异也扮演着重要的角色，消费者的行为受一个国家发展程度的影响。在高度发达的国家诸如澳大利亚市场，销入其国家的产品往往被注入大量额外的性能及属性。这些额外的属性通常并不是欠发达市场的消费者所需要的，其经济能力决定了产品的附加值。例如，在经济比较发达的市场出售的汽车上往往配有很多功能，如空调、动力转向、电动窗、收音机等。

相关研究表明，发达国家的消费者通常不愿因为价格而牺牲他们偏好的产品属性。这些消费者通常喜欢花更多的钱购买那些有附加属性和特征、适合他们品味和偏好的产品。例如，第一流的四轮驱动运动型轿车如克莱斯勒公司的吉普、福特公司的探险者、丰田公司的陆地巡洋舰等，大多销往中等收入以上的国家（包括澳大利亚）。原因有很多，包括消费者的收入水平、广阔的地域、相对低廉的汽油费以及户外活动为主的文化意识和美式生活方式。

第三，产品与技术标准。

由于各国政府颁布的产品与技术标准存在差异，会排除大规模生产和标准化产品推向市场的可能性，技术标准的差异也会限制产品进入某国市场，其中的一些差异是由历史的影响造成的，但大多数是因为各国为保护本国产业而进行的贸易保护行为。现在介绍一些澳大利亚有关这个方面的禁忌：

①部分商品需要进口许可证，如建筑设备、起重机、叉车等。要有进口许可证的商品必须在许可证有效期内抵达目的港口。

②免原产地证明。如果是来自澳大利亚向其提供优惠关税国家的商品，则必须提供特殊的原产地证明书。

③向澳出口含酒精的饮料，必须提供年代证明。

④出口香烟，必须规定香烟焦油含量和尼古丁含量限度，并在包装上打上相应的标记。

⑤对于皮革、仿皮革制品、鬃毛制品、钟表、软垫和弹簧床垫、鞋类、冰箱、冰柜、便携式灭火器、医药用品、化妆品、化肥等，必须严格遵守澳方的标签规定，且要与进口商商定详细内容。

⑥出口机动车、自行车和反光镜、玩具，必须注意安全规定，并提供安全要求的具体规格。

⑦对于食品、糖类制品、饮料、麻醉品、肉类制品、植物及植物制品、种子以及皮毛等商品，必须提供卫生检疫证明。

2）分销战略

企业营销组合的一个重要元素是其分销战略，也就是向消费者推广产品所使用的方式。企业可以选择在一个特定的国家制造产品，这样就能直接向消费者、零售商、批发商出售产品。同样，也可以选择在国外制造产品，然后找一个进口代理商，让他和批发商、零售商或者消费者打交道。

在进入澳洲市场时，企业选择哪种方式进入呢？最合适的战略取决于每种选择的相对成本和盈利。各个国家情况不同，主要由以下四个因素来决定：零售集中度、渠道长度、渠道排他性和渠道质量。然而，由于澳大利亚本身市场成熟，寻找排他性且高质量的渠道很难，而且当地人力成本和土地成本比较高，因此建议使用较长的渠道，选择出口代理的方式进入。

应用长渠道的好处也很明显：首先，当零售业非常松散的时候，它可以降低销售成本。澳洲市场本身地广人稀，零售企业纷纷逐鹿，分布松散，这样就比较适合长渠道进入。其次，选择排他性的优质的进口代理商，既可以节约在当地设厂的各种成本，同时当地进口代理商同批发商、零售商及重要客户建立了长期的关系，能比企业自身更好地赢得订单和进入销售渠道。最后，如果当地渠道质量较差，再考虑逐步提升渠道质量，或者自建渠道。

3）传播战略

整合营销传播理论的创始人舒尔茨发表过这样的观点：营销即传播。可见，在现代营销中，传播和沟通非常重要。传播即向未来消费者通报产品的属性，有若干种沟通渠道可选择，包括直销、促销及广告宣传。这些策略方法是现成的，可以组合起来，灵活加以应用。最关键的是在新进入一个成熟市场（如澳大利亚市场）时，如何克服传播和沟通上的障碍。

第一，文化障碍。

文化障碍是跨文化信息沟通的主要障碍。因为文化上的差异，一条信息在一个国家的意思与另一个国家的可能完全不同。例如，2008年1月8日，西班牙大报之一《国家报》在第15版上刊登一个整版的法国雪铁龙汽车广告。但广告画面的主角并不是雪铁龙汽车的形象，而是中国已故领袖毛泽东的照片，而且毛泽东的形象被广告设计者进行了肆意篡改，被电脑技术改得神态奇怪。广告的标语是："雪铁龙，2006和2007年度销售领袖。恺撒风范尽现！"雪铁龙在广告语中写道："毫无疑问，我们是王者，对于雪铁龙，革命远远没有结束。我们将在2008年将所有已有的技术优势进行到底。来吧……"这则广告一出现在西班牙媒体上就引起了中国侨民的强烈反响。商家在制作广告时，并没有考虑到文化的因素，毛泽东作为中国的第一代领导人，带领中华民族赶走了日本殖民侵略者，实现了伟大复兴，在中国人民心中有非常崇高的地位，不容他们拿来开玩笑！

当然，由于文化差异引起的沟通障碍不仅表现在广告和促销等方面，有时候也影响企业和当地批发商、零售商以及消费者的交流。下面介绍一下在澳洲市场接触客户时需要注意的事项：

①澳大利亚人一般都称呼对方的名字，但我方人员不宜直呼对方名字，应该称他为"某先生"，直到他要求改变称谓为止。

②在澳商务旅行时，需注意尊重司机。澳大利亚人乘出租车时，一般都注意与司机并排而坐，他们认为这样才是对司机表示尊重，否则，会被认为失礼。

③与澳商以及其他人交往时，需特别注意一视同仁，不可对人冷热不一。澳大利亚人不那么计较社会地位，平等意识很重。

④澳大利亚人时间观念很强，讲究守时守信，因此我方人员务必准时赴约，切忌迟到。

⑤切忌对人眨眼，即使是很友好地向人（尤其是妇女）眨眼，也会被认为是一种极不礼貌的行为。

⑥赞扬对方时千万不要竖起大拇指，这在澳大利亚被认为是猥亵的下流动作。

⑦与澳大利亚人交谈切忌说"自谦"的客套话，他们认为这是虚伪、无能或瞧不起自己的表现。

⑧澳大利亚人重视办事效率。谈判中，他们派出的谈判人员一定都具有决定权，因此我方派出的谈判人员也要同样具有决定权，否则他们会很不高兴。

⑨由于澳大利亚是移民国家，不同的澳洲商人存在不同的风格。例如，如果和英裔商人进餐时提起生意，他们不会予以理睬，但与美裔商人就可以边吃边谈生意，而且还会谈得很起劲。因此，在商务谈判过程中要有针对性地了解对方。

⑩在澳大利亚开展商贸活动，需要选择合资或是合作伙伴时，一定要向当地的会计、法律事务所咨询，并要征求驻澳使馆、总领事馆的意见。在澳大利亚开办企业，注册资本不能太多，因为抽回资金须经法院审理，通常在合资企业股份中我方至少占60%以上，这样才有发言权。最好不向澳大利亚当地银行贷款，因为贷款需用银行存款、财产、房产做抵押，且利率较高，为17%～19%。

第二，原产国效应和噪声影响。

原产国效应是指信息接受者（潜在消费者）根据信息发布者的地位和形象来评价信息。当目标国家的潜在消费者对国外公司或品牌产生偏见时，源头影响会对国际企业造成伤害。比如澳大利亚人大多对中国企业生产的衣服鞋帽、小商品等有好感，而对科技含量和附加值比较高的产品可能会持怀疑态度，这就需要企业在进入该市场时采取一定方法（比如换品牌、与当地品牌合作等）弱化其外国渊源，来应对负面的源头影响。

源头影响和原产国影响并不总是负面的。法国的葡萄酒、意大利的时装和德国的豪华轿车都有广为人知的正面影响，这些企业就可以利用现有的产地光环效应直接打进市场。

噪声是指争夺潜在消费者关注的其他信息量。在不同市场，噪声的差别也很大。通常在经济发达、市场成熟的地方，如美国、西欧国家、澳大利亚，噪声非常多；相反在发展中国家，由于竞争较少，噪声相应较少。

4）定价战略

定价战略是市场营销的重要组成部分。定价的方法很多，视不同市场环境而定，主要有差别定价法、掠夺性定价法、经验曲线定价法等，这些都是有章可循的现成方法，这里不做介绍。本部分主要讨论发达国家市场的法规对价格的影响。

当中国的企业走出国门，依靠低廉的劳动力成本掠夺市场的时候，企业的定价行为和战略定价能力受到当地法规条例的限制。其中，最重要的是自主定价的自由被反倾销法规和竞争政策所约束。

第一，反倾销法规。

倾销是指企业以低于生产成本的价格出售产品，不同的国家对倾销行为的界定不清楚，这就给很多企业在国外（尤其是法制健全的市场，如澳大利亚）带来很多麻烦。例如，一个国家依据 GATT（关贸总协定）第六款所规定的两个标准，即"低于公平价值的"销售以及对"国内行业有实质性的损害"，就能对进口产品采取反倾销行动。这样模棱两可的表述导致一些人认为，只要在国外销售的价格比国内的价格低，尽管不低于成本，也属倾销。

现在中国生产的很多产品在发达国家市场被视为倾销行为而受到限制，因此企业在发达国家市场不仅要灵活运用市场定价方法，更需要时刻用法律的武器保护自己的正当利益。

第二，竞争政策。

大多数发达国家都有条例和法规来促进竞争、限制垄断。这些条款可以有效地限制企业在特定国家所制定的价格。例如，有段时间，瑞士制药商豪夫迈–罗须公司（Hoffmann-La Roche）垄断了安定和氯氮卓的供应，因此受到英国、荷兰、德国、丹麦等欧洲国家的一致指责，令其把价格降低 35% ~ 40%。同样，企业在澳大利亚市场上要密切关注并遵守当地严格的竞争法规，以免被视为垄断而遭到排斥。

8.4 太平洋岛屿国家的市场营销

关于太平洋不发达岛屿国家的经济、政治和区域合作概况在本章开篇时已经做了介绍，这些国家包括巴布亚新几内亚、斐济、基里巴斯、所罗门群岛、汤加、图瓦卢、瓦努阿图、萨摩亚、马绍尔群岛、库克群岛、瑙鲁、帕劳、纽埃、密克罗尼西亚、东帝汶等。这些国家大都被当今世界定义为第三世界国家，即有着严重经济问题的不发达国家。既然这些国家经济落后，政治不稳定，基本上无市场可言，企业进入这些国家又有何目的呢？原因归结为以下几点：

8.4.1 在太平洋岛屿国家市场营销面临的困难

（1）这里的消费者通常没有受过什么教育，生活在仅能提供必要公共服务（电力、通信）的村庄。

（2）缺乏可靠的市场营销信息。原因是当地政府会把更多的精力投入到基础设施建设上，而非旨在收集和比较信息的国民统计体系。

（3）尽管产品普遍短缺，而且存在有许多种类产品的买方市场，但需求与顾客支付能力不匹配。

（4）销售渠道长，没有完善的运输和仓储体系。其后果是出口商不得不放弃对最终售价的控制权，中间商会根据供求关系随时调整自己已经相当高的加价部分，现代管理体系无法引入。

8.4.2 企业开发太平洋岛屿市场的原因

（1）准备在第三世界国家掌握市场主动权的企业，采取"放长线钓大鱼"的策略，尽早进入这些无人理睬的市场，做好长远打算。

（2）在这些国家，也有少数聚集富有中产阶级的城市地区，这些国家的中等收入家庭数量每年都在增长。

（3）很多国家以出口矿产和原材料来换取工业设备和制成品，对进口产品的需求稳步增长，而且当地政府为刺激经济增长，对所需的工农业产品实施很多优惠政策，甚至取消外汇管制来换取经济的发展。

（4）太平洋岛国是世界上公认的"避税天堂"，大量企业在这里设立离岸公司，经营离岸金融业务，以获取暴利。

资料链接：避税港

8.4.3 营销建议

为了让产品或促销方式对较为贫穷和文化水平低的消费者具有吸引力，应该改进营销组合。首先产品应做得非常简单，说明书也应以图片和符号而不是文字来表述。可以通过降低非核心零部件的质量水平来降低价格。由于产品维修和保养设施距离消费者住所较远，有时应将产品做得足够结实和耐用，并且将一些消费者自己能动手安装的零部件与整个产品一同出售。注意，这些国家的消费者购买非食类产品的概率和频率都很低。

在这些国家里，购物活动（而非广告）是产品信息的主要来源，一般来说消费者会向以前有过购买经验的同伴寻求建议，因此产品口碑很重要。传统的广告形式处于辅助地位，厂商可以使用一些最基本的"铁的事实"来为其产品做广告，消费者通常成熟度不高，理解能力有限，容易被直接的效果诱惑。

中国有巨大的消费市场，太平洋岛国有丰富的资源，在"一带一路"倡议推进下，太平洋岛国企业将有机会利用自己的农产品、海产品的价格和质量优势，"在中国市场有一番作为"。同时，中国企业也可以在太平洋岛国开拓市场，营销自己的产品，双方互惠互利。

本章小结 ✏

21世纪中美竞争的焦点非太平洋地区莫属，可见太平洋岛国的地缘重要性。太平洋这些国家虽小，但资源丰富，战略位置显赫。本章介绍了太平洋岛国的组成以及经济发展现状，进而引出在世界区域经济一体化的国际背景下，太平洋岛国论坛这一区域性经济组织的由来、发展现状、相关政策分析，为后文介绍特定区域的营销战略奠定基础。因本区域内国家众多，且分布较为零散，本章选择具代表性的国家和地区（澳大利亚和其他岛屿国家）就营销战略和营销过程中的注意事项进行阐述，希望可以对国际企业进入这一经济战略要地起到抛砖引玉之作用。

思考题 👥

1.名词解释：

太平洋岛国论坛　非加太　传播战略　原产国效应　避税港

2.简述南太平洋岛国存在的问题与挑战。

3.论述太平洋岛国论坛的发展史及重要意义。

4.阐述澳大利亚市场的营销方法与途径。

5.案例分析

澳大利亚旅游业的社交媒体战略：口碑和视频营销

"当选者不但可以每日与白沙、碧水、艳阳为伴，还能享受半年15万澳元的高薪。看护员将从2009年7月1日至2010年1月1日在汉密尔顿岛工作。工作的主要内容是探索大堡礁各个岛屿，每周通过更新博客和网上相册、上传视频、接受媒体采访等方式，向外界报告自己的探奇历程。看护员还需要喂海龟、观鲸鱼，并担任兼职邮差，这可以让他或她有机会乘坐水上飞机从高空俯瞰大堡礁美景。另外，还有帆船航行、潜水等多项活动。"

大家还记得这则"招聘广告"吗？没错，这就是澳大利亚昆士兰旅游局2009年引发全球热议的大堡礁岛主全球招募。这次的招募与Youtube紧密合作，借助

Youtube 在全球范围内巨大的影响力，实现了口碑和"病毒"传播，最终让昆士兰旅游局收获了 3.5 万份申请以及全球对大堡礁的关注。这一由澳大利亚机构 CumminsNitro 设计的事件，已经被包括英国路透社在内的知名媒体评为 2009 年堪称经典的网络营销案例。在收获由社交媒体带来的巨大成功之后，澳大利亚国家或者地方旅游局一直致力于通过社交媒体、口碑营销和视频营销来提升民众对澳大利亚旅游业的关注度。

澳大利亚旅游业的口碑营销

当很多旅游地还在用铺天盖地的硬广告来宣传迷人的风景时，澳洲旅游业已经早早地意识到，在这个社交媒体高度发达的时代，用户更看重的是来自用户之间互相分享的、更为真实的信息，而不是官方发布的几张死板的宣传照片。2013 年，塔斯马尼亚旅游局发起名为"Great Tassie Instagram Journey"的活动。活动聚集了 9 位在 Instagram 极具影响力的用户，环游塔斯马尼亚 8 天，他们在旅途中及时更新 Instagram 中的照片，在 Instagram 发布的几百张照片吸引了超过 200 万 Instagram 用户的关注。另外，塔斯马尼亚旅游局还在 Instagram 上设有官方账号 @DiscoverTasmania，鼓励用户将在塔斯马尼亚拍摄的照片标注 #DiscoverTasmania 的标签，以便强调这些照片的拍摄地。塔斯马尼亚旅游局的局长 John Fitzgerald 说，景点在社交媒体中的曝光带来了无法估量的价值。通过社交媒体宣传旅游地的优势之一是成本低廉，而且能产生丰富的内容。人们通过社交媒体向亲友推荐，增加旅游景点的吸引力。所以，我们为塔斯马尼亚找来世界各地的旅游者，让他们通过社交媒体分享他们的故事。2013 年，澳大利亚旅游局再一次启动"Best Jobs in the World"活动，由之前成功当选"岛主"的 Ben Southall 担任宣传大使，主要目的是吸引全球的打工度假者选择澳大利亚作为他们的目的地。活动的主要传播渠道有 Youtube 和优酷等视频网站的宣传视频、Facebook 官方页面以及电子报。这次活动吸引了来自 196 个国家的 33 万参赛者。参赛者需要递交 30 秒的视频。经过筛选，有 18 位进入面试，最后有 6 位参赛者赢得了"全世界最棒的工作"，获得 10 万澳元的薪酬以及签订为期 6 个月的合同。他们作为玩乐达人、内陆冒险家、森林看护员、野生动物看护员、时尚摄影师和美食家分别在澳大利亚的 6 个主要地区工作，并且通过澳大利亚官方旅游网站以及个人的社交媒体来分享他们在澳大利亚的精彩生活。在活动举办期间，澳大利亚旅游局打工度假者的 Facebook 主页从 15 万粉丝增长到 47 万粉丝，全世界的年轻人都希望到澳大利亚体验良好的气候和美丽的风光。

澳大利亚旅游局的视频营销

澳大利亚旅游局营销的另一大方向就是推出以澳大利亚主要景点为拍摄地的微电影或者宣传片，并整合各项资源，通过在旅游局官网开辟专区、与主流视频（优酷、爱奇艺等）及社交网站（新浪微博）合作的方式，提升视频的影响力，实现营销目的。《再一次心跳》是澳大利亚旅游局在 2012 年联合多家视频网站与社交媒体推出的微电影，由两岸人气颇高的罗志祥和杨丞琳主演，拍摄地辗转悉尼、墨尔本和塔斯马尼亚，将城市风光融入唯美的剧情中，吸引大中华乃至整个亚洲旅游市场的关注。在这次微电影营销中，土豆网铆足劲推广该片，通过 Channel 豆首播、设置微电影专属页面、土豆网新浪官方微博宣传来引发全民关注。另外，明星效应也是此次营销战略成功不可忽略的一个因素。《再一次心跳》对主演的选择可谓是"精准犀利"。首先，澳大利亚是不少中国台湾和香港地区年轻人"打工度假"的首选目的地，因此选择出身台湾的演员拉近了微电影和观众之间的距离。另外，罗志祥和杨丞琳曾经在 2009 年台湾偶像剧《海派甜心》中有过情侣档的合作，这对"最强荧幕情侣"再度浪漫牵手，本身就具有很强的话题性和可看性。微电影上映后，罗志祥本人也积极发布原创微博以及转发土豆网微博，配合宣传，吸引粉丝对这部微电影的关注。《再一次心跳》凭借两位明星的高人气，仅播出两周就获得了 3 500 万的网络点击量，创下了土豆网开台以来，最短时间 11 天突破 3 500 万点击量的微电影记录。《再一次心跳》海峡两岸总点击量破亿，影片的几个主要拍摄地也成为网上热搜的关键词。2013 年 10 月，澳大利亚旅游局邀请吴奇隆代言，作为"澳大利亚之友"来到悉尼拍摄澳大利亚旅游宣传片。澳大利亚旅游局行政总裁 Andrew McEvoy 表示："吴奇隆先生是红遍亚洲、拥有强大粉丝团的实力男艺人，特别是在中国内地，这一澳大利亚增长最快、最具价值的国际客源国市场，吴先生即将开启的'澳大利亚奇遇记'美妙旅程引起了广泛关注，这无疑将激发更多游客赴澳旅游的热情和意愿。"这次，爱奇艺作为澳大利亚旅游局的特邀合作媒体，建立了"吴奇隆澳大利亚奇遇记"专门页面，从 2013 年 11 月 15 日起，每周五呈现吴奇隆在澳大利亚每一天的美丽和奇遇。在澳大利亚旅游局的官方微博上，也插入了吴奇隆对"奇遇记"的简短介绍，方便用户快速地了解短片内容。同时，吴奇隆本人也在新浪微博上不遗余力地对粉丝宣传这部短片。澳大利亚旅游局在中国可谓是用尽各大主流社交媒体进行旅游营销。除了专门的中文版旅游局官网、新浪微博、优酷专区之外，还建立了官方微信、腾讯微博、Instagram。另外，澳大利亚旅游局还专门针对 iPad 等平板电脑设计了免费 APP，帮助中国游客更好地规划在澳大利亚的旅行。

资料显示，中国是目前澳大利亚增长最快和最具价值的客源国市场，年旅游消费总额超过 45 亿澳币。在过去的 12 个月中，共有 70 万中国旅客赴澳旅游。预计到 2020 年，中国对澳大利亚旅游业的经济贡献可达 90 亿澳元。

资料来源　佚名.澳大利亚旅游业的社交媒体战略：口碑和视频营销［EB/OL］.［2017-12-22］. http://socialbeta.com/t/tourism-australia-social-media-strategy.html.

问题：

谈谈澳大利亚旅游局的成功营销对中国旅游业的启示。

资料链接：澳大利亚的一些文化禁忌

南美洲国家市场营销分析

通过本章学习，你应该达到以下目标：

知识目标：了解南美洲国家联盟的发展史、组织机构及其现状，南美洲国家的政治、经济、文化、科技等相关知识。

技能目标：辨析巴西、阿根廷、秘鲁国家贸易政策的异同。

能力目标：根据南美洲国家市场的特性，分析进入该市场的策略及规避风险措施。

9.1 南美洲国家联盟概况

南美洲国家联盟是根据《库斯科声明》于 2004 年 12 月 8 日成立的主权国家联盟，联盟原名叫南美洲国家共同体，2007 年 4 月 16 日更名为南美洲国家联盟。

南美洲国家联盟由阿根廷、巴西、乌拉圭、巴拉圭 4 个南方共同市场（简称"南共市"）成员方和玻利维亚、哥伦比亚、厄瓜多尔、秘鲁、委内瑞拉 5 个安第斯共同体（简称"安共体"）成员方，以及智利、圭亚那和苏里南共 12 个南美洲国家组成。南美洲国家联盟是一个国内生产总值达 1 万多亿美元，有 2 000 亿美元的出口总额、3 000 亿美元的外债、800 万平方千米的森林面积以及占世界总量 27% 的淡水的地区性组织，其综合能力居世界第 5 位。该组织另有 2 个观察员国：巴拿马和墨西哥。

1）形成过程

将"南美洲组成一个整体"是南美洲解放者玻利瓦尔的一个梦想，也是拉美国家多年来努力推动地区一体化进程的结果，但真正起推动作用的是巴西政府。1991 年南方共同市场成立时，巴西就认为，南方共同市场只不过是"南美洲一体化的雏形"，下一步的目标是建立一个包括所有南美洲国家在内的南美自由贸易区。1993 年 10 月，巴西正式提出建立南美自由贸易区的倡议，目标是在 10 年内建立南美自由贸易区，使这个市场上 80% 的贸易免除关税。为推动建立南美自由贸易区，巴西采取了以下几项措施：

第一，推动南共市的扩大。1996 年 10 月，智利和玻利维亚成为南共市的联系成员方。2003 年 8 月，秘鲁与南共市签署自由贸易协定，并成为联系国。2004 年 7 月，南共市第 26 次首脑会议决定接纳墨西哥和委内瑞拉为联系国。2004 年 12 月，南共市第27次首脑会议决定接纳厄瓜多尔为联系国。

第二，推动南共市与安共体的自由贸易谈判。1998年4月，南共市与安共体签署建立自由贸易区的框架协定，2004年10月正式签署自由贸易协定。

第三，复活了亚马孙合作条约组织。该组织成立于1978年7月，成员方包括玻利维亚、巴西、哥伦比亚、厄瓜多尔、秘鲁、圭亚那、苏里南和委内瑞拉。但此后巴西将外交重心转向南锥地区，该组织基本陷于停顿状态。2002年，亚马孙合作条约组织在巴西设立了常设秘书处。2004年9月，亚马孙合作条约组织举行了外长会议，制定了《2004—2012年战略计划》。

第四，组织召开了三届南美洲国家首脑会议。2000年8月，巴西总统卡多位在巴西首都巴西利亚主持召开了第一届南美洲国家首脑会议。除南共市4国、安共体5国及智利之外，巴西利用首脑会议这种形式，将亚马孙条约组织成员方圭亚那和苏里南吸收进来，并且首脑会议讨论的合作范畴也不断扩大。2002年7月，在厄瓜多尔举行了第二届南美洲国家首脑会议，通过了《南美基础设施地区一体化行动计划》，同意在未来10年实施能源、运输和电信等基础设施的一体化。2003年卢拉政府上台后，继续推动南美洲国家的自由贸易谈判和基础设施一体化，同时还积极推动南美洲国家建立安全合作机制。2004年12月8日，第三届南美洲国家首脑会议宣布成立南美洲国家共同体，但没有明确共同体的性质、宗旨、纲领以及运行机制。

2005年9月30日，第一届南美洲国家共同体首脑会议在巴西首都巴西利亚举行，12个成员方的总统或代表以及外交部长出席了这次会议。会议通过了《主席声明及优先日程》《行动计划》《基础设施一体化声明》等文件。会议还就南美地区一体化进程中的趋同问题发表了一项声明，表示将促进南美国家之间经济互补协议的趋同化，并要求地区内的有关一体化组织对此进行研究。

此次首脑会议还对尼日利亚总统奥桑巴乔提出的举行南美洲-非洲国家首脑会议的建议表示欢迎，还一致表示，将为落实南美洲-阿拉伯国家首脑会议决议和建议而努力。会议决定，第二届南美洲国家共同体首脑会议于2006年在玻利维亚举行。

2006年12月8日至9日，第二届南美洲国家共同体首脑会议在玻利维亚第三大城市科恰班巴举行。会议通过了《科恰班巴宣言》和《深化南美一体化进程战略计划》等文件，以推动南美地区的均衡发展。

2007年12月南方银行成立，拉美一体化进程又迈出坚实一步。2008年5月23日，南美洲国家联盟特别会议在巴西首都巴西利亚举行，12个成员方的领导人签署了《南美洲国家联盟宪章》。宪章指出，南美洲国家将加强成员方之间的政治对话，重点在经济、金融、社会发展和文化交流等领域开展区域一体化建设。宪章规定，南美洲国家联盟的专门机构包括由国家元首和政府首脑组成的委员会、外长委员会、代表委员会以及设在厄瓜多尔首都基多的秘书处。

《南美洲国家联盟宪章》的签署，标志着南美洲一体化进程取得了里程碑式的胜利，也标志着南美洲国家从此将以一个共同的身份出现在国际舞台上。

2）宗旨

增进南美洲国家间政治互信，促进经济、社会一体化，强化南美洲国家特性；实现地区政治、经济、社会和文化领域的全方位一体化，优先促进政治对话并深化在社会政策、教育、能源、基础设施、金融和环境领域合作。

3）成员

正式成员12个：阿根廷、巴西、乌拉圭、巴拉圭、委内瑞拉、玻利维亚、哥伦比亚、厄瓜多尔、秘鲁、智利、圭亚那和苏里南。墨西哥和巴拿马为观察员国。阿根廷为现任轮值主席国（2017年4月上任）。

4）主要负责人

2011年3月，南美洲国家联盟外长委员会决定由玛利亚·梅希亚（哥伦比亚前外长）和阿里·罗德里格斯（委内瑞拉电力部长）轮流担任秘书长，任期各一年。梅希亚于2011年5月就任。2012年6月梅希亚卸任，罗德里格斯就任。2014年8月22日到2017年1月，埃内斯托·桑佩尔（哥伦比亚前总统）担任南美洲国家联盟秘书长。截至本书出版之时，秘书长一职暂时空缺。

5）组织机构

①国家元首和政府首脑委员会：最高机构，每年举行1次例会。

②外长委员会：负责筹备国家元首和政府首脑委员会会议并执行其决定，协调南美洲一体化等重要问题的立场，每半年召开1次例会。

③代表委员会：由各成员方派1名代表组成，负责筹备外长委员会会议，并执行国家元首和政府首脑委员会会议及外长委员会会议决定，每2个月召开1次例会。

④秘书处：设在厄瓜多尔首都基多，负责处理日常事务。

⑤理事会：联盟共有防务、卫生、能源、反毒、选举、基础设施和计划、社会发展、教科文与技术创新、经济金融和公民安全、司法与打击有组织犯罪等10个理事会。

⑥南美洲国家联盟议会：根据2008年5月签署的《南美洲国家联盟组织条约》建立，总部设在玻利维亚科恰班巴。2008年10月，智利总统巴切莱特和玻利维亚总统莫拉莱斯为议会总部奠基，这标志着南美洲国家联盟议会诞生。此后，议会总部一直处于筹建中。

⑦南方银行：2009年9月正式成立，总部设在委内瑞拉首都加拉加斯。

6）联盟成立的主要意义

第一，在《南美洲国家联盟宪章》经过成员方国会通过后，南美洲国家联盟将从此具有国际法人资格，正如巴西前总统卢拉所说，"南美洲国家从此将以一个共同的身份出现在国际舞台上"，南美洲国家联盟将与欧盟、非盟等地区组织展开对话，谋求地区间合作。

第二，南美洲国家联盟是由南美洲国家自己建立的独立于美国的一体化组织，它没有让美国参加。南美洲国家联盟将在21世纪提高南美洲人的地位。

第三，南美洲国家将加强联盟内部成员方之间的政治对话，重点在经济、金融、社会和文化等领域开展区域一体化建设。南美洲国家联盟将可能建立一个中央银行，为本地区发行一种统一的货币。

第四，准备成立南美洲防务委员会。这个南美洲防务委员会将采用北大西洋公约组织的模式，其目的：一是保卫本地区拥有的丰富的自然资源；二是防止和制止任何直接干涉南美洲国家的图谋；三是缓解南美洲国家之间的关系。

7）主要活动

2007年4月，在委内瑞拉玛格丽塔岛召开的首届南美洲能源峰会决定将南共体更名为"南美洲国家联盟"，并在厄瓜多尔首都基多设立常设秘书处。

2008年5月，南美洲国家联盟特别首脑会议在巴西首都巴西利亚召开，12个成员方元首或代表与会并共同签署《南美洲国家联盟组织条约》，为该组织建章立制，明确南美洲国家联盟是具有国际法人资格的地区组织。这标志着该组织正式成立，南美洲国家以共同身份出现在国际舞台上。

2008年12月，南美洲国家联盟领导人特别会议在巴西举行，宣布成立"南美防务理事会"和"南美卫生理事会"。

2009年8月，南美洲国家联盟年度首脑会议在厄瓜多尔首都基多举行，会议讨论了国际金融危机、洪都拉斯局势、美国在哥伦比亚设立军事基地等议题，发表了《基多声明》，并宣布成立南美反毒、基础设施和计划、社会发展、教科文与技术创新四个专门委员会。

2010年2月，南美洲国家联盟特别首脑会议在基多举行，宣布设立总计3亿美元的海地震后重建基金，其中1亿美元自筹、2亿美元寻求美洲开发银行贷款。

2010年5月，南美洲国家联盟特别首脑会议在阿根廷布宜诺斯艾利斯省卡达莱斯镇举行，会议以协商一致方式推举阿根廷前总统基什内尔担任联盟首任秘书长。会议还就南美能源战略及行动计划和南美能源条约框架达成一致。

2010年11月，南美洲国家联盟年度首脑会议在圭亚那首都乔治敦举行，各方签署了《民主议定书》，规定对发生政变等违宪行为的成员方采取外交、政治和贸易制裁。各方就加强团结推进地区一体化、推动能源可持续发展、应对气候变化等议题进行了讨论。厄瓜多尔和哥伦比亚宣布全面恢复2008年3月以来中止的外交关系。圭亚那接替厄瓜多尔担任联盟轮值主席国。

2011年3月，南美洲国家联盟外长委员会会议在厄瓜多尔首都基多举行，宣布具有宪章性质的《南美洲国家联盟组织条约》生效，这标志着联盟成为具有国际法人地位的地区组织。会议决定由哥伦比亚前外长梅希亚和委内瑞拉电力部长罗德里格斯轮流担任联盟秘书长，任期各一年。会后，各国外长还出席了联盟秘书处大楼奠基仪式。

2011年10月24日，南美洲国家联盟获得联合国观察员地位。29日，南美洲国家联盟在巴拉圭首都亚松森举行第五次峰会。会议发表联合声明，决定成立南美洲国家联盟选举理事会，巴拉圭接替圭亚那担任轮值主席国至2012年秘鲁峰会，会议还就主权、领土完整、人权、多元化发展和提高人民生活水平等议题进行了讨论。

2012年6月，南美洲国家联盟在阿根廷门多萨市召开首脑特别会议，讨论因巴拉圭总统卢戈突遭弹劾带来的问题和影响，会议要求巴拉圭遵守民主秩序，决定在2013年4月巴拉圭举行民主大选前暂停巴拉圭会员国资格，并由秘鲁临时接替巴拉圭担任轮值主席国。

2012年11月，南美洲国家联盟在秘鲁首都利马召开第六届峰会。会议以"一体化与社会融合、地区和平与安全"为主题展开探讨，决定成立公民安全、司法与打击有组织犯罪理事会，加强区内基础设施一体化建设和各领域合作，进一步消除贫困和不平等，促进共同防务。会议发表包括《利马宣言》在内的多个文件。

2013 年 8 月 30 日，南美洲国家联盟在苏里南首都帕拉马里博举行第七届首脑会议。会议围绕推动南美一体化、完善联盟机制建设、深化各领域合作、构建南美共同身份及更好地开发利用自然资源等议题进行讨论，并就叙利亚局势发表声明。会议通过《帕拉马里博宣言》，会后苏里南接替秘鲁担任联盟轮值主席国。

2014 年 7 月 16 日，南美洲国家联盟同金砖国家领导人对话会在巴西利亚举行。与会各国领导人围绕"包容性增长的可持续解决方案"这一主题展开讨论，共商加强南美国家和金砖国家合作。

2014 年 12 月 4 日至 5 日，南美洲国家联盟先后在厄瓜多尔瓜亚基尔和首都基多两地举行特别首脑会议。期间，举行了联盟常设秘书处总部揭幕仪式。会议重点讨论了完善联盟机制建设、推进务实合作、构建南美共同身份等议题，并通过最终宣言。

2015 年 3 月，南美洲国家联盟在厄瓜多尔首都基多举行特别外长会议，呼吁美国尊重委内瑞拉主权，废除对委实施制裁的行政法令，同委政府开展建设性对话。

2016 年 4 月，南美洲国家联盟在厄瓜多尔基多举行外长委员会，宣布对厄瓜多尔启动自然灾害与风险管理协调互助机制，并关注巴西总统弹劾案进程。会上委内瑞拉接任联盟轮值主席国，任期一年。

9.2　南美洲国家市场环境分析

9.2.1　政治发展情况

20 世纪 90 年代以来，南美洲国家的政治发展进程呈现出以下特点：一是政局基本稳定，绝大多数国家的总统选举都能按时举行。虽然局部地区或个别国家的政局出现过动荡，如 2001 年年底阿根廷发生严重危机，2002 年委内瑞拉发生未遂军事政变等，但从总体上看，南美地区的民主化进程得到基本巩固。二是政党格局有所变化。传统政党日渐衰落，多党角逐和多党派联合执政的局面形成。1998 年，随着查韦斯当选委内瑞拉总统，其民主行动和基督教社会党长期把持政坛的"两党政治"格局被打破。2002 年哥伦比亚的两大传统政党在大选中遭遇败绩，两党轮流执政的历史宣告结束。三是左派政党崛起，有的在大选中获胜，有的在会议中占据多数席位。1998 年以来，委内瑞拉、智利、巴西、阿根廷、秘鲁、乌拉圭等国的左派或中左派政党纷纷上台执政。左派政党的获胜应该说是民心所向，既反映了多数民众要求改变现状的急切愿望和对新兴政党寄予的愿望，也反映了传统政党的衰落以及执政能力的下降所带来的政治后果。

2016 年，南美政治形势继续保持整体稳定而局部动荡的格局，南美左翼力量早已开始呈现出日渐式微的态势，而右翼力量则在不断收复"失地"。以最具代表性的国家巴西为例。2016 年 8 月 31 日下午，巴西国会参议院对是否弹劾罗塞夫总统进行表决。81 名议员以 61 票赞成、20 票反对的投票结果，通过了对总统罗塞夫的弹劾案，判定已于2016年5月12日被停职的罗塞夫犯有"渎职罪"，并罢免了她的总统职务。罗塞夫被弹劾，不利于巴西的政治稳定，也不利于南美的左翼力量，同时，对于刺激早已陷入严重衰退的巴西经济和改善其国家形象也有负面影响。在巴西政坛遭遇"地震"之前，面对前所未有的"三重危机"（经济危机、政治危机和社会危机），委内瑞拉右翼力量对查韦斯钦定的马杜罗总统发起了猛烈的攻击。因此，马杜罗总统能否顺利完成其任期，尚为未知数。哥伦比亚长期蒙受内政之苦，而这一困难在2016年终于走到了尽头。2016年6月23日，在古巴领导人劳尔·卡斯特罗的见证下，哥伦比亚总统桑托斯与哥伦比亚革命武装力量指挥官蒂莫莱翁·希门尼斯终于在古巴首都哈瓦那交换了和平协议。9月26日，双方在卡塔赫纳正式签署和平协议。根据这一协议，哥伦比亚革命武装力量将放弃武装斗争，转化为合法政党。经过一个多月的谈判，双方在11月24日签署了新的和平协议。

9.2.2 经济发展状况

1）自然资源

南美洲拥有得天独厚的自然条件和丰富的自然资源，尤其是矿产资源、森林资源、水利资源及渔业资源。

（1）矿产资源

截止到2014年，已知现代化工业中所需要的20多种最重要的矿物原料，南美洲大部分都有，且储量丰富。委内瑞拉的石油储量、巴西的铁矿石储量居世界前列；天然气主要分布在委内瑞拉和阿根廷；煤主要分布在哥伦比亚和巴西；铝土矿主要分布在苏里南；铜矿的金属储量在1亿吨以上，居各洲首位，智利铜的储量居世界第二位，秘鲁居第四位；铋、锑、银、硝石、铍和硫黄储量均居各洲前列；锡、锰、汞、铂、锂、铀、钒、锆、钍、金刚石等矿物的储量也很丰富。

（2）森林资源

南美洲森林面积约92 000万公顷，占全洲总面积的50%以上，约占世界森林总面积的23%，盛产红木、檀香木、铁树、木棉树、巴西木、香膏木、花梨木等贵重林木。草原面积约44 000万公顷，约占全洲总面积的25%，占世界草原总面积的14%以上。

（3）水力资源

南美洲水力蕴藏量估计为46 700万千瓦，约占世界水力蕴藏量的16.9%；已开发的水力资源为560万千瓦，约占世界水力资源总开发量的3.6%。

（4）渔业资源

智利北部沿海和巴西东南部沿海盛产金枪鱼，秘鲁沿海盛产鳀鱼，智利沿海盛产沙丁鱼和鳕鱼。此外，巴西、阿根廷沿海还盛产鲈、鲷、鳀、鲭、鳕等鱼类。秘鲁沿海、巴西沿海为南美洲两大渔场。

2）产业结构

（1）第一产业

农业在南美洲各国经济中具有重要意义。种植业中经济作物占据绝对优势。南美洲是可可、向日葵、菠萝、马铃薯、木薯、巴西橡胶树、烟草、金鸡纳树、玉米、番茄、巴拉圭茶、辣椒等栽培植物的原产地。甘蔗、香蕉、咖啡豆分别占世界总产量的20.5%，其中巴西的咖啡豆和香蕉产量均居世界第一位；可可、柑橘均占世界总产量的25%左右，其中巴西的可可产量居世界第三位；剑麻产量居各洲第二位，主要产在巴西；巴西木薯产量居世界第一位。南美洲向世界提供所需咖啡豆、香蕉、蔗糖的绝大部分及大量的棉花、可可、剑麻等。东南部阿根廷等国则大量出口肉类和粮食，牛、羊出口的总头数在世界上占重要地位。沿海盛产鳀鱼、沙丁鱼、鳗鱼、鲈鱼、金枪鱼等，秘鲁和智利为世界著名渔业国。南美洲大部分国家中多数人从事农业生产，但粮食生产仍不足自给，大多数国家需进口粮食。

（2）第二产业

南美洲工业以采矿业和制造业最为重要。采矿业是南美各国的基础部门，大部分矿产供出口，委内瑞拉、阿根廷、厄瓜多尔、秘鲁等国的石油，巴西、委内瑞拉、智利的铁，玻利维亚的锡、锑，智利、秘鲁的铜，圭亚那、苏里南的铝土，秘鲁的铅、锌、银、铋，智利的硝石、钼，巴西的铌，产量或出口量在世界占据重要地位。轻工业为南美多数国家制造业的主体，肉类加工、制糖、饮料、皮革、纺织、服装等部门较发达。钢铁、汽车、化工、橡胶、电器、机械等重工业集中在巴西、阿根廷、委内瑞拉、智利、秘鲁、哥伦比亚等国家。

（3）第三产业

南美洲的第三产业发展情况要依各国情况而定，巴西、阿根廷、智利、委内瑞拉等国的第三产业发展总体在发展中国家属于中等。巴西是金砖四国之一，属中上等收入国家，第三产业发展较好。另外，第三产业发展程度相对较高的南美国家还有阿根廷、乌拉圭、智利、委内瑞拉等。

南美洲国家拥有多样的环境资源，但受殖民地式经济与大地主制影响，独立后并未出现经济起飞的现象，多为发展中国家。在大地主制下，大地主生产规模大，收入多，竞争力弱的小农户则生活贫困，造成社会贫富差距扩大。同时，为避免与殖民母国利益相抵触，南美洲工业发展受限，仅能输出廉价的农、牧、矿等原料，且高价的工业产品由于受到殖民地式经济影响，仍以出口第一级产品为主。单一化的产品易受国际价格波动影响，使南美洲经济不稳定。为适应国际市场需求，南美洲多种植经济作物，许多国家须进口粮食，导致农业发展失衡。

3）GDP

南美洲各国经济发展水平和经济实力相差悬殊。巴西和阿根廷为经济最为发达的国家，加上委内瑞拉、哥伦比亚、智利和秘鲁，六国国内生产总值占全洲的90%以上。各国现代经济都高度集中在少数大城市或沿海地区，山区和边远地区经济落后。2010年，南美洲GDP为35 783.24亿美元，仅占世界GDP总量649 112.53亿美元的5.69%。2000—2005年间南美洲经济出现负增长，2010年南美洲许多国家经济实力排名比2000年还低。2016年，南美洲GDP为3.6万亿。

9.2.3 社会文化

社会文化是某一特定人类社会在其发展历史过程中形成的。它所蕴含的因素主要有社会结构、风俗习惯、宗教信仰、人口规模等。不同的国家和民族，形成了不同的社会文化环境，并对人们的消费习惯、需求欲望及特点、购买行为和生活方式产生直接或间接影响。

1）人口

截止到 2011 年，南美洲共有约 3.9 亿人。20 世纪 50 年代以来，南美洲的人口形势经历了深刻的变化，主要有以下几个特点：人口增长率有所下降；人口平均寿命有较大幅度提高；人口老龄化出现加快趋势；城市人口比重很高；人口的地理分布不均衡。西北部和东部沿海一带人口稠密，广阔的亚马孙平原是世界人口密度最小的地区之一，每平方千米不到一人。

2）种族

南美洲是个多民族、多种族的地区。南美洲民族成分比较复杂，有印第安人、白人、黑人及各种不同的混血型，其中以印欧混血型最多，其次是白人、印第安人，黑人最少。

3）社会发展水平

随着时代的发展，南美洲国家在减贫、扩大教育覆盖面、提高卫生保健水平和促进性别平等方面都取得了一定的进展，人文和社会发展水平有所提高。两极化和贫富差距是阻碍南美洲国家进一步发展的障碍。虽然近年来大部分国家的收入分配状况有所改善，但是收入差距悬殊的现象仍很严重。两极分化的现象不仅体现在财富的分配上，也体现在各种经济、政治、社会、文化资源和机会的占有方面，从而造成各种形式的社会不公，对社会和谐与均衡产生了不利影响。

4）语言

在南美洲地区，除巴西讲葡萄牙语以外，其他国家均以西班牙语为官方语言，但彼此之间在用语、口音和语法上有一定差别。除此之外，南美洲还存在着多种土著语言，其主要分布在秘鲁、巴拉圭和玻利维亚。在主要讲西班牙语的南美洲国家，其他欧洲语言也被小范围地使用，其中讲意大利语和德语的国家主要有巴西、阿根廷、委内瑞拉和乌拉圭。

5）消费习惯和消费水平

南美洲居民的消费习惯和消费理念与欧洲居民接近，可以说他们是一个热爱消费的群体。首先，南美洲人习惯将绝大部分收入用于消费，储蓄观念淡薄；其次，在收入不足的情况下，他们的消费观念仍然强烈，常常选择透支消费或分期付款，因此南美洲消费信贷十分活跃。南美洲崇尚消费、鼓励消费的风气实际上与这一地区人口的年龄结构、社会保障体系的健全程度、贫民的比重等因素不匹配。从主观上看，南美洲人生性乐观、酷爱享受、心无顾虑、行事潇洒的特点与其消费习惯的形成有很大的关系。

6）教育

南美洲国家初等教育的学制一般为 6 年，入学年龄多为 6 岁。中等教育的学制一般为5～6年。高等教育分为3个层次，包括高级专科教育、大学本科教育和研究生教育，其中大学本科教育的学制最长，通常为4～7年，而其他两个等级的教育学制多为2～3年。各国高等教育的招生制度不尽相同，有些国家组织统一考试，有些国家采取面试入学。在南美洲，各级教育部门都采取公私结合的办学方针，政府鼓励私人办学，但在大多数国家，公办教育仍占主要地位。南美洲国家从20世纪50年代开始重视成人教育，此后逐渐形成了比较完善的成人教育体系。经过几十年的发展，南美洲教育的内容已经从最初的扫盲为主扩展到成人基础教育、成人职业技术培训、继续教育等多种类型。

教师担负着人才培养的重要任务，其能力和素质能否适应时代变化的要求至关重要。因此，南美洲国家非常重视对教师的教育培养。目前，南美洲国家的教师队伍整体素质较高。首先，教师的经验比较丰富。在智利，具有10年以上工龄的教师比例达到70%以上。教师的学历也较高，且绝大多数教师都受过专业的师范教育。在教学过程中，多媒体技术的使用率参差不齐。智利、乌拉圭教师教学中使用电脑比率最高达到80%以上，巴拉圭使用率最低，仅15%～20%。教师的工作强度在各国情况也不一样。智利教师的每周工作时间超过了40个小时，阿根廷和乌拉圭教师平均每周工作时间只有20个小时，其他国家的教师一般为25～30小时。

9.2.4　科学技术

与世界发达国家和新兴国家相比，南美洲国家的科学技术发展水平处于相对落后的地位，主要表现为科技投入经费不足、科研人数较少、技术成果转化率低，因此科研成果的数量较少，科研创新能力不强。

在南美洲国家中，在专利申请和专利获准方面，外国人申请专利数所占的比重越来越高，本国人申请专利数量占到总数一半以上的只有巴西，这说明南美洲地区整体上对外国技术的依赖性很强，自主创新能力严重不足。

对巴西、阿根廷、乌拉圭、哥伦比亚和委内瑞拉5个国家进行的企业调查显示，虽然38%的制造业企业属于创新型企业，但其创新之处多在生产和销售过程中，如提高劳动生产率、改善产品质量、开发新市场、降低成本等，这些企业改进技术的主要手段是购买新的机器设备，而用于自主研发以提高技术创新能力的投入非常有限。

从南美洲制造业结构来看，大部分国家都偏重于发展资源密集型产业。这个产业的重要特点是附加值较低，技术含量不高。南美洲发展较快的高科技产业主要是生物技术产业和信息通信业。巴西、阿根廷是南美洲地区生物技术水平最高的国家，无论从研发能力和出口能力来说都名列前茅。在计算机和互联网的普及、信息系统的推广方面，南美洲很多国家与发达国家相比还存在很大的差距。

9.3　南美洲国家的贸易政策

9.3.1　巴西的贸易政策

巴西位于南美洲东南部，同除智利和厄瓜多尔以外的其他南美洲国家接壤。国土面积约850万平方千米，约占南美洲总面积的46%，仅次于俄罗斯、加拿大、中国和美国，为世界第五大国家。截至2016年1月，其人口约为2亿，居南美洲首位、世界第五。

1）制定贸易政策的政治基础

巴西现行政治制度主要根源于其1988年的宪法。巴西现在为三权分立的联邦共和政体，实行总统制。

（1）行政权

巴西总统、州长、市长等行政首长的选举，采取绝对多数的直接选举制度。当选者需获得过半数的选票；如第一轮计票无候选人获得过半数的选票，则由获票数排前两名的候选人继续竞争，择期举行第二轮投票。行政首长任期为4年，可以连任一次。巴西总统任命部长，无须经国会同意；总统对国会通过的法案有否决权，且该否决权可以否决全部或部分法案。总统也可以以行政命令的方式，发布具有法律效力的临时条例，临时条例有效期为30日，在国会投票修改或同意前，可以无限期延长。因此，巴西总统的权限比一般实施总统制的国家大很多。巴西全国分为26个州及1个联邦特区，联邦特区的地位视同州，因此其行政首长也称州长。州长权限很大，通过本州选出来的联邦议员，对联邦政府施政产生影响力。州下设市，全国共有5 562个市。

（2）立法权

联邦议会为两院制。其中，参议院由81名参议员组成，每州（及联邦特区）选出3名，任期8年，每4年改选1/3或2/3；众议院则由513名众议员组成，议员依人口数比例选出，每州最多选出70名，最少8名，任期4年。鉴于巴西人口及经济实力分布十分不均，北部、东北部及中西部的人口及国内生产总值占全国的比率并不高，却因联邦议员人数分配方式反而在联邦议会占很高的代表数，形成政治上举足轻重的力量。

（3）司法权

巴西第一部帝国宪法于1882年产生。1988年10月5日，巴西颁布历史上第8部宪法。新宪法有9章245条。根据新宪法，联邦最高法院、高等司法法院、高等劳工法院、高等选举法院、高等军事法院和各州法院行驶司法权。联邦最高法院由11名大法官组成，大法官必须是35岁以上、65岁以下的巴西公民，经参议院批准后由总统任命。传统上，巴西因行政系统庞大，加上政治利益较多，在立法对行政监督的有效性及司法的独立性等方面，均需进一步改善。

（4）政党

巴西政党林立，有劳工党、社民党、民运党、自由阵线党、进步党、工党、共产党、社会党、民主工党等。而各政党之党旨在抽象概念上差别不大，故巴西人政党意识薄弱，多以实际利益为重。政党如采取亲近政府的立场，分配到的利益可能较多，较易发展党员。因此，党员根据自身利益在政党间跳来跳去的现象较普遍。

2）制定贸易政策的一般立法程序

巴西联邦政府、26个州及联邦特区都可以签署不同层次的法律，但对外贸易、电信、保险、海洋和航空运输、信贷政策、货币等议题，以及其他公共事业领域的法律，只有联邦政府有权制定。联邦政府和各州都可以共同对涉及经济议题、税收以及激励措施、教育、健康和社会保障等的方面进行立法。联邦特区只能对涉及本地区利益的事务进行立法。

联邦层次的立法权由国会来履行，国会有责任对联邦职能范围内的所有事务立法，包括财政和预算安排，国家、地区和地方发展计划，金融、外汇、货币及与金融机构运作相关的议题，如货币发行限制、联邦债务数量等。国会也对修改国际条约负责。

根据层次和性质的不同，巴西法律可分为宪法、补充法、普通法、授权法、临时措施、法令及决议。宪法是巴西的根本大法，在需要对宪法进行补充的情况下可以制定补充法。补充法和普通法必须获得参众两院的绝对多数通过才能被批准。法令是行政性质的、同时反应议会相关职能的法律。法令不需要总统批准，只需国会简单多数通过即可批准。法令与普通法有相同的法律地位。

3）贸易政策的制定和实施机构

巴西负责对外贸易的政府职能部门主要有三个：对外贸易委员会、发展工业外贸部和外交部。另外，它还涉及财政部、农业部和卫生部等部门的工作职能。

（1）对外贸易委员会（CAMEX）——对外贸易政策的决策机构

该委员会成立于1995年，负责制定、采纳、协调和实施货物和服务贸易政策。该委员会由总统直接领导，其成员有民事办公室主任、外交部长、财政部长、农业部长、发展工业外贸部长、计划预算部长、中央银行总裁等。

对外贸易委员会有常设秘书处，常设秘书由总统直接任命。该机构的主要职能为：制定外贸政策和方针；对外贸法律和法规做出解释；调整进出口关税；对不正当贸易进行调查；制定出口信贷和保险相关政策；评估汇兑、货币、金融措施对外贸的影响；制定鼓励外贸出口政策；确定对外贸易谈判的总体原则；协调政府与企业间的关系。外贸管理委员会是对外贸易委员会的重要决策机构，下设执行管理委员会、执行秘书处、私人部门咨询理事会、出口融资和担保委员会等。对外贸易委员会还要协调贸易政策的实施，各成员则对其职能范围内的事务负责。

（2）发展工业外贸部——贸易政策的实施机构

发展工业外贸部根据对外贸易委员会制定的指导方针和原则，由其下属的对外贸易秘书处具体负责贸易政策的实施。对外贸易秘书处由四个部门组成：对外贸易运行局、贸易保护局、国际谈判局以及贸易政策计划发展局。

对外贸易运行局：下设农牧产品处、贸易发展处、原材料和初级产品处、机电产品处、外贸统计和系统管理处。该局管理"巴西外贸网"（SISCOMEX），负责外贸统计和具体的进出口管理。

贸易保护局：下设农牧产品处、中间产品处、金属和制成品处、技术和法规咨询处。其主要职能为：具体制定并实施贸易保护、反倾销、反补贴等贸易保护措施。

国际谈判局：下设地区一体化处、贸易协定谈判处、国际组织处。其主要职能为：与国际经贸组织谈判，参加关于原产地及关税税则税号等的国际谈判。

（3）外交部——双边和多边对外经贸活动的牵头单位

外交部协助对外贸易委员会制定其他区域一体化和贸易方面的政策。外交部下属的外贸一体化、经济和外贸事务秘书处是一个副部级单位，主要负责协调处理巴西在地区一体化和对外经贸关系中的有关事务，负责双边和多边谈判，下设贸促司、经济司、科技合作司、拉美一体化司。

贸促司：主要通过吸引外资、引进先进生产技术、到国外办展、促进国内外企业界的交流、树立巴西产品的国际形象等扩大巴西的出口，促进巴西外贸发展。

经济司：就双边经贸关系中的特别问题、经济合作等问题进行双边和多边谈判。

（4）其他相关机构

财政部：制定和实施经济政策，负责关税和其他税收政策管理，监督和征收财政所得。

国家货币委员会：负责制定外汇政策。

中央银行：根据国家货币委员会建立的指导原则，负责汇率、外国资本和国际储备的管理和规则制定。

4）贸易政策的目标

巴西贸易政策的主要目标是，利用贸易政策加速可持续经济增长，同时削弱全球金融市场的不稳定性。巴西将区域经济一体化和出口促进及市场多元化作为主要的政策目标。

近年来，巴西特别强调通过国际和区域谈判，获得更大范围的农产品市场准入，同时也促进制造业部门的发展。巴西也努力强化双边经贸关系，特别是与北美自由贸易区国家，欧盟、印度、俄罗斯、中国和南非等主要贸易伙伴的双边关系。巴西强烈支持促进南南贸易，认为有必要在多边贸易体制中为发展中国家制定更有弹性的规则。

5）外国投资体制

（1）外国投资政策目标

巴西现在的投资政策主要致力于吸引外国资本，加速技术转让，扩大生产及提高生产力。而稳定的商业环境是吸引外资最重要的因素之一。

（2）外资注册、利润汇出及投资转移

外国直接投资在进入巴西的30天内在中央银行外资交流部通过电子申报注册系统进行注册。该注册系统是中央银行信息体系的一部分。向国外汇款、投资资本撤回以及利润再投资等也必须首先在中央信息系统上注册，一旦注册，在利润汇回、资本撤回等方面不再需要进一步的批准。

以本国或外国货币进行的投资，包括购买巴西公司的股份等，不需要任何批准。然而，资本流出则需要通过电子申报注册系统进行注册，同样的要求也适用于对利润的汇出及再投资注册。非巴西居民在巴西资本和金融市场投资，必须委托一个巴西的合法代表处进行，并在巴西证券委员会登记。外国投资者的证券投资行为会受到监督。

（3）外资在巴西的限制

对外资的限制主要在以下领域：矿产资源的勘探和开采需要政府授权和批准；碳氢化合物的勘探、采集、提炼、进口和出口，海洋及管道运输等是由政府垄断。然而，与核能相关的活动，政府可以与国有或私营公司签订合同，交由这些公司完成。

外国人不能完全拥有其资产所在的行政区1/4以上的土地，除非该外国人与巴西居民结婚或有巴西籍后代。巴西边境地区土地不允许向外国人出售。外国居民禁止从事水域如河流、湖泊及巴西领海的开发及任何其他渔业活动。

在金融服务领域，外国企业或个人在从事商业活动方面受到限制。只有巴西人或在巴西拥有固定住所的公司可以拥有悬挂巴西国旗的船只；在电信方面，只有巴西注册和经营的公司可以提供移动电话服务或卫星发射服务；一般邮政服务由联邦政府垄断，其他邮件分销服务，如快递服务，可以由根据巴西法律运营的公司提供。

（4）双边投资和税收协定

与巴西签署双边投资协定的国家有：比利时、智利、古巴、丹麦、芬兰、法国、德国、意大利、韩国、荷兰、葡萄牙、瑞士、英国和委内瑞拉等。

与巴西签订双边税收协定的国家有：阿根廷、奥地利、比利时、加拿大、智利、中国、捷克共和国、丹麦、厄瓜多尔、芬兰、法国、德国、匈牙利、印度、意大利、日本、韩国、卢森堡、荷兰、挪威、菲律宾、葡萄牙、斯洛伐克、瑞典和西班牙等。

6）贸易政策措施

（1）进口贸易政策

2003年12月1日，巴西公布《部级法令合编》，对有关进出口管理的部颁法令进行了汇总。之后，巴西对其进行了数次修订。

①禁止进口的产品。

巴西禁止进口的产品包括酒、葡萄和葡萄汁、武器和弹药、濒临灭绝的动植物、二手轮胎、二手消费品。

②进口许可证。

巴西大部分进口商品都必须办理进口许可证，分为"自动进口许可证"和"非自动进口许可证"两种。2010年，巴西的自动进口许可证清单涵盖的产品包括10个8位税号项下的产品，自动进口许可证审批过程比较简单且自动批准。

发展工业外贸部下属的外贸局负责处理非自动进口许可证的申请及审批。进口商需要在出口国将货物装船前通过"巴西外贸网"申请许可证。非自动进口许可证清单包括约4 724个共同对外关税8位税号项下的产品，约占总税号的47.9%。非自动进口许可证管理的产品主要包括需要经过卫生检疫、特殊质量测试的产品，对民族工业有冲击的产品及高科技产品，以及军用物资等国家重点控制的产品，具体涉及大蒜、蘑菇、绝大部分化工产品、绝大部分医药原料和成品、动植物产品、轮胎、纺织品、玻璃制品、家用陶瓷器皿、锁具、电扇、电子计算器、磁铁、摩托车、自行车、玩具、铅笔等。

非自动进口许可证由各相关机构发放。进口货物未获许可证则需缴纳该批货物海关估价的30%作为罚款，如许可证失效后货物才在出口国装船，则须缴纳该批货物海关估价的10%或20%作为罚款。

如要进口二手机械、设备和集装箱，则必须证明相关产品在巴西不生产或不能被巴西产的其他类似产品代替，而与具体产品相关的工厂生产线、用于通信和信息产品维护与修理的零部件及设备则不受此规定限制。

③原产地规定。

巴西对拉丁美洲一体化协会和南方共同市场国家进口的产品适用优惠性原产地规

则（包括南方共同市场与智利、安第斯国家、墨西哥签署的自由贸易协定）。巴西规定所有进口产品必须标明原产地，并在标签中注明产品的规格、数量、成分、价格、保证和来源地。标签资料必须附有葡萄牙语译文。一般不需要原产地证明（商业发票上已有所注明）；如果需要，则应备有两份正式的产地证明，有商业部门证明并附有公证。

④自由贸易区。

巴西主要港口有桑托斯、里约热内卢、巴拉那瓜、累西腓和维多利亚等。巴西在上述口岸设立了各种形式的自由区，如自由港、自由贸易区、保税仓库和转口区等。比较知名的是玛瑙斯自由区。凡进入该区的货物，其商业发票和提货单上必须注明"玛瑙斯自由区"字样，但不允许通过该区向巴西其他地区运送进口货物。在该区有两道边关，第一道是从国外进入特区，另外一道是从特区进入国内，一方面允许外国商品从国外进入特区，不受海关管制；另一方面，商品从特区进入国内市场需要办理进口手续，货物需经海关检查，并缴纳进口关税。

⑤标准和认证制度。

巴西标准化体系的组织架构可分为四个层次：第一层次是国家计量、标准化和工业质量理事会，是标准化体系的领导和决策机构；第二层次是国家计量、标准化和工业质量协会，是执行机构；第三层次包括标准化、质量控制及产品认证、法定计量等三个分体系，分别由巴西技术标准协会、巴西质量管理协会和国家计量研究所负责；第四层次是工业、贸易和消费领域的广大用户。其中，国家计量、标准化和工业质量协会为国家计量、标准化和工业质量理事会提供技术支持，并执行其制定的计量和质量方面的国家政策。

⑥技术性贸易壁垒。

2000年以来，巴西制定了约1 700项标准，其中19%完全采用了ISO或IEC标准，其余都是巴西自己制定的标准或使用国际标准。巴西向WTO通知的新技术规定也逐年增多。2001年通报了29项技术规定，2002年增加到34项，2004年增加到71项。2008年巴西颁布的技术性贸易措施包括：巴西国家计量、标准化和工业质量协会通报的关于婴儿奶瓶、三相感应电机和玩具的强制性技术要求与合格评定程序的法案以及具体实施程序。同时，巴西计量、标准化和工业质量协会通报了关于低压电气产品安全的南方共同市场技术法规，规定了低压电气产品的基本安全要求。有关婴儿奶瓶的法案也已实施。巴西规定进口产品必须符合相应的技术规章和标准。2009年巴西颁布的技术性贸易壁垒措施涉及的产品还包括漂白剂、乘客混合运输用城市无障碍车辆、灭火器、商品包装、台式电风扇、宠物食品、橡胶绝缘手套、防尘面罩、荧光灯直流电电子镇流器。

⑦贸易救济制度。

巴西贸易救济制度主要由下列法律法规构成：1994年12月15日第30号法令，1994年12月30日第1355号法令，1995年3月30日第9019号法令（2003年12月修订），1995年第1602号法令等。2001年11月28日巴西外贸秘书处颁发的第59号法令对与贸易救济调查相关的保密信息、时间限制以及非市场导向经济体等方面做出了规定。2010年8月17日，巴西外贸委员会（CAMEX）修订了1995年颁布的第9019号法令，通过了反规避贸易的CAMEX第63号决议，该法令自发布日起生效。该决议规定如果证实规避措施对反倾销措施的适用造成了损害，则贸易救济措施适用于第三国以及正在生效措施所约束的产品零部件。

巴西发展工业外贸部贸易保护局负责审查反倾销、反补贴和保障措施的立案或复审申请，就是否发起该调查或进行复审提出意见；贸易保护局还负责确定倾销幅度或补贴数额以及是否存在实质损害或损害威胁等。巴西外贸委员会就是否使用"国家利益"条款，临时反倾销、反补贴措施的适用，最终税率，以及根据复审是否改变或终止肯定性税率等方面做出最终决定，该委员会还负责制定贸易救济调查的相关程序。

在特保措施方面，巴西针对中国一般商品的特保法令有效期到2013年12月11日。根据巴西特保法令，企业或行业提出特保请求后，政府应受理并在30天内与中方磋商，以达成减轻或避免行业损害的协议。如磋商未果，巴方将实施调查。

（2）出口贸易

根据出口程序要求，出口商需在第一次出口活动时在巴西发展工业外贸部对外贸易秘书处（SECEX）进行自动出口注册（除出口额少于1万美元或通过邮寄出口以外）。除了采取航运的燃料和食品，或在国内销售给外国人并以外币结算的珠宝外，其他出口文件必须在商品装船前由SISCOMEX审核。由出口商提供的出口文件包括提单、信用证、外汇销售合同、商业发票、出口分类证书及出口许可证、原产地证，以及应进口国要求提供的文件。出口货物必须在注册后60天内装船。

①出口禁止。

巴西海关税则第29章项下的部分有机化学品禁止向《蒙特利尔协议》的非签字国出口；除非满足特定条件并经巴西环境和可再生自然资源协会的许可，暂停原木（海关编码4403）出口；根据相关规定，禁止出口部分活动物、观赏鱼、稀有动植物、稀有禽蛋及古文物。

②出口配额和许可证制度。

受巴西出口配额限制的产品有松木、巴西核桃木等木材，以及出口到加拿大和美国等市场的某些纺织品和服装等。

巴西对部分出口产品实行预先许可制度。巴西规定仍需申请出口许可的产品包括部分活动物、活植物，部分矿物燃料、矿物油及其蒸馏产品，部分化工业及其相关工业的产品，部分有机化学品，部分药品，木及木制品，核反应堆、锅炉、机器、机械器具及其零部件，部分车辆机器零部件，部分航空器、航天器及其零部件，武器、弹药及其零部件。

③出口税。

出口税在巴西税收体制中的重要性呈下降趋势。出口税一般以货物的FOB价或出口时的国际市场价征收。巴西法律允许征收30%的出口税以确保国内市场供应、控制和调节贸易流向；对生牛皮和其他原皮、香烟、香烟纸、过滤嘴及未经加工的烟叶的出口，征收9%~150%的出口附加税。但巴西规定所有的出口商品都免征工业产品和服务及商业流通税。出口税率由对外贸易委员会调整，最高达150%。

④出口支持和相关税收政策。

第一，出口补贴。

2009年2月19日，巴西发展工业外贸部扩大了政府出口融资项目（Proex）准入企业的范围。出口融资项目是向出口企业以优惠的补贴利率提供贷款，该项目主要适用于中小型出口企业。2009年，巴西政府降低了该项目的准入门槛，年销售额为3亿美元以下的企业都可以申请贷款，这将该项目的覆盖范围扩大为900家企业，每年实际享受该优惠政策的企业根据实际申请情况而定。

第二，出口促进和营销支持。

为鼓励出口，巴西财政部宣布，自2008年3月17日起，取消出口结汇限制，出口企业必须将出口外汇留在国内的比例由70%降至0，取消0.38%的出口金融操作税（IOF）；另外，将进入收益固定的基金和国债领域的外资征收金融操作税税率由1.5%提高到6%。

2008年5月13日，巴西外贸委员会公布第29号决议，确定了小微企业在经营中利用出口信用保险的方针以及可得到出口保障基金和联邦保障基金的支持。有关企业需满足的条件如下：小微企业需同时满足年净营业额不超过6 000万雷亚尔（约合3 340万美元）、年出口额不超过100万美元的条件。联邦保障基金将在企业装船前和装船间或者装船后提供。在企业装船前和装船间的融资应由同一金融机构提供。

2008年5月16日，巴西发展工业外贸部对外贸易秘书处公布了第8号法令，将可在SISCOMEX系统登记注册"出口简化登记"的出口业务规定改为可立即装船出口且结汇在5万雷亚尔（约合2.8万美元）（或相同金额的其他货币）以下。

2008年9月3日，巴西发展工业外贸部发布了《2008—2010年巴西出口战略计划》。该计划旨在实现巴西政府2008年5月发布的新产业政策（PDP）中的两项目标，即扩大巴西在国际贸易中的占比以及使更多小型企业进入市场并成为国家出口的基础。巴西出口战略计划制定了五大宏观目标：增强巴西出口竞争力；增加出口产品附加值；增强出口基础；扩大市场准入和加强服务业出口。

新产业政策中有促进巴西小型和微型出口企业发展的内容。该内容共分三个层次，即"根本措施""产业系统结构项目""战略重点"。其中，"战略重点"旨在增加出口企业数量、丰富出口种类以及使出口目的地多元化，以促进巴西产业的长期发展。该项目面临的挑战包括增加出口产品科技含量和进一步丰富高科技含量的产品出口。项目执行单位为巴西发展工业外贸部，具体将通过出口融资计划、对基准利率的调整、在巴西开发银行（BNDES）允许巴西出口使用欧元结算、定期发布相关政策法规、扩大出口退税产品实施范围、将物流服务出口向境外汇出的个人所得税降为零、推动中小企业出口和简化外贸操作程序等措施实行。

2010年4月29日，巴西开发银行对出口消费品在装船前阶段提供70亿雷亚尔（约合39亿美元）的信贷额度，初始利率在6月底前为每年7%，之后上升为每年8%。2010年9月29日，巴西政府第3910号决议决定增加总信贷额度至1 340亿雷亚尔（约合750亿美元），但该决议没有详细列明提供给消费品或者资本品的信贷数量，该项目的实行期限延期至2011年3月31日。

2010年5月5日，巴西发展工业外贸部部长若热与财政部部长曼特加共同宣布联邦政府旨在提高巴西出口竞争力的一揽子新政，其中包括：加快出口免税额度审批流程，不再将出口收入纳入小微企业税费支付一体化系统（SIMPLES），实施退税资金可免税采购国内市场生产资料的制度，取消汽车零配件进口税减征优惠，建立外贸担保基金（FGCE），成立巴西进出口银行（EXIM Brasil），提供70亿雷亚尔信贷额度用于降低消费品出口融资成本，政府采购优先购买巴西国内产品和服务等。

第三，出口加工区。

巴西有关出口加工区的法律规定主要包括2007年7月20日颁布的第11508号法令（2008年7月20日第11732号法令对其进行了修改）、2008年11月5日颁布的第6634号法令等。

2009年4月9日，巴西总统签署第6634号法令，该法令对出口加工区（简称ZPES）内的企业提供了税收优惠，设立"出口加工区国家委员会"对出口加工区进行监管，并根据规定向出口加工区提供优惠。根据该法令，对出口加工区内的企业在其前20年内，免征其进口货物（出口加工区内企业使用的全新或二手资本货物）的7种联邦税，包括进口税、工业产品税、社会安全税、社会一体化税等。出口加工区内的企业采购本国商品，也减免联邦税。在巴西北部和西北部地区，在出口区之外经营的企业也减免5年所得税，随后5年减免75%的所得税。进驻出口加工区的企业必须将其至少90%的产品出口，其余产品可以在国内市场销售，但此部分产品需要缴纳各种联邦税。如果"出口加工区国家委员会"认定某公司产品对国内竞争者造成损害，将对其采取惩罚措施甚至包括在国内禁售。截至2011年7月，有17个出口加工区已获批准，拟加入出口加工区的企业需要根据第6634号法令的规定向"出口加工区国家委员会"提交申请。

第四，出口退税和免征税。

巴西有关出口退税的法律规定主要包括1966年11月18日第37号法令、1992年1月8日第8804号法令、2002年12月26日第4543号法令、2007年11月22日对外贸易秘书处第36号部级法令（该法令规定了批准出口退税的程序和条件）。

巴西通过关税暂停征收、免除或返还等方式促进企业出口。巴西的出口退税系统还通过暂停征收进口用于生产或包装出口产品的设备和零部件的工业产品税、社会安全税、社会一体化税等方式给企业提供优惠。相关优惠到期后一般不再延期。

2009年4月2日，巴西政府宣布了一项新的税收促进措施，称为"综合退税"，农业综合企业是主要受益者。如果出口企业采购的产品是用于生产出口产品的，则免征5%的工业产品税或9.25%的社会一体化税／社会安全税。例如，在该促进措施下，巴西牛肉出口商在购买饲料用玉米和大豆时，可以免征前述税收。该措施是一项重要的农业促进措施，将影响1/3的年出口量。截至2011年7月，巴西9个独立的退税项目分别有各自的规则和税收促进措施，发展工业外贸部拟将分散的退税项目合并为一个项目。

2010年7月29日，巴西临时修正案第497号文第7条扩大了出口退税制度的管理范围。

（3）激励措施

①巴西全国范围内的税收优惠和减免措施。

巴西全国的优惠税收主要有：外资企业在巴西境内生产的产品，如向第三国出口，可减免商品流通服务税，并可向巴西政府申请出口信贷和保险；如产品增值到一定幅度，还可获得原产地证，出口时可享受巴西与其他国家间的贸易优惠待遇；免征部分资本产品以及软件产品等的工业产品税；对中小企业提供税收优惠政策。

②地区和产业优惠。

为了吸引外资，巴西各州和市都采取一系列的税收减免和产业优惠政策。巴西各州都先后制定和出台了一些减免进口税、减免商品流通服务税、减免所得税、提供低息贷款、提供专门的投资基金等政策。特别是玛瑙斯自由区，在开发亚马孙地区上提供更多的优惠。

位于巴西北部的玛瑙斯自由区的税收优惠与产业优惠政策分别由玛瑙斯自由区管理局、亚马孙发展总署、亚马孙州和市两级政府分别负责制定与管理。玛瑙斯自由区管理局负责批准和管理进口税、工业产品税、出口税等优惠政策，并制定亚马孙地区出口鼓励计划；亚马孙发展总署在新建的工业、农牧业和基本服务业的项目上提供减免所得税的优惠政策；亚马孙州政府在商品流通服务税，亚马孙市政府在城市房地产税、公共卫生税和营业执照税等方面有优惠政策，具体包括：所有由巴西其他州生产并销往玛瑙斯自由区的商品全部免征商品流通服务税，对在玛瑙斯自由区生产的资本货物、机械设备、食品、服装、鞋类、车辆等商品减免 45% ~ 85% 不等的商品流通服务税；半成品、使用当地自然资源生产的药品、鱼类副产品和亚马孙州本地生产的产品可 100% 减免商品流通服务税。此外，亚马孙市政府在城市房地产、公共卫生、营业执照等方面提供 10 年免税优惠政策。

为了鼓励开放巴西西北部和东北部，巴西联邦政府和地方政府对外国在该地区的合资企业免征 10 年企业所得税，从第 11 年起的 5 年内减征 50%；免征或减征进口税及工业制成税；免征或减征商品流通服务税等地方税。

（4）其他措施

第一，定价和竞争政策。

巴西自 2000 年以来实施新的价格管制政策。一般来说，除了药品，巴西法律并没有授权政府进行价格管制，价格一般由市场决定。但是，巴西对一些农产品实行最低价格管制。巴西竞争政策的实施和管理由三个机构负责，即经济防卫管理理事会、经济法秘书处以及经济监督秘书处。这三个机构构成了巴西的竞争管理体系。经济法秘书处是司法部的下属机构，有权对滥用市场力量的行为实施制裁，也有权对经济部门的任何违规行为进行调查。经济防卫管理理事会是与司法部相联系的一个独立机构，起类似于行政法庭的作用。

第二，国有化和私有化。

巴西 1995 年成立的国家私有化理事会负责实施私有化进程，而巴西开发银行则负责一些部门的出售。此外，中央银行负责金融机构的出售，运输部负责运输企业的出售，矿业能源部负责能源部门的水利电气项目的出售，国家电力局负责传输线的出售，信息部负责电信公司的出售，而政府负责国有企业的出售。

第三，政府采购。

巴西政府采购比较分散，所有管理部门和州企业都可以独立地进行采购活动。但是，计划、预算和管理部在联邦一级制定了联邦政府直接或间接管理的机构需遵循的一般规则。政府采购应该遵循的基本原则包括法定原则、非特指原则、平等原则、公开原则、监督原则、诚信原则、竞争原则、符合公告原则。

7）中巴贸易关系

自2003年以来，中巴贸易增速明显，全球金融危机也未对其产生严重负面影响，2009—2010年和2010—2011年分别增长55.9%和37%。2012年全球经济"二次探底"，巴西失去了全球第六大经济体的地位，对外贸易额下滑严重。2012年，巴西货物进出口总额为4 657.3亿美元，同比下降3.4%。其中，出口额下降5.3%，进口额下降1.4%。由于出口额骤减，巴西贸易顺差缩水严重，达34.8%。尽管全球经济低迷，2012年中巴贸易还是保持了4.45%的小幅度增长。2016年，巴西与中国双边货物进出口额为585.0亿美元，下降11.8%。其中，巴西对中国出口额为351.3亿美元，下降1.3%，占巴西出口总额的19.0%，提高0.4个百分点。中国是巴西第一大出口目的地和第一大进口来源国。巴西自中国进口的主要商品为机电产品、化工产品和纺织品及原料，2016年合计进口163.9亿美元，占巴西自中国进口总额的70.2%。巴西自中国进口大类产品金额几乎全线下降，其中，第一大类进口产品机电产品进口额降幅高达20.0%，另三类主要进口产品纺织品、贱金属及制品和运输设备进口额降幅接近或超过40%，这几类是造成巴西自中国进口总额下降的主因。

发展中巴贸易不仅符合中巴两国的利益，还符合中国企业在南美洲发展的长远利益。

9.3.2　阿根廷的贸易政策

阿根廷国土面积约270万平方千米，人口4 180余万（2014年），城市面积接近总面积的90%，是世界上城市化程度最高的国家之一。

1）政治体制

阿根廷的新宪法对有关贸易的内容进行了一系列的重大修改。有关政治特点、民事、立法、环保、保护消费者权益等问题的规定，可以为企业活动提供一个更为稳定的环境。

（1）立法权

阿根廷的国会由参众两院组成。参议院有72名参议员，众议院有257名众议员。众议员按照人口比例直接选举产生，每届任期4年，每两年更换一半。参议员由公民直接选举产生，每届任期6年，每两年更新1/3。

（2）司法权

由最高法院、联邦上诉法院和省法院组成。最高法院由9名成员组成。联邦上诉法院设民事法庭、刑事法庭、商事法庭、和平法庭、劳工法庭、经济犯罪法庭。省法院由直属的法院和附设的各种法庭组成。省法院只负责处理本省发生的案件。

（3）行政权

行政权属于总统。总统由公民直接选举产生，任期4年，从1994年起，可以连选连任1届。总统任命8个内阁部长、1个总统府秘书长和1个内阁首脑。

（4）地方政权

阿根廷的每个省都有自己的宪法、一个立法委员会、一个省长和若干市政府，以及一个独立的司法系统。省立法委员会由省参议院和省众议院组成。省立法委员由公民直接选举产生，任期4年。全民宪法授权各省独立于联邦组成，为促进自己的工业发展，各省有权建设铁路和运河，移民和开垦土地，引进资本。因此，一些省有自己的投资优惠政策。最高法院负责调解省与省之间的纠纷。

省政府和市政府有权征收社会保障税、财产税、车辆税和消费税。各省的税率和征收方法各不相同。

2）一般的立法程序

法案可以由议员或总统提出，但税收和征兵的立法权专属众议院。法案提交国会，经过参、众两院辩论和通过后，送交总统在10日内批准和发布。总统可以将法案退还国会修改。修改后的法案，经参、众两院2/3以上的多数票通过后，必须由总统发布实施。

3）贸易政策的形成

（1）国会有权就对外贸易、进出口关税、国内税、国内小额贷款、政府预算和货币等一系列政策问题立法，批准国际条约和紧急法令。

（2）国际多边贸易组织的协定和南方共同市场的协定，成为阿根廷贸易政策的一个重要的组成部分。

（3）经济部的各个国务秘书处负责决定和执行几乎所有的贸易政策及与贸易相关的政策，但在国际贸易谈判中，在多边和地区贸易组织的代表机构里，需要与外交部协调和共享权力。

（4）外交部负责贸易谈判、地区一体化和促进阿根廷的产品出口。该部国际经济关系国务秘书处还负责处理与世界贸易组织有关的问题。

（5）1994年5月成立的国家对外贸易委员会，负责调查和分析对国内生产造成的危害，以便采取保障措施、反倾销措施和征收补偿税的措施。

（6）阿根廷中央银行提出和执行货币金融政策。从1992年起，阿根廷中央银行独立于行政权。但是，由于实行"可兑换制度"，阿根廷中央银行制定货币政策措施的回旋余地有限。

（7）阿根廷政府任何正式的贸易机构同私人部门的合作，主要通过非正式的咨询进行。以前，私人部门主要通过对外贸易咨询委员会对贸易政策的制定发挥影响。

4）贸易政策的目标

从1991年起，阿根廷贸易政策的主要目标就是提高国民经济的竞争力。达到这一目标的主要手段就是通过降低商品贸易壁垒，取消非关税措施，以减少过去的政策所造成的对出口的歧视。与此同时，解除管制、开放经济有助于提高服务部门的竞争力和促进外国投资。在多边谈判和地区谈判中，阿根廷也力争改善进入外国市场的条件。

5）具体的贸易政策

所有的进口商和出口商都必须在海关总局注册。从1996年起，所有注册满3年以上、进出口额不低于20万美元的企业，有权直接进出口商品而无须海关代理参与。在海关注册的贸易企业必须由海关代理办理通关手续。根据南方共同市场的有关规定，只有海关代理有权办理支付海关税费的手续。

（1）进口贸易政策

①禁止进口的产品。

阿根廷禁止进口的产品包括金属回收用二手蓄电池、污泥堆肥、二手摩托车和机动脚踏两用车、二手汽车和汽车配件、杀虫剂、二手或翻新的轮胎、不合格的塑胶材料和二手工业制成品、酒类产品、医用材料、麻醉剂等。

②进口许可证。

进口许可证分为自动许可证和非自动许可证两种。进口许可证的监管机构是工贸和中小企业国务秘书处。阿根廷现行自动许可证包括产品成分申报许可证（DICP）和预先自动进口许可证（LAPI）。受DICP管理的产品主要是纺织和服装产品。受DICP管理的产品主要是鞋靴部件、卷纸、农业机械零件和备用件、电话零部件、纸板盒、部分木制家具、干蛋黄和罐装桃子等产品。该许可证申报程序由计算机管理。

阿根廷许可证措施缺乏透明度和可预测性，给中国相关产品的出口带来了很大的不确定因素。阿根廷处理许可证申请时间过长，随意性很大，管理部门甚至口头向企业下达数量限制。

③标准和其他技术规定。

阿根廷材料合理化协会负责制定标准。该组织是一个非营利的民间机构。目前，有4个政府机构负责颁布技术规则：一是工商业和矿业国务秘书处；二是农牧渔业和食品国务秘书处；三是卫生部；四是自然资源和人类环境国务秘书处。阿根廷认证机关负责对实验室和检疫检验证明的认证。国际标准在制定技术规则时被作为参考。安全和健康风险防范标准是强制性的。

④贸易救济制度。

阿根廷是世界上采取反倾销措施最多的国家之一。阿根廷主管反倾销的部门为工业和旅游部，具体调查工作由其下属的贸易政策和管理副国务秘书处以及隶属于副国务秘书处的全国外贸委员会负责。前者确定倾销幅度，后者调查国内产业是否因倾销而受到伤害。经济部负责做出最初和最终的裁决。南方市场相关委员会负责制定和执行反倾销税措施的共同规则。共同规则主要针对非成员方的产品以及成员方内部的贸易。当阿根廷部分企业或商会向贸易政策和管理副国务秘书处提出申请要求对某产品的进口开展反倾销调查时，贸易政策和管理副国务秘书处将征询外贸委员会意见后决定是否受理该案。一旦受理，即开始初步调查，若理由充分，则35个工作日后由工贸和中小企业国务秘书正式宣布展开反倾销调查。整个调查过程持续一年，最后做出决定，如决定采取反倾销措施，一般是规定最低FOB限价或征收一定量的反倾销特别税，终裁有效期一般为 2～5 年。

通常情况下，在措施采取一年后，经向贸易政策和管理副国务秘书处提出请求，可对所有反倾销措施进行复审。在环境出现重大变化等特殊情况下或出于调查机关的利益考虑，可在措施采取不到一年的时间内，由调查机关自主发起或受相关利益方的请求发起复审请求。贸易政策和管理副国务秘书处及外贸管理委员会在收到请求后，在 180 个工作日内分别形成损害和倾销报告，在报告形成后的 10 个工作日内提出因果关系报告并上报，由相关机构最终做出是否继续维持、修改或撤销反倾销措施的决定。复审应于发起后 9 个月内结束，并保证相关利益方参与。

（2）出口贸易政策

阿根廷出口程序的主要法律依据是 1981 年第 22415 号《海关法典》、1982 年第 1001 号法令以及联邦税收管理局 2005 年第 1921 号决议等。阿根廷第 23101 号法令建立出口促进制度，支持中小企业进入国际市场，减少高附加值出口产品的成本。

①出口禁止。

阿根廷没有因商业原因而禁止出口的规定。

②出口限制。

阿根廷规定，凡受到国外市场配额和协定限制的产品，凡受质量、检疫和安全限制的产品，以及因动植物和环境保护的需要而限制出口的产品，须办理出口许可。

根据世界贸易组织的协定，阿根廷对向欧盟和美国出口的部分产品实行自动限制出口，一般是通过关税和数量配额进行控制。配额分配方式为：或根据既定的标准，或根据上一年的出口成绩，或根据地区进行分配等。

③出口促进。

阿根廷出口基金会是该国贸易和国际经济关系国务秘书处下属的具有贸易促进职能的机构。该基金会可以提供的支持包括提供贸易数据、为阿根廷企业参与国际贸易实务提供协调和帮助、组织商务旅行和贸易使团等。阿根廷部分省份也有自己的出口机构。

④出口加工区。

阿根廷出口加工区的优惠政策：对于在矿业部门的投资，包括投资开采铀矿和钍矿等核能矿藏，政府在保证 30 年税收稳定待遇的同时，给予宝石关税和外汇兑换的稳定待遇；免税进口设备和零部件。

⑤出口税和出口退税。

阿根廷是征收出口税最高的国家之一，除奶制品以外，阿根廷对其他所有出口的产品征收税率 5%～100% 的出口关税，其征收产品范围之广、征税额度之高在全球范围内都是罕见的。

阿根廷的出口退税包括增值税、其他国内间接税和进口关税的退还，采用"先征后退"的办法。自 1991 年起，阿根廷对绝大部分出口制成品中所含的进口原材料和零部件允许部分退还或全部退还进口税和统计税，以及在不同加工阶段所缴纳的增值税和消费税，但来料加工生产的货物必须在一年内出口且须销往非南方共同市场国家；向南方共同市场成员方的出口不享受退税。

（3）激励措施

为了吸引外资，阿根廷近年采取了一系列投资优惠政策，如削减项目启动费用、减免税收、便利融资等。阿根廷的激励政策分为地区性、产业性的优惠政策，以及适用所有行业和地区的平行优惠机制。

①区域投资优惠。

第一，火地岛特别关税区。

在火地岛特别关税区注册的生产性企业豁免所有国家级税收，包括增值税、所得税、资本税等，如果产品用于再出口，可以享受退税优惠。在省级赋税中，企业免缴印花税，但需缴纳毛收入税。同时作为特别关税区，进口商品将获得全部或部分进口关税、前期的仓储费用的减免。

第二，保税区。

目前，阿根廷全国共有9个正在运行的保税区，货物或原材料进入保税区，免征进口税且不受海关日常监督管辖。

②产业投资优惠。

在矿业、林业、旅游业、软件业、现代生物技术、生物燃料方面享受优惠政策。

③资本与基础设施建设投资的优惠政策。

投资阿根廷资本与基础设施建设项目可以享受如下优惠政策：

第一，购置和进口资本货、信息技术产品和电信产品均可享受10.5%的优惠增值税税率。

第二，资本货进口可减免关税，或享受零关税，且免缴统计税。

第三，投资与生产农机和资本货，可获得总额为货物价值14%的回馈。该回馈以财政补贴形式发放，可用于支付增值税、所得税等。

（4）竞争政策和消费政策

①保护竞争。在贸易总政策的框架范围内，无论在国内市场还是国际市场上，阿根廷政府都鼓励竞争。

②保护消费者。阿根廷颁布了《保护消费者法》。该法对消费者的知情权、广告宣传、数据真实性、发票内容、门对门销售，以及借贷消费等都做出了明确的规定。

（5）知识产权政策

阿根廷签署了大部分关于保护产权的国际协定和条约，包括WTO的《与商业有关的知识产权方面的协定》。阿根廷是世界知识产权组织的成员方。

6）中国与阿根廷的贸易关系

阿根廷是中国的贸易伙伴，自两国建交以来，双方经贸关系发展迅速，随着中国改革开放的深入，阿根廷和中国的经济贸易关系取得了全面发展。因为中国和阿根廷之间没有任何优惠贸易协定，阿根廷对中国的出口产品按普通关税征收。中阿两国的经济和产业构成有很强的互补性。中国从阿根廷进口的产品绝大多数属于资源性产品，而向阿根廷出口的产品主要是制成品。

据阿根廷国家统计局统计，2016年阿根廷中国双边贸易额为151.43亿美元，比上年增长11.8%。阿中双边贸易额占阿根廷对外贸易额的13%，中国为阿根廷第二大贸易伙伴。阿根廷自中国进口104.83亿美元，比上年增长11.0%；阿根廷自中国进口额占阿根廷进口总额的19.0%，中国为阿根廷第二大进口来源国。阿根廷对中国出口46.6亿美元，比上年增长13.5%；阿根廷对中国出口额占阿根廷出口总额的8%，中国为阿根廷第二大出口市场。阿根廷对中国贸易逆差达58.23亿美元，比上年增长6.9%。

9.3.3 智利的贸易政策

智利位于南美洲西南边缘，国土面积约75.7万平方千米，2014年人口普查数据为1 782万。安第斯山脉沿智利和阿根廷交界地带纵贯南北，使智利的地形地貌呈现多样化。智利的气候变化，不仅受纬度影响，也受海拔的影响，同纬度的地区也出现多样化的气温。智利自然景观丰富，环境质量优越，矿产资源和农业水产资源更是得天独厚。

1）政治体制

政治体制对于一个国家的决策程序、决策科学化有着决定性的影响。

（1）立法权

在智利，立法权属于国会。国会由参众两院组成。参议院有48名参议员，其中38名参议员由民主选举产生，9名参议员由委派产生，任期8年，还有1名终身参议员。众议院有120名众议员。众议员由民主选举产生，任期4年。两院议员可以再选再任。

（2）司法权

司法权独立于政府和议会。司法系统由21名最高法院法官和设于16个行政大区的上诉庭组成。最高法院法官由总统任命，并经参议院2/3的多数票批准确认产生，任期到其退职。地区法庭法官由最高法院任命产生。

（3）行政权

行政权属于总统。总统是国家元首，也是中央政府的最高首脑。内阁由政府各部组成。其中，内政部、财政部和外交部在内阁中的地位最重要。部长或副部长均由总统直接任命。总统由全国公民直接选举产生，任期6年。

（4）地方政府

根据宪法，智利全国划为13个行政区，即1个首都区和12个地方区。每个行政区下辖若干个省，省辖若干个市。省、区首长由总统任命产生，而每个市的市长由选举产生。市政府有自己独立的财政系统，而省、区政府的财政属于中央财政收支体系。市长和省、区首长之间的关系不是上下级关系。

2）一般的立法程序

智利的立法程序根据法律的性质不同而不同，一般分为宪政律例的立法、法定资格人数法的立法、普通法立法、法律授权法令和法令法的立法等。宪政律例是解决宪法里规定的、总的、普遍适用的问题。这种法在生效之前，必须经过最高法院审议。法定资格人数法的制定、修改和废除必须经过参、议两院现任议员的绝对多数通过。普通法则只需到场投票的国会议员简单多数就可通过。法律授权法令是在由国会授权总统制定的法律基础上，由行政当局颁布的一种法令。法令法是在宪法定义的某种特殊情况下，政府可以不经过国会颁布的一种法令。

3）贸易政策

（1）进口贸易政策

①禁止进口的产品。

智利禁止进口濒危动植物。基于环保理由，智利禁止进口二手车，但救护车、消防车、装甲车、礼仪用车、城市和道路清扫车、水泥搅拌车等除外。

②进口许可证。

智利通过与有关国家签署双边协议，对部分重点、敏感商品按协议数量实行进出口许可证管理。有些产品必须履行有关行政手续方可进口，这一规定适用于所有贸易伙伴。这些产品包括武器、爆炸物、易燃和窒息性化学物、放射性物质、地图、地理文献、酒类产品、动植物、肥料、食品、药品、麻醉品等。

③关税。

关税是智利贸易政策的主要手段，智利的贸易规则越来越多样化，远离了非歧视性原则，除采取价格走廊管理的36种产品外，所有其他产品的进口一律征收从价税。智利不征收季节性关税。一些公共单位、教育和福利机构、宗教团体、海运公司、航空运输公司，以及汽车零部件的进口，可享受免税待遇。此外，一些根据出口退税制度进口的产品，也可享受零关税待遇。

④贸易救济措施。

智利反倾销措施已经同WTO关于反倾销措施的协定和关于反补贴措施的协定完全接轨。智利向WTO通报6个补贴出口的计划。智利关于出口补贴的法律规定经过WTO补贴和补偿委员会的审议。智利不给予农产品出口补贴。

（2）出口贸易政策

①出口禁止。

除濒危物种、国际贸易公约要求禁止或限制出口的动植物外，智利禁止出口包括人类学、考古学、历史学和生物学等各种文物，禁止出口作为当地土著居民植物品种的智利松和"佩文"杉。

②出口配额。

智利根据与欧盟、美国签署的有关双边贸易协议，对协议产品实施出口配额管理，包括对出口到欧盟的油、肉、水果等，出口到美国的猪肉、鸡肉、牛肉等，按照双边协议拟定的10～12年计划，实行出口配额管理。

③出口税和出口退税。

智利不征收出口税。海运公司、航空运输公司以及汽车零部件的出口，可享受免缴出口税待遇。一些产品也可以享受出口退税待遇。

智利出口退税也采取"先征后补"的办法。

（3）激励措施

①产业税收优惠政策。

根据智利第20241号法，智利对科技研发领域企业给予税收优惠。企业如果与大学或研究机构进行联合开发，政府将返还35%的所得税；产品用于出口的矿业公司免付增值税。

②地区激励政策。

依据智利第15号法，在智利第Ⅹ、Ⅺ、Ⅻ大区投资的企业，对于其不高于140万美元的投资，给予总额相当于固定资产投资20%的税收优惠。依据第889号法，在智利第Ⅰ、Ⅱ、Ⅲ、Ⅺ、Ⅻ大区投资的企业，税收优惠相当于工人每月工资额的17%，最多每人可达38美元/月。依据阿里卡计划，在北部第Ⅰ大区阿里卡省投资额不少于10万美元的企业，可退还30%的企业所得税；如果还是旅游业，返还40%的所得税；在巴里纳可塔省投资不少于5万美元的企业，返还40%的所得税。依据奥斯特拉尔计划，对在南部第Ⅺ、Ⅻ大区在运输、林业、水产、制造业、能源、房地产、旅游和研发领域投资额不少于5万美元的企业，给予32%的返还所得税优惠。依据纳瓦利诺和火地岛计划，在火地岛和南极从事矿业、制造业、运输业、渔业、旅游业的企业，可免缴所得税、增值税和进口税。依据特戈皮亚计划，在第Ⅱ大区特戈皮亚湾从事生产、维修矿山设备或矿山材料的企业，可享受免缴所得税、增值税和进口税优惠。

9.3.4　南美洲国家与中国签署的自由贸易协定

截至2017年，中国已经与两个南美洲国家签订自由贸易协定，它们在与中国签有自贸协定的国家中占有重要位置，中国与南美洲国家自由贸易合作的发展及其重要性可见一斑。这两个国家是智利、秘鲁。

1）中国-智利自由贸易协定

2004年11月，中国与智利两国政府共同宣布启动中智自贸区谈判。经过一年谈判，2005年11月两国领导人签署了《中国-智利自由贸易协定》（以下简称《中智自贸协定》）。该协定于2006年10月1日起正式实施。同时，两国正式启动服务贸易和投资谈判，历时一年半，经过六轮谈判之后，双方于2008年4月签署《中智自贸协定关于服务贸易的补充协定》（即《中智自贸区服务贸易协定》）。

《中智自贸协定》纳入了与货物贸易有关的所有内容，包括市场准入、原产地规划、卫生与植物卫生措施、技术贸易壁垒、贸易救济、争端解决机制等，并将经济、中小企业、文化、教育、科技、环保、劳动和社会保障、知识产权、投资促进、矿产和工业领域的合作范围涵盖在内。根据《中智自贸协定》，经过两阶段关税减让，中国先后取消对智利4 753种产品的关税，智利也将中国5 891种产品关税降为零，主要涉及化工品、纺织品和服装、农产品、机电产品、车辆及零件、水产品、金属制品和矿产品等。

《中智自贸协定关于服务贸易的补充协定》共包括正文22项条款和两个附件（商务人员临时入境和双方具体承诺表）。根据协定，中方的计算机、管理咨询、采矿、环境、体育、空运等23个部门和分部门以及智方的法律、工程、计算机、研发、房地产、广告、管理咨询、采矿、制造、租赁、分销、教育、环境、旅游、体育、空运等37个部门和分部门将在各自WTO承诺基础上向对方进一步开放。

智利是第一个与中国签署自贸协定的国家，自贸协定对中智双边贸易起到了压舱石和推进器的作用。2016 年，中智贸易额达到 281.7 亿美元，是 2005 年签署自贸协定时的 4 倍。另据智利央行统计，10 年前，智利对中国出口额还不足 1 亿美元，现今智利对中国年出口额已达 190 亿美元，年平均增长率高达 28%，远高于智利对世界其他国家出口平均 13% 的增幅。智利是中国在拉美的第三大贸易伙伴，中国已成为智利第一大贸易伙伴。通过签署自贸协定，双方可以扩大市场开放度，减少贸易壁垒，降低贸易成本，实施有效的投资促进和保护，促进多种经济发展合作，为产能合作提供保障。

截至 2015 年 1 月 1 日，协定货物贸易关税减让已执行完毕。5 月 25 日，双方签署《关于中国–智利自由贸易协定升级的谅解备忘录》，同意探讨中智自贸协定升级的可能性。2017 年 11 月，《中国–智利自贸协定升级议定书》（以下简称升级版）正式签署，预计将于 2018 年内实施。双方在原有自贸协定货物高水平自由化的基础上，继续扩大市场开放度，总体零关税产品比例将达到约 98%。该协定将成为迄今中国货物开放水平最高的自贸协定。升级版生效后，智利将对中国立即取消家电、纺织品、服装等 24 个产品关税，涉及中国每年对智利出口额的约 400 万美元，相关产品由目前 6% 的进口关税直接降为零关税。这将大大提高中国产品在智利市场的竞争力，有利于中国出口企业进一步开拓智利乃至南美洲新兴市场，将自贸协定优势转化为企业扩大出口的优势。

2）中国–秘鲁自由贸易协定

中国–秘鲁自由贸易协定谈判于 2007 年 9 月 7 日启动，经过 8 轮谈判和 1 次工作组会议，2009 年 4 月，两国政府代表正式签署了《中国–秘鲁自由贸易协定》（以下简称《中秘自贸协定》）。协定于 2010 年 3 月 1 日起正式实施。

《中秘自贸协定》覆盖领域广、开放水平高。在货物贸易方面，中秘两国将对各自 90% 以上的产品实施零关税。中秘两国的全部货物产品将分为 5 类实施关税减让。第一类产品在协定实施后当年实施零关税，分别约占中、秘税目总数的 61.19% 和 62.71%。第二类产品在协定生效后 5 年关税逐步降为零，分别约占中、秘税目总数的 11.70% 和 12.94%。第三类产品在协定生效后 10 年关税逐步降为零，分别约占中、秘税目总数的 20.68% 和 14.35%。第四类产品为例外产品，不作关税减让，分别约占中、秘税目总数的 5.44% 和 8.05%。第五类产品将分别在协定生效后 8、12、15、16、17 年关税逐步降为零，分别约占中、秘税目总数的 0.99% 和 1.95%。协定实施后，中方的轻工、电子、家电、机械、汽车、化工、蔬菜、水果等产品和秘方的鱼粉、矿产品、水果、鱼类等产品将从中受益。

在服务贸易方面，在各自对 WTO 承诺的基础上，秘鲁将在采矿、研发、汉语教育、中医、武术等部门进一步对中国开放，中国则在采矿、咨询、翻译、体育、旅游等部门对秘鲁进一步开放。同时，为进一步便利两国人员来往，《中秘自贸协定》为商务人员临时入境建立了透明的标准和简化的程序。

在投资方面，中秘双方相互给予对方投资者及其投资以准入后国民待遇、最惠国待遇和公正待遇；鼓励双方投资并为其提供便利；规定除非为公共利益并经法定程序不得进行征税，一旦征收应按照公平市场价值给予投资者补偿；保证投资和收益的自由汇出；建立了以投资者-东道国仲裁为特色的投资争端解决机制。

《中秘自贸协定》自正式生效以来，已步入"第二个五年"时期。按照协定关税减让安排，目前中国出口秘鲁的75.65%税目货物已实现零关税，另有14.35%税目货物将在"第二个五年"结束时关税降为零，主要包括纺织品、化工产品、机电产品等。

9.4 南美洲国家市场营销的方法和途径

众所周知，南美洲市场的潜力和价值是巨大的，如何进入这个市场并取得非凡的成绩是每个企业或者国家关心的大事。

9.4.1 了解南美洲国家市场的特性

1）绝大部分地处热带

南美洲地区绝大部分处于热带，这一特点深深影响着其进出口商品结构。比如，该地区是世界上咖啡、香蕉、食糖的最大供应地；可可豆及可可制品出口在世界同类商品出口中也占相当大的份额。

2）潜力巨大

同亚洲一些地区和非洲相比，该地区的发展中国家经济基础较好，技术水平和人民平均收入都较高。根据其资源、土地占有情况、开发前景、经济、技术、社会、文化等方面的基础条件可以判断，该地区是一个很有潜力的市场。

3）市场开放

20世纪90年代，南美洲国家普遍制定了"贸易自由化进度表"，规定在1995年前取消全部进口的数量限制、许可证限制和其他非关税壁垒；还规定最高进口税率下降20%，平均税率下降到10%左右。与此同时，它们放宽了对外国投资的限制，向外国人开放过去只允许政府和本国企业才能投资的部门，并向国内外私人企业大量出售现有国营企业，以便吸引外资。

4）在商业习惯上缺乏统一性

由于历史上的原因，该地区混血人种占绝大多数，这一状况决定了该地区没有种族歧视。在做生意方面，他们也没有统一的商业习惯。

9.4.2 进入南美洲市场，并在南美洲开展市场营销

1）从思想上重视南美洲市场

首先要从思想上重视对南美洲市场的开发。同欧美国家和日本的传统市场相比，南美洲市场的开发起步较晚。中国与南美洲地区的贸易规模还很小，进出口额在各自的外贸总额中比重也较小，90%左右集中在巴西、阿根廷、智利、秘鲁等少数国家。中国与该地区贸易的商品结构不算理想，80%的交易额仍是工业原料、农产品等初级产品，工业制成品有限。如果中国的出口企业从实施外贸市场多元化战略和世界商战格局两个方面去分析，这些问题都可以得到解决。

2）要加强对南美洲市场的研究

政府要定期组织经贸代表团赴南美洲进行考察。在与南美洲开展各种政府间的接

触和交流中，要突出发展经贸合作的主题，帮助双方建立良好的信任和合作关系。同时，要加强舆论宣传。一方面，通过电视、广播、报刊增加对南美洲的报道，开设特别节目，让企业家更多地了解南美洲市场。另一方面，加强与南美洲新闻界的合作交流，向南美洲国家宣传介绍中国企业的产品以及目前取得的成就。再则，加强市场调研，建立市场信息网络。由于历史、地理的原因，中国企业对该地区的习惯、消费水平、市场需求等了解较少，对于对方的外贸法律、外贸体制、外贸机构、业务手续等不熟悉，相互间销售渠道不宽，售后服务网尚未建立起来。鉴于此，中国企业应加强对该地区的市场调研。加强市场调研、建立市场信息网络依靠两股力量：一是经济商务参赞处和中国对外贸易中心选配在当地市场调研收集商业情报的干部力量；二是国内研究机构的力量。企业可以与驻外机构建立直接的电信或者网络联系。

　　3）区分不同类型区域发展双边经贸关系

　　由于面积、人口、资源条件、经济发展水平不同，南美洲国家对外贸易经济在各自国民经济中的地位和作用也不同。在发展双边贸易关系时，应该逐一分类。

　　（1）巴西、阿根廷

　　巴西、阿根廷已建立较为完善的工业体系，被称为"发展中的发达国家"。其对外经贸关系在各自的国民经济中占有重要的地位。它们要在继续保持传统出口产品在国际市场占相对优势的同时，努力增加工业制成品特别是高附加值产品的出口。中国企业应争取在更多的领域和更大的范围内与本地企业开展经济合作和科技合作。当然，它们也有不少与我国相同或相近的出口产品，在国际市场上又可能成为我们的竞争对手。

　　（2）委内瑞拉、秘鲁、智利、厄瓜多尔

　　这些国家是南美洲的中等发展水平国家。它们在某几种资源产品或初级产品上具有比较优势，但在中间产品和资本货物上基本依赖进口。中国企业具有向这些国家出口某些适用的机器设备以换取它们某些资源的能力。与这类国家扩大贸易往来，开展经济合作，乃至投资兴办合资企业，潜力较大。

　　（3）其他国家

　　除上述国家以外的其他国家，仍处于以农业为主的发展阶段。这些国家由于经济水平和出口规模效益的限制，没有建立完整的工业体系，主要依靠出口某种资源产品或农牧业产品来换取自身需要的工业消费品和生产资料。它们中有些国家国民平均收入水平并不低，有相当强的进口能力。但目前中国企业与该类国家的贸易往来和经济合作都少，在此投资建厂，尤其是开展发电机电产品的组装业务，前景看好。

　　4）进行直接投资

　　通过投资占领和扩大市场份额，是进入南美洲市场的有效途径。南美洲的投资机会很多，各国政府制定了许多优惠政策鼓励外资进入。在南美洲投资可以一举两得，既可获得丰厚的投资回报，又能绕过贸易障碍，生产产品就地销售，拓展市场。中国有竞争优势的企业包括商贸、通信、交通、餐饮、电子、能源等行业企业可以有选择地前往投资。

5）联合开拓市场

南美洲市场确实是很多企业的用武之地，但竞争也非常激烈，企业只有联合起来才能确立起优势。从20世纪90年代的情况来看，中国在南美洲设立的公司基本上采取"公派个体户"式的经营方式，单个企业的力量都非常有限，只能小打小闹，很不成气候，这样是肯定没有前途的。现在，我们的出路就是把这些企业很好地联合起来，组成"联合舰队"，进行"兵团作战"。只有这样，我们开拓南美洲市场才能取得更大的成功，我们的市场份额才能越来越大，增长率才会越来越高。

6）在当地办厂设店建立贸易中心

过去我国企业习惯于成品出口，而对到南美洲地区办厂加工装配缺乏经验，也缺乏热情。其实，该地区自由贸易区或共同市场的建立，为我国企业去料、去件搞加工装配提供了机遇。企业到一国从事加工装配后可自由地进入该国所在经济集团的其他国家。当然，最好是实现就地生产、销售、维修三结合。

在当地开店，可扩大销售渠道，直接了解客户需要，把握市场行情。为方便促销和站稳脚跟，中国的出口企业应同当地有实力的企业建立合资企业或搞合作经营。

中国企业在当地建立贸易中心从事仓储分拨业务，可以解决中国与南美相距遥远、贸易周期长的老问题，为企业提供信息、咨询、翻译以及联络等服务，以解企业外语人才缺乏之难。

7）争取中国驻当地使馆及华侨的帮助

中国几乎与所有南美洲国家（除巴拉圭以外）都建立了外交关系，企业应该加强联系，依靠中国政府驻外机构获取帮助。此外，还可以恰当地寻求南美洲地区的华裔、华侨的帮助。他们大多爱国爱乡，事业有成，在当地有一定影响力。当地的华裔、华侨分三种人：一种为人正派且自身实力强、资信佳，可与之多打交道；一种是皮包商，他们常常同你谈合资开厂、开矿但又拿不出资金；一种是中、小商人，他们占多数，虽财单力薄，但对中国产品比较了解又熟悉当地情况，还有语言之利。中国企业要多与当地华裔、华侨联络，与他们进行合资合作，共同发展。

8）组织参加各种展览会

南美洲各国特别是几个主要国家，每年都有不少大型国际展览会，如阿根廷历史悠久的农工牧展览会、巴西圣保罗国际建筑业博览会及秘鲁利马的万国博览会等，中国每年也要在南美洲举办各种展销会，吸引当地及南美洲其他国家的客商参加。有条件的企业可以组团参加，结识客户，洽谈生意，了解市场，获取信息。同时，也应定期举办企业产品展览会。

9）采取放账式推销手段

放账是一种重要的推销手段。中国与南美洲地区相距遥远，交货期长，如要求客户开信用证，从开证到货至要几个月，影响客户资金周转。很多国家对该地区出口都采用放账方式。至于采用何种形式放账，要根据推销意图和客户资信情况而定。企业对客户要严格选择，额度要适当控制。

10）馈赠客户的礼品要有明显的中国特色

到南美洲地区推销商品时带些小礼品联络感情，有助于开展业务。至于带些什么，很有讲究。总的来说，礼品不在贵，而在于有中国特色，如香木扇、真丝领带、熊猫玩具等。想送贵点的，可以送精包装丝绸、艺术瓷盘、织锦缎台布和软木雕等。

11）善于避开市场风险

这方面的风险主要是汇率风险和信用风险。经贸交往应尽可能以国际硬通货进行结算，在选择合作伙伴时，要做好信誉调查，特别是与当地中小型企业开展贸易时，要尽量选择风险小的交易方式和支付办法。同时，要针对东道国可能对中国采取的反倾销行动制定合理的政策措施。

9.5 南美洲国家市场营销的风险与注意事项

中国企业虽然具有赴南美洲市场投资的良好机遇，但也存在风险，必须审时度势，加强风险预测与防范。

9.5.1 巴西的风险

1）宏观经济风险

巴西的经济规模和市场规模居南美洲第一，且有巨大的发展潜力。由于受债务危机和通货膨胀冲击，历史上巴西经济增长的波动性相对较大，虽然从 2000 年以来已经有所好转，但仍需高度关注在当前全球经济不确定性加大和欧债危机影响不断扩大的背景下，巴西经济面临的巨大下行风险。2012 年第三季度，巴西 GDP 仅同比增长 0.87%，在连续 9 个季度增速持续放缓后出现微弱反弹，比第二季度增速高 0.38 个百分点。2014 年巴西 GDP 同比增长率为 0.1%。2016 年巴西 GDP 同比增长率为 −3.6%，为 2009 年以来经济增长最差的一年。

作为经济增长的主引擎，近年来巴西内需消费较为稳定且具有可持续性，消费对 GDP 增长的贡献率超过 60%，但其受国内通胀的影响较为明显。一旦通胀率高涨，内需便会受到较大冲击，削弱消费对经济增长的支撑作用。虽然降息有助于增加投资和银行信贷，但通胀率加速上扬将进一步抑制经济主引擎即私人消费的增长，从而使巴西陷入更为痛苦的滞胀境地。为刺激经济复苏，巴西从 2011 年 8 月起连续 10 次降息，基准利率从 12.5% 大幅下调到 7.25%，但随着全球食品价格居高不下，加之 2012 年 9 月份欧洲央行、美联储以及日本央行推出新一轮的量化宽松政策，巴西通胀率在 2012 年下半年出现高位反弹，10 月份 CPI 小幅反弹至 5.45%。2015 年巴西通胀率为 10.67%，大大高于 2014 年的 6.41%，创 13 年来最高纪录。2016 年巴西通胀率有所下降，为 6.29%。

同时，低储蓄和低投资的特点使巴西投资对经济增长的支持力度不足，需警惕巴西由于国内低储蓄不足以支持高投资而不得不大量对外举债的风险。从巴西经商难易度因素排名来看，纳税、聘用员工、跨境贸易以及执行合同等方面排名靠后，高税收、罢工频繁、高关税和社会诚信等因素已经成为阻碍巴西经济发展的重要风险。

2）政治风险

信用评级机构惠誉（Fitch）指出，巴西政治的不确定性依然高，足以影响财政改革的内容、范围和节奏。巴西代总统特梅尔试图控制财政支出，但这不能成为迅速稳定全国财政的良策。特梅尔政府的民意支持率仍然比较低,"洗车行动"的持续发酵成为政治动荡的根源。公众对财政紧缩的宽容度会因经济恶化和失业率高企而降低。2018年8月31日是,罗塞夫总统被罢免职务,代总统特梅尔正式就任总统。转正不到一个月,特梅尔就因涉嫌贪腐被调查。

3)国际收支及外债风险

巴西的出口和进口集中度较高,出口前四国和进口前四国的贸易集中度分别高达39.2%和43.8%。从区域来看,巴西对亚洲、欧洲、拉美和美国的出口比重分别为27.8%、21.3%、23.8%和9.6%,欧债危机恶化致使发达经济体经济增长放缓,巴西出口外需受到较大冲击,同时亚洲出口导向型国家的经济增长亦受到影响,从而影响亚洲国家对巴西资源型初级产品的进口需求,对巴西出口和经济增长产生双重冲击。植物产品、矿产品、食品饮料和烟草是巴西的主要出口商品,2015年,出口额分别为341.0亿美元、311.5亿美元和223.4亿美元,占巴西出口总额的17.8%、16.3%和11.7%,分别下降4.0%、37.5%和14.1%。2015年全年巴西大部分产品出口均在下降,但仍有部分主要出口商品如运输设备、纸张等出口或持平或出现小幅增长。机电产品、矿产品和化工产品是巴西进口的前三大类商品,2015年进口额分别占进口总额的44.6%、11.5%和10.5%,三大商品的进口集中度高达66.6%。从近十年来巴西出口产品结构变化来看,初级产品占商品出口的比重逐年攀升,2015年初级产品出口比重已升至50%以上,高于工业制成品。这一趋势显示出巴西出口过于依赖资源产品和农产品,出口产品的附加值较低,而雷亚尔的大幅升值亦提高了巴西工业制成品的国际市场价格,从而抑制了其工业产品的出口增长,进而引发巴西"去工业化"进程,加剧其工业制成品出口竞争力大幅下降,极大地降低了巴西工业和制造业的国际竞争力。同时,巴西政府正在加大对本国工业和制造业的保护力度,针对中国的贸易保护主义抬头趋势明显,可能会对我国进入巴西的企业和出口企业产生负面影响,并影响到中资银行的贸易融资业务。

与诸多南美洲国家相同,巴西曾经是全球外债负担较为严重的国家之一,高外债、高币值以及高度的金融自由化,让巴西成为国际对冲基金的主要攻击对象,其曾于1999年和2002年先后遭受两次金融危机的冲击,致使其汇率大幅贬值、股市震荡、通货膨胀率和失业率不断上升,令巴西经济陷入衰退。从2003年起,巴西开始稳定外债规模并不断增加外汇储备,推动外债占GDP比重从2002年的41.8%逐渐下降到2010年的12.4%,远低于一般发达国家。2016年3月,巴西总外债和外汇储备规模分别为6 517亿美元和3 724亿美元,外汇储备达到总外债的57%,该比例远高于2002年发生债务危机时的17.9%。其中,短期外债仅为643.3亿美元,占总外债的比重为22.8%,仅为外汇储备规模的1/5。巴西雄厚的外汇储备保证了巴西对外的清偿能力,也能有效缓冲国际资本进出对巴西经济的冲击。因此,巴西短期内发生债务危机的可能性较低,金融稳定性大幅提升。

巴西货币雷亚尔的汇率波动程度一贯较大,尤其是近年来雷亚尔升值步伐较快,吸引大量跨境资本流入巴西。一旦未来美元汇率迈入升值周期或者美国步入加息周期,跨境资本将会持续从巴西回流至美国,巴西雷亚尔势必将大幅贬值,汇率的大幅波动将不可避免。相关企业应高度关注巴西雷亚尔的汇率波动，尽量避免汇率损失。

总的来说，巴西内政稳定性较低，腐败问题较为严重，且政府面临执政联盟的内部团结、保持经济持续增长、实施政治改革和税收改革等一系列挑战。同时，巴西整体教育水平较低，二元经济结构特征明显，贫富差距较大，社会治安状况较差。但是，巴西社保和医疗体系较为健全，民族融合程度较高，排外性较小，自然资源极其优越，自然灾害较少。世界经济论坛《2016—2017年全球竞争力报告》显示，巴西2016年在全球140个国家和地区综合竞争力排名中位居第81位，在金砖国家中居于中国（28位）、南非（47位）、俄罗斯（43位）、印度（39位）之后。

9.5.2　阿根廷的风险

1）政治风险特别是国有化风险突出

阿根廷众议院2012年5月3日通过《阿根廷石油主权》议案，将对该国第一大石油企业YPF公司实施国有化——阿根廷政府将强行收购YPF公司第一大股东西班牙雷普索尔公司持有的51%股份，实现控股。该国有化议案在阿根廷国内拥有广泛的民意支持，向在阿根廷的跨国公司敲响了国有化风险的警钟。

2）汇率风险高企、贸易和外汇管制日益严格

进入21世纪以来，阿根廷货币持续贬值，1阿根廷比索兑美元由2001年的1.001大幅贬值为2002年的0.326，继而贬值到2012年4月的0.2262，又贬值到2015年的0.066，创历史新低；兑人民币由2001年的8.281大幅贬值为2002年的2.702，再贬值到2011年的1.4343，继而贬值到2015年的0.445，创历史新低。2015年12月17日，美联储宣布加息0.25，阿根廷比索崩溃性大跌41%。过去几年，阿根廷因为债务危机，货币已经经过一轮大贬值。美联储加息，阿根廷比索贬值预期更加强烈。2015年12月17日，阿根廷总统马克里宣布取消汇率管制。消息一出，阿根廷比索应声下跌，日内最大跌幅高达41%。

3）通胀与劳工成本高企风险

阿根廷政府为追求经济增速，拒绝控制货币投放规模，导致通货膨胀失控。

2005年以来，阿根廷已连续6年出现恶性通货膨胀——官方公布的通货膨胀率每年都在7%～11%之间，但阿根廷经济学家普遍认为政府故意低估通货膨胀率，并指出实际年通货膨胀率在15%～25%之间，如2010年在22%左右，2011年在25%左右。即使在2012年经济迅速降温时，阿根廷通货膨胀率仍在高位徘徊。2016年，阿根廷物价上涨26.9%，名列全球最严重通货膨胀国家的第三位。

受高通胀影响，阿根廷生活成本和劳工成本不断上涨，削弱赴阿根廷企业的竞争优势和盈利能力，如世界银行2006年研究数据显示，以购买力衡量的总消费支出，阿根廷在南美国家中最高，比南美国家平均总支出高61%。受金融危机的后续影响，阿根廷劳工成本仍不断上升———阿根廷国家统计局公布数据显示，从2009年7月至2010年7月间，阿根廷工资水平累计上涨23.8%，高于同期消费者价格指数两倍多。2011年阿根廷人均获得28.3%的调薪幅度，以美元计算的CLU劳工成本单位，在2007—2011年间提高了48%，并于2011年第二季度达到历史高峰。

9.5.3　委内瑞拉的风险

1）委内瑞拉是中国对外能源投资中的潜在高危国家

委内瑞拉是南美重要的石油生产和输出国，其石油探明剩余可采储量十分丰富，按照《BP世界能源统计》最新资料，截至2017年年底，委内瑞拉探明石油储量增至470亿吨，超越沙特阿拉伯位居全球之首。同时，委内瑞拉又是中国能源投资的重要国家之一，仅中国三大石油公司对委内瑞拉的投资就超过400亿美元。但是，委内瑞拉经济社会较为脆弱，国际投资环境相对恶劣，由于我国在委内瑞拉有重要的经济利益，我们应高度关注其国家风险的变动，避免重蹈我国因利比亚内战爆发遭受巨额损失覆辙。查韦斯政府于1999—2013年连续执政，主张实行国家控制与市场调节相结合的经济模式，推动经济多样化，在一定程度上还是推动了委内瑞拉经济和社会发展，比20世纪八九十年代有所起色。查韦斯执政之后的1999—2011年，委内瑞拉GDP年平均增速达到2.91%，历史上长期居高不下的通胀率也有所降低，从1990—1998年的年平均50%的水平下降到1999—2011年的21%，国内贫困人口的生活水平有所改善，社会相对稳定。但到2015年12月，委内瑞拉通胀率已经高达181%——这还只是官方数据。目前在全球范围内委内瑞拉国际竞争力处于最低水平，而国家风险处于最高水平，政治、政策、经济和社会风险均高于南美其他国家。

2）查韦斯"新国有化"政策致使委内瑞拉经济形势日趋严峻

查韦斯主政时欲以石油收入改变极不合理、极不均衡的经济结构，以改善人民生活，但整体状况并无根本改观，某些方面反而更趋恶化。查韦斯2000年刚执政就面临缺电困境，但是随着电力企业实施国有化政策后，老电站缺乏维护以及新电力设施缺乏资金支持而进展缓慢，致使这个资源丰富的国家电荒持续加剧，影响人民生活和工业生产。此外，查韦斯曾经高度重视的农业发展亦没有摆脱落后的局面，食品依赖进口的程度反而继续提高至60%以上。经济结构失衡也日趋严重，石油出口占据总出口的95%以上，大大超过一般的石油出口国和查韦斯执政前的水平。2013年以后受世界经济不景气和国际油价持续走低影响，委内瑞拉出口锐减，经济持续下滑。2015年，出口下降49%，经济出现7%负增长。与此同时，国际储备减少，债务负担增加，货币大幅贬值，通胀率从2013年的56%飙升至2015年的180%以上，失业率高达10.4%。国内的食品和日常生活用品奇缺，人心惶恐，沧海横流，社会形势十分严峻。马杜罗执政后，棘手的经济问题远没有解决。

3）委内瑞拉还有失业率高、贫困人口较多、贫富差距大等问题，社会潜在风险不断扩大

委内瑞拉通胀率在2017年12月竟达81%，仍处于全球高位，高通胀扰乱了经济秩序，损害了低收入群体的切身利益，最终对社会生产造成严重破坏，引起企业大量破产，致使高企的失业率雪上加霜。

4）存在政治风险

在国际政治博弈之中，委内瑞拉站在美国及其盟国对立面上，与当初的利比亚较为相似，存在较大的政治稳定风险，并且未来委内瑞拉国内政权出现动荡的可能性极

大。2013年4月14日，尼古拉斯·马杜罗赢得大选，成为委内瑞拉总统。2015年12月6日，委内瑞拉举行全国代表大会选举，委内瑞拉执政党统一社会主义党仅仅取得55席，这反映出委内瑞拉国内要求变革的声音不断增强，马杜罗未来执政面临威胁。2017年7月31日，美国财政部宣布对马杜罗实施制裁。根据制裁措施，马杜罗在美国境内的资产将被冻结，同时美国人将被禁止与其进行交易往来。

9.5.4　预防及应对风险

1）从宏观上讲

第一，把握南美洲国家风险特点，规避网络拓展进程中的风险。

从区域内国家看，智利、巴西、乌拉圭、秘鲁和哥伦比亚的全球竞争力相对较高，而阿根廷、厄瓜多尔、巴拉圭和委内瑞拉的竞争力处于全球下游，风险级别相对较高，中国企业应重点拓展南美洲区域风险相对较小且与中国经贸往来较为密切的国家，智利、巴西、秘鲁是首选国家，规避区域风险较大且文化差异较大的区域，进一步降低国际化的国家风险水平。南美洲区域政治经济风险不断走高，文化相似度较低，推动本地化进程较为艰难，中国企业应避免在风险较大的国家并购当地企业，可选择在石油资源较为丰富的委内瑞拉、巴西、阿根廷等国加大对当地石油天然气产业的支持和参与力度，稳步扩大在南美洲地区的辐射和影响力。

第二，拓展南美洲市场应实施国家差异化战略。

中国企业应针对南美洲各国特点选择不同的业务发展模式和方向，尽可能避免不同国家所面临的经济金融风险。对于巴西、智利等较为发达的国家，可加大拓展力度，发挥当地金融体系发达优势，以中国走出去大企业为核心客户，大力拓展优质信贷、投资银行及资产管理业务。对于委内瑞拉、阿根廷等资源丰富国家，中国企业可进入资源开发和巨额基建市场，获取业务机会。

第三，制定差异化的全球风险管理体系，规避国家风险"一刀切"现象。

由于全球各个区域的风险状况存在较大差异，且企业在各区域的发展模式和业务不尽相同，因此中国企业在构建全球风险管理体系时，应在密切关注区域风险和国别风险演化趋势，完善区域和国别风险监测分析的基础上，把握企业在各区域业务发展所面临的不同风险状况和风险承受能力，制定各区域差异性的风险偏好和风险评价体系，以便于中国企业各区域机构能够发挥自身优势，根据当地风险特点拓展业务，避免区域风险管理"一刀切"现象。

第四，加强对南美洲各国金融风险的监控。

中国企业应高度关注南美尤其是巴西银行业信贷规模增长过快现象，警惕由银行信贷滋生的资产泡沫，尤其在经济增速放缓之际监测银行业不良贷款率和拨备覆盖率的变化趋势，对银行业危机进行预警，及时把握巴西信贷资产证券化等金融创新产品进展，警惕其爆发类似美国次贷危机的金融危机。以巴西为代表的南美洲各国汇率波动程度较大，尤其是近年来雷亚尔升值步伐较快，吸引大量跨境资本流入南美，一旦未来美元汇率迈入升值周期或者美国步入加息周期，跨境资本将会持续从南美洲回流至美国，南美洲各国货币势必大幅贬值，汇率的大幅波动将不可避免。各企业应高度关注南美洲货币汇率的大幅波动，尽量避免汇率损失。从历史上看，南美洲各国曾经多次爆发政府债务危机，地方政府诚信度较低，经常出现债务危机。

2）具体来讲

第一，对于国有化的风险，可从政府和企业两个层面降低风险。

政府层面：①借鉴美国《对外援助法》、日本《输出保险法》等法规，建立跨国公司对外直接投资的保证制度，主要包括海外投资保险制度和通过国内立法进行保证；②与相关国家签订保护投资的双边条约，重点对国有化方式、国有化条件及国有化赔偿等做出明确规定；③参加多边条约（如世界银行《多边投资担保机构公约》）和多边投资保险机构为对外直接投资提供冲抵国有化风险的保证。

企业层面：①在对外直接投资前期阶段，对赴南美洲国家投资项目进行科学而周密的可行性投资研究和投资风险预判，以科学地评估其国有化风险；②投资主体当地化——选择与当地政府或企业共同投资，建立合资企业或合作企业，通过投资主体的分散降低国有化风险，如黑龙江北大荒农垦集团总公司斥资15亿美元，租赁阿根廷里约内格罗省30万公顷的土地并开发农场，此举是为避免阿根廷国内对外国拥有该国农田所有权一事的强烈反应，因为北大荒农垦集团并未直接收购土地；③投资经营本土化——在原材料采购、产品制造与销售等环节与当地企业建立战略联盟，在人力资源配置上主要以东道国为主，以此增大东道国政府国有化的机会成本；④投资工具信贷化——与当地银行形成"共同体"，增大抵御与对冲政府国有化的筹码，如当国有化风险增大时，可选择将股权出售或转为银行信贷、母公司的买方信贷等债权形式；⑤投资对象分散化、弹性化——尽可能选择东道国的多个目标企业和市场进行投资，而一旦当地出现某产业的国有化风险，可将部分投资迅速转移到非国有化行业和企业；⑥如国有化不可避免，则应通过合理谈判、政治压力和法律途径寻求最大补偿。

第二，面对通胀和劳工成本的风险，我国投资企业可采取如下措施：①采用人民币结算应对东道国高通胀及其引发的货币大幅贬值风险；②在投资行业上，选择资本密集型、技术密集型行业，或在生产环节以机器替代劳动力（如农业的机械化耕作），以降低劳工成本；③在会计处理上，可采用后进先出法、提高固定资产与无形资产减值准备、加速折旧等方法应对高通胀风险；④在进行项目评估时，慎重考虑通胀风险，提高项目评估的贴现率，并尽可能选择投资回收期短的项目，或选取产品缺乏需求价格弹性的行业，如农产品、矿产资源、林业等，以尽可能将通胀风险向下游传递；⑤赴南美国家投资时，特别是从事基础设施建设和工程承包项目的中国企业，应尽可能利用双边劳务合作，即最大限度地利用劳工成本相对较低的中国劳动力，以降低当地高劳工成本的冲击。

第三，面对汇率风险高企、贸易和外汇管制日益严格的局面，中国企业可通过以下措施进行防范和缓解：①可采用非现金方式。如以设备、技术和管理经验作价投资，如2011年11月3日，中国海信集团和阿根廷BGH公司签署合作协议在阿建立合资工厂，海信集团提供在电器产品创新和设计方面的经验，BGH公司则将在第一年投资的220万美元资金用于购买技术设备，扩大企业生产能力；或可采用在当地市场融资的方式，如发行债券或申请银行贷款，对所投入的固定资产、无形资产可采用加速折旧法计提折旧，以降低汇率风险敞口。②大力推进与投资国进行双边经贸往来的人民币结算，或开展加工贸易，或借助套期保值及货币互换协议等，避免汇兑损失。③充分借助银行等金融机构利用出口信贷等工具提前收汇，降低汇率风险。如 2010年中信银行联合中国建设银行，为阿根廷经济部提供总额 8 500 万美元、期限 10 年的出口买方信贷；中国出口信用保险公司提供出口买方信贷保险，以支持中国企业开拓阿根廷铁路项目市场。④如果投资所生产的产品是其国内需要的，如矿产资源、农产品等，可规定以一定比例的产品充当投资收益，可规避产品销售所产生的汇兑风险和利润汇出的外汇管制风险。如据阿根廷媒体报道，中国在布宜诺斯艾利斯省的干旱农业产区投资灌溉系统，以便获得这些农田生产的农产品的优先购买权。⑤考虑到投资地区外汇管制风险，建议适当采用内部贸易方式和全球财务与先进管理策略，对经营利润进行综合平衡调节。⑥面对进口和外汇管制，企业可采取本土化生产和属地化管理，以避开当地关税和非关税壁垒。如中国电脑生产商联想集团为应对阿根廷的进口替代战略，调整企业规划，在火地岛投资 1 400 万美元合作建厂，组装笔记本电脑，实行当地化战略，逐步提高"阿根廷制造"比重，市场份额和品牌影响力也不断提高。

本章小结 ✐

　　南美洲国家联盟是除欧盟及北美自由贸易区之外的第三大经济集团，综合实力强，市场潜力巨大。本章从南美洲国家的概况、贸易政策、市场特性等方面进行阐述，给中国企业进入该市场提供了策略，以便更好地预防和降低市场风险。

思考题 👥

　　1.名词解释：
南美洲国家联盟　贸易救济制度　《中智自贸协定》　《中秘自贸协定》
　　2.简述南美洲国家联盟的发展史及其成立的意义。
　　3.南美洲国家市场的特性是什么？进入南美市场营销的方法和途径是什么？
　　4.试分析里约热内卢奥运会给巴西本地企业及外国企业带来的机遇与挑战。
　　5.案例分析

里约奥运会即将来临　品牌营销战提前打响

　　里约热内卢（以下简称里约）奥运要来了！2016 又一个奥运年，即将迎来体育广告营销全新的盛情狂欢。众所周知，奥运商机无限，奥运会作为人类历史上最大规模的体育盛会，受到了全球的注目。如何借奥运之机，顺风扬帆，整合资源，进而打造黄金品牌，超越竞争对手，进行广告营销突围，对于赞助商品牌来说，既是千载难逢的机遇，也是面临的最大挑战。

可口可乐

可口可乐的温情广告大片《此刻是金》，率先打响奥运情感营销战。从 2008 年的"红遍全球"，到 2012 年"你的节拍"，到 2016 年为里约奥运会推出"此刻是金"营销主题，可口可乐每一届奥运会都为消费者带来经典的营销案例。

在这条以"素人"为主角的短片中，可口可乐高唱反调，不以"夺冠""金牌"等元素作为营销噱头，而是从温情出发，强调"金"意味着比金牌更为珍贵的东西，与重要的人分享黄金时刻才是生命的"金"。通过对"金"和普通人成功的重新诠释，我们清楚地发现，可口可乐的营销风格开始向个性化和情感化诉求推进，放弃了套路，加入了真诚。因此，《此刻是金》"素人篇"视频发布 3 天便突破 600 万的观看量，引发普通人的共鸣。

随着里约奥运会的开幕正式上市的金瓶包装，专注围绕奥运健儿的 12 种称谓配搭 8 种赞美，分享奥运激情的全新表达方式，全民点赞奥运倒计时，通过系列广告营销宣传，在消费者心目中扩大了影响。

361°

361°此次希望将"多一度热爱"的理念带到里约，361°总裁丁伍号表示："361°一直致力于推动世界体育事业的发展。我们希望借此机会，让巴西以及全世界的体育爱好者了解中国的体育产品和品牌。"

2016 年 5 月 3 日，孙杨的一条微博留言"有一些话不得不说，5 月 5 日晚上，请给我 1 分钟的时间"引发了媒体和粉丝的猜测与关注。5 月 5 日，答案揭晓，孙杨借着征战里约奥运之际，在电视里用 1 分钟的时间特别感谢了教练、老师、朋友和领导，更真诚地感谢了那些"之前没有公开感谢过的人"。"2016，我将出征巴西，也希望你们继续用你们的热爱，赞助每一度热爱!"孙杨用这样的话语给自己鼓劲加油。随后，361°借势造势，再次放出全新的 TVC，用全新的角度阐释"用热爱赞助热爱"。

从实际效果来看，361°一改国内品牌重金砸媒介的方式，对话题性人物孙杨的形象进行了一次重塑，借助社交网络上的全民探讨，完成传统 TVC 的社交媒体传播，杀出了一条独特的路。这条路更亲民、更快捷、更具多样性，也更符合社会化营销时代的特征。

三星

在 2012 年伦敦奥运会上，来自南苏丹的马拉松运动员古尔·马里亚（Guor Marial）因自己的祖国没有参加奥运会的资格而以个人的名义参加比赛。2016 年里约奥运会，南苏丹运动员终于得到机会高举自己的国旗参加奥运会了。对于南苏丹的人民来说，在战乱与贫困当中，能够看到自己的同胞与全世界其他各国的体育健儿站在同一个盛会的场地上已经足够了。不管成败，只要拼尽全力挥洒汗水，这背后的精神就值得他们呐喊和铭记。

当来自南苏丹的 19 岁普通女孩 Margret Rumat Rumat Hassan 在三星耳机贴近耳朵的那一刻起，脑海中闪现的画面便是自己的梦想与家乡人民的期待。

在祖国土地上，家乡人民给予她鼓励与支持，一遍遍此起彼伏地高呼她的名字，声音穿透山川河流直达比赛的现场。相信对于南苏丹人民而言，里约奥运会是他们永生难忘的时刻，而三星也不偏不倚地在广告片的结尾打出标语为他们加油鼓劲——"为那些勇于挣脱禁锢者提供支持，我们骄傲！（Proud sponsor of those who defy barriers）"，把三星的品牌内涵和奥运会上南苏丹的19岁普通女孩挣脱禁锢的精神很好地结合在一起。

麦当劳

麦当劳作为奥运会的合作伙伴已经超过40年了，它们之间的合作关系对双方来说都是有利的。1976年，麦当劳成为奥运会的官方赞助商，并且自此以后一直是奥林匹克运动的长期支持者。现在麦当劳在奥运会上提倡均衡饮食，增加正面效应。

在里约奥运会期间，中国的麦当劳和可口可乐共同推出的以可口可乐易拉罐为原型加上巴西里约奥运会吉祥物为图案的杯子成为爆款。这套里约奥运会版的可乐杯把中国人最喜爱的热门比赛项目结合奥运会吉祥物推广出来，比如杯子上面有羽毛球、乒乓球、游泳、排球、举重和田径这几项运动加上可爱的吉祥物，相得益彰，让大家在喝水的时候想起麦当劳和奥运会。

耐克

耐克在2016年纽约创新峰会上宣布了里约奥运会的全线流动设备。炫酷的运动装备让网友在观看比赛的时候顺便也记住了它。

耐克为备战里约奥运会拍摄了一组广告片，而广告片里的男主角就是苏炳添，他是第一位突破男子100米10秒大关的中国运动员，也是第一位杀进世界田径锦标赛100米决赛的中国运动员。苏炳添说：冒险，不只需要勇气，更需要不信极限的魄力，哪怕只为了快0.01秒——因为它意味着一切。

耐克《苏炳添不信极限》广告语：

如果换起跑脚没有风险

如果不会被质疑

如果成绩不可能倒退

如果一切都在意料之中

那怎么可能有突破？

1986年耐克的一则宣传充气鞋垫的广告是真正的突破，在广告片中耐克公司采用一个崭新的创意：不是采用一味宣传产品技术性能和优势的惯常手法，而是在代表和象征运动精神的节奏、旋律中，一群穿戴耐克产品的美国人正如痴如醉地进行健身锻炼……这则广告准确地迎合了当时刚刚出现的健身运动的变革之风和时代新潮，让人感觉耳目一新。自此以后，耐克的这种运动精神就一直沿用在广告里面，感染着消费者。

松下

松下宣布，在里约奥运会期间，将针对其赞助类别推出一系列全球营销活动。松下希望借助这些活动展现体育运动的魅力与激情，并促进奥林匹克运动发展。

其全球营销计划包括以2016年里约奥运会及残奥会为主题的电视广告，以及由2010年以来担任松下公司代言人的足球明星内马尔（Neymar Jr.）为主角参与推广的网络活动。松下的"梦幻FITA项目"以巴西的许愿丝带/手镯"Fitado Senhordo

Bonfim"及松下为本届奥运会及残奥会推出的口号"共享激情"为概念。松下将在该项目涵盖的范围内提供在线平台,分享内马尔对于2016年里约奥运会的激情,以及全世界追逐各自梦想的人们的热忱。在奇迹馆内,"FITA"机器将用于助力游客实现与网络活动关联的梦想。

松下的Facebook页面以及本届奥运会和残奥会官方专题网站将介绍松下以往的赞助活动。在奥运会期间,松下将借助这些媒体渠道全面及时地发布其活动的最新资讯,与全世界共同分享2016年里约奥运会及残奥会的激情。另外,松下全球子公司将响应总公司计划各自开展广告和公共关系活动。

宝洁

说起家人的陪伴,不得不提主打感情牌、最会讲故事的宝洁了。宝洁在2016年推出的奥运主打广告片《Strong》尽管依然是从母亲的角度表达母爱的伟大,却通过几个不同国家不同肤色的奥运选手在童年时期与母亲发生的故事来讲述。

全片利用蒙太奇的剪辑手法,穿插奥运选手参赛的画面与童年时期的闪回,借用背景音乐的特效来表现在经历战争、车祸、暴力、电梯故障、飞机颠簸等艰难时刻,正是母亲所表现出的坚毅精神与强大的勇气时刻鼓励着他们,让他们坚定自己的信念,终究取得奥运的胜利。不得不说,宝洁越来越会讲故事,以情感直击人的心灵,获取共识,也许也赚走了不少人的泪水。宝洁从情怀切入的广告营销引起了大家的广泛共鸣。

在"奥运商业盛宴"中,每个赞助商品牌不可能具有绝对的资源和优势,而专业化和差异化无疑是一种持久有力的优势。"奥运市场"竞争与行业竞争同样激烈,如果赞助商品牌可以在这样激烈的竞争中凭借更好更高的平台,将其"身怀绝技"的专业化和差异化优势展现出来,利用全球资源,一定可以将品牌推向更大的世界舞台,全面走向国际化。

资料来源　作者根据相关网络报道整理.

问题:

在奥运会中,企业有哪些营销方法?中国企业应该如何借势营销?

资料链接:南美工程承包市场探析

第 10 章

中东国家市场营销分析

通过本章学习，你应该达到以下目标：

知识目标：了解中东国家概况，理解中东国家贸易政策。

技能目标：根据中东国家的市场环境，选择合适的营销理论，较好地分析各企业所面临的挑战和机遇，选择合适的营销策略。

能力目标：具有熟练分析中东国家市场特点的能力，具备开展国际营销的基本能力。

10.1 中东概况

10.1.1 简介

中东位于欧亚非三大洲的结合部，西北面临地中海，通过苏伊士运河与红海、阿拉伯海连通，经印度洋向东可通向亚洲，向西可抵达欧洲，是东西方的交通要道，具有十分重要的战略及商业地位。中东地区的气候类型主要有热带沙漠气候、地中海气候、温带大陆性气候。其中热带沙漠气候分布最广。

中东主要分为5个民族，即阿拉伯人、土耳其人、库尔德人、波斯人和犹太人。在这些民族中，阿拉伯人、土耳其人、波斯人和犹太人都有自己的国家，分别为阿拉伯国家（如阿联酋、沙特阿拉伯、埃及、阿尔及利亚等）、土耳其、伊朗和以色列。库尔德人则分布在许多国家。

中东地区拥有丰富的石油和天然气资源，2014年中东地区的石油储量为1 097亿吨，占世界石油储量的45.7%，是世界上石油储量最大、生产和输出石油最多的地区。

10.1.2 成立过程

中东市场形成于20世纪70年代末80年代初，经过30多年的发展、扩大，现已成为世界最活跃的市场之一。它拥有许多优越于其他市场的条件。

第一，中东市场是一个完全的消费市场。巨额的石油出口收入使中东成为世界上最富裕的地区之一，具有很强的消费能力。尤其是海湾国家，大量的石油美元收入使其在国际贸易中处于巨额顺差的状况，是世界上一个外汇充裕的现汇市场。而中东各国除石油工业外，其他商品的生产仍十分落后和贫乏，生产资料、公共设施和日常生活品等都依赖进口，需求相当大。

第二，中东市场辐射的范围非常广阔。中东地区地接欧、亚、非，水连印度洋和地中海，地理位置优越。非洲市场可以通过埃及，欧洲市场可以通过地中海和土耳其，亚洲市场可以通过波斯湾，逐步渗入到中东市场中。各国可以通过这些途径将自己的产品运到中东，也可以通过这个巨大的世界市场挖掘自己所需的商品。现在，这个市场购买进口产品尤以北非、东欧国家生产的为多。东欧的保加利亚、罗马尼亚、捷克、斯洛伐克和波兰越来越广泛地参加到中东市场中，尤其是波兰，近年来通过中东市场成交的贸易额已占其本国进出口贸易总额的相当大比例，在东欧各国中居首位。

第三，海湾各国大量投资修建优良海港。良好的港口自然条件，高度现代化的港口设施使中东市场的巨额转口贸易成为可能，使进口国通过中东转口而大大降低了成本。

第四，中东各国纷纷制定了宽松的进口政策鼓励进口，尤其是海湾国家，关税很低。如阿联酋只需按到岸价缴纳4%关税，部分产品如书籍、药物、食品和大部分公共部门进口的用品可豁免关税。

第五，宽松的出入境政策使外国商人入境开业极为方便。尽管外国人一般不能申请到营业执照，但中东国家大多允许本国人出售营业执照给外国人，这样外国商人到中东开业就方便了。

10.1.3　成员

"中东"概念究竟包括哪些国家和地区，国内外尚无定论，但一般泛指西亚、北非地区。传统上的"中东"一般说来包括巴林、埃及、伊朗、伊拉克、以色列、约旦、科威特、黎巴嫩、阿曼、卡塔尔、沙特阿拉伯、叙利亚、阿联酋、也门、巴勒斯坦、塞浦路斯、土耳其。而广义上的"中东"还包括阿富汗、利比亚、苏丹、突尼斯、阿尔及利亚、摩洛哥、毛里塔尼亚、索马里、吉布提、科摩罗。其中，除以色列、塞浦路斯外，其他都是伊斯兰国家。而在这些中东伊斯兰国家中，土耳其、伊朗和阿富汗为非阿拉伯国家。

说起中东，就不能不提阿联酋。阿联酋成立于1971年12月2日，原是一个比较贫穷落后的游牧民族，以捕鱼、采珍珠、航海为生，当地居民大部分来自也门和伊朗；自1966年发现油田、1969年开始输出石油以后，阿联酋经济逐步走上繁荣之路。截至2017年，该国已探明的石油资源尚可开采上百年，是世界石油资源第四大国，天然气资源第三大国。丰富的石油和天然气资源给阿联酋带来了巨大的财富，为其国内经济的兴旺与繁荣奠定了基础。

中东国家在历史上由于种族和宗教等原因，长期以来战火不断，骚乱不止，如伊朗与伊拉克、伊拉克与科威特、巴勒斯坦与以色列等，以及黎巴嫩内部派别之争，甚至像利比亚、苏丹与美国等发达国家也有摩擦，不间断的战乱阻滞了这些国家的经济发展。与此同时，阿联酋自建国以来一直保持政治、经济和社会环境的高度稳定，专心致力于国内基础设施建设和经济发展，已牢固地确立中东地区经济和金融中心的地位。这一地位给阿联酋的经济腾飞带来不可估量的作用，同时更加巩固了阿联酋在中东地区的经济地位。

从近几年的发展情况来看，阿联酋的主要贸易市场集中在迪拜。迪拜是阿联酋 7 个酋长国中的一个，位于阿拉伯半岛的东端，处于"五海三洲"中的重要战略位置，是东西方的交通要道和贸易枢纽。由于自然资源匮乏，除石油和天然气外的其他产品，从工业用原料、设备到民用生活物品均来自进口，故阿联酋政府一直实行开放的自由贸易政策，没有贸易壁垒，无外汇管制及其管理机构，企业从得到授权的银行可以获得无限制的外汇，没有所得税、增值税、消费税和中间环节的各种税收，利润可以自由汇出，除烟、酒等极个别商品外，其他大部分商品只是象征性征收 1% ~ 4% 的关税。外贸在阿联酋经济中占有重要位置。1995 年，阿联酋加入世界贸易组织。阿联酋转口贸易比重较大，同 100 多个国家和地区有贸易关系，与 40 多个国家签订了双边贸易协定和避免双重征税协定。迪拜是阿联酋的商都，是一个贸易转口城市，一个名副其实的中东地区贸易集散中心，享有"中东威尼斯""世界黄金中心""海湾新娘"之美称。往来中东 80% 以上的货物都要经过迪拜进行中转，通过迪拜，货物可转销到海湾地区、俄罗斯、东欧、非洲、地中海，甚至世界各地，市场辐射人口达到 15 亿。在这里云集了非洲近 30 多个国家的客商，他们常年在这里采购日用、轻工、电器、服装等货物。通常进口交易额度的 75% 转口非洲市场，20% 转口周边海湾国家，5% 直接在阿联酋消费。迪拜是阿联酋的金融和经济中心，以其自有宽松的经济政策、得天独厚的地理位置、完善齐备的基础设施，迅速成为中东地区的交通枢纽和最大的货物集散地。这里产品经济范围广，除武器、毒品不能经营外，其他商品均能经营。而且，阿联酋为鼓励其他国家的企业前来设厂办公司，制定了不少优惠政策。一方面政府采取宽松政策，以高度自由吸引商家落户，另一方面举办各种国际展览会和购物节来营造促销商机，特别是每年年初举办的迪拜国际购物节，驰名海外，形成一股商潮。每年春秋两届国际博览会更是吸引众多国内外企业前去参展。因此，阿联酋市场对商品的需求是全方位、多层次的，各种档次的产品均有市场。目前我国产品以种类繁多、档次适中、规格齐全、价格合理颇受青睐，进一步开发潜力极大，尤其是机电五金、汽摩配件、纺织服装、轻工工艺类产品极具竞争优势。

10.1.4　地区组织

1）阿拉伯国家联盟

阿拉伯国家联盟（League of Arab States，LAS，简称阿盟）成立于 1945 年 3 月 22 日，在埃及倡议下，埃及、伊拉克、约旦、黎巴嫩、沙特阿拉伯、叙利亚和也门 7 个阿拉伯国家的代表在埃及首都开罗举行会议，通过了《阿拉伯联盟宪章》，阿拉伯国家联盟正式成立。

宗旨：密切成员方之间的合作关系，协调彼此间的政治活动，捍卫阿拉伯国家的独立和主权，全面考虑阿拉伯国家的事务和利益；各成员方在经济、财政、交通、文化、卫生、社会福利、国籍、护照、签证、判决的执行以及引渡等方面密切合作；成员方相互尊重对方的政治制度，不得诉诸武力解决彼此之间的争端，成员方与其他国家缔结的条约和协定对阿盟其他成员方不具约束力。

总部：阿盟宪章规定，阿盟总部的永久地址为埃及首都开罗。由于埃及与以色列签订和约，1979 年 3 月 31 日，阿拉伯国家外交和经济部长会议决定，将阿盟总部迁往突尼斯。1990 年 10 月 31 日，阿盟总部迁回开罗。

成员：现有成员 22 个，包括阿尔及利亚、阿联酋、阿曼、埃及、巴勒斯坦、巴林、吉布提、卡塔尔、科威特、黎巴嫩、利比亚、毛里塔尼亚、摩洛哥、沙特、苏丹、索马里、突尼斯、叙利亚、也门、伊拉克、约旦、科摩罗。

组织机构：

（1）阿盟理事会：阿盟的最高权力机构，由包括巴勒斯坦解放组织代表在内的所有成员方代表构成，每个代表不管所代表的人数为多少，都只有一票投票权。具体包括首脑级理事会、部长级（外长）理事会、专项部长理事会、联合防御理事会和经社理事会。

（2）常设委员会：包括各技术咨询委员会和各专业部级委员会。

（3）总秘书处：阿盟的常设行政机构和理事会及各专项部长理事会的执行机构，由 1 名秘书长、几位助理秘书长和若干工作人员组成。

此外，阿盟在埃塞俄比亚、奥地利、比利时、西班牙、德国、俄罗斯、法国、美国、瑞士、意大利、印度、英国、中国等设有办事处。

2）海湾阿拉伯国家合作委员会

海湾阿拉伯国家合作委员会（Gulf Cooperation Council，GCC，简称海合会），于 1981 年 5 月 25 日在阿联酋阿布扎比成立。

宗旨：实现成员方内部的合作、协调和一体化；加强和密切成员方人民间的联系、交往与合作；推动六国发展工业、农业、科学技术，建立科学研究中心，兴建联合项目，鼓励私营企业间的经贸合作。

总部：秘书处设在沙特阿拉伯首都利雅得。

成员方：沙特阿拉伯、科威特、阿联酋、卡塔尔、阿曼和巴林 6 国。

组织机构：最高权力机构为最高理事会，由成员方元首组成，主席由各国元首轮流担任，任期一年。

3）阿拉伯马格里布联盟

阿拉伯马格里布联盟（Union du Maghreb Arabe，UMA，简称马盟），成立于 1989 年 2 月 17 日。

宗旨：推进区域经济互补合作，协调成员方之间的社会发展和经济合作，最终实现经济一体化和阿拉伯统一。

成员方：地处北非马格里布地区的国家，包括阿尔及利亚、利比亚、毛里塔尼亚、摩洛哥、突尼斯。

总部：常设秘书处在摩洛哥。

组织机构：

（1）元首委员会：最高决策机构，由成员方元首组成，每年举行一次例会，会议主席由元首轮流担任并在委员会休会期间任马盟执行主席。

（2）外长理事会：由各成员方外长组成，负责审议后续工作委员会和各部长专门委员会提交的工作报告，为元首会议做准备，并列席元首委员会例会。

（3）后续工作委员会：由成员方负责马格里布事务的国务秘书组成，负责落实元首委员会的决议。

（4）部长专门委员会：现有粮食安全、财政经济、人力资源和基本建设4个专门委员会。常设机构有：①常设秘书处：原为总秘书处，由各成员方一名代表组成。1990年元首委员会决定改为常设秘书处。1991年9月，第四次元首委员会会议决定，常设秘书处设在摩洛哥，秘书长任期为3年，可连任一届。②咨询委员会：即马盟议会，设在阿尔及利亚，由成员方各20名立法代表组成，其主要职责是对元首委员会做出的决议、计划提出意见，并就马盟活动和实现目标提出建议。③马盟法院：由成员方各两名法官组成，设在毛里塔尼亚。④科学院和大学，拟设在利比亚。

4）石油输出国组织

1960年9月，伊朗、伊拉克、科威特、沙特阿拉伯和委内瑞拉的代表在巴格达开会，决定联合起来共同对付西方石油公司，维护石油收入。1960年9月14日，五国宣告成立石油输出国组织（Organization of Petroleum Exporting Countries，OPEC），简称"欧佩克"。

宗旨：协调和统一各成员方的石油政策，并确定以最适宜的手段来维护他们各自和共同的利益。

总部：设在维也纳。

成员方：除去印度尼西亚被暂停成员资格外，现有13个成员方（截至2017年），它们分别是阿尔及利亚、阿联酋、卡塔尔、科威特、利比亚、尼日利亚、沙特阿拉伯、伊拉克、伊朗、委内瑞拉、安哥拉、厄瓜多尔、赤道几内亚。

组织机构：①大会，是最高权力机关，各成员方向大会派出以石油、矿产和能源部长（大臣）为首的代表团。大会每年召开两次，如有需要还可召开特别会议。②理事会，由各成员方提名并经大会通过的理事组成，每两年为一届，负责执行大会决议和管理欧佩克的日常事务。③秘书处，在理事会指导下主持日常事务工作。秘书处内设有一专门机构——经济委员会，协助该组织把国际石油价格稳定在公平合理的水平上。

5）阿拉伯议会联盟

阿拉伯议会联盟（Arab Inter-Parliamentary Union，AIPU，又称阿拉伯各国议会联盟），1974年6月21日在叙利亚首都大马士革成立。

宗旨：加强阿拉伯国家议会间的往来和交流；协调、统一各国议会在国际上和其他各方面的活动；加强同其他地区议会联盟和国家议会组织的交往；协调、统一阿拉伯国家立法；研讨阿拉伯世界的共同性问题，在国际上促进阿拉伯民族事业。

总部：设在埃及首都开罗。

成员方：共22个，即阿尔及利亚、阿联酋、埃及、巴勒斯坦、吉布提、科威特、黎巴嫩、利比亚、毛里塔尼亚、摩洛哥、苏丹、突尼斯、叙利亚、也门、伊拉克、约旦、索马里、阿曼、巴林、沙特阿拉伯、卡塔尔、科摩罗。

组织机构：①大会，为最高权力机构，由各国议会组织派代表团参加，东道国议长任主席，每两年召开一次会议。②理事会，由各国议会各派两名议员任代表，按名字首字母顺序由各国议长轮流担任主席，每年开会一次，必要时举行紧急会议。③总秘书处，由秘书长领导，秘书长每两年由理事会选举产生。

6）中西亚经合组织

该组织的前身是由巴基斯坦、伊朗、土耳其三国在1960年成立的地区发展合作组织（RCD），因无所成效，1985年三国改而成立经合组织（ECO），1992年又接纳了7个新成员方，包括中亚五国以及阿塞拜疆和阿富汗。根据10个成员方所处的地理位置，外界称ECO为中西亚经合组织。

宗旨：促进各成员方之间的经济合作。

总部：设在德黑兰。

成员方：巴基斯坦、伊朗、土耳其、哈萨克斯坦、乌兹别克斯坦、吉尔吉斯斯坦、塔吉克斯坦、土库曼斯坦、阿塞拜疆和阿富汗。2009年3月14日，土库曼斯坦外交部发布新闻公报称，基于永久中立国政策，土政府决定放弃中西亚经合组织正式成员方地位，转为该组织联系国。

10.1.5　经济实力

在海湾战争中，作为主战场的科威特和伊拉克都受到摧毁性的破坏，恢复其经济需要投入巨额的资金；沙特等其他海湾国家也蒙受了巨大的经济损失，海湾重建成为改变国际资金流向的汇据点。据估计，海湾地区的重建将吸引资金达5 000亿美元，占国际流动资金的10%以上，如此大规模的资金分流，使中东市场再度成为热点。

（1）海湾各国经济复苏，市场活跃。以沙特阿拉伯为首的海湾六国都做了不同程度的努力振兴经济，主要措施有：采取鼓励措施来实现财政平衡，努力增加国家财政收入；鼓励私有企业更加广泛地参与经济活动。

（2）中东各国都在加紧制定和完善投资法和贸易政策，积极吸引外资，投资市场广阔。

（3）各国制定并实施补偿贸易计划，加强贸易合作。

（4）武器需求增长，军贸更趋活跃。

10.1.6　主要经济活动

约旦以磷矿、钾盐等化工，电力，以及水利和公路建设项目为主。项目规模较小，市场空间小，以吸引外资项目为主，许多公司纷纷在约旦设点，主要瞄准伊拉克工程和贸易市场。

卡塔尔以国家油田地面建设、炼油和管道工程项目为主，其石油公司积极吸引外资建设石化项目。2015年，卡塔尔经济继续多元化发展，油气产业（不含化工制造业）占GDP比重从上年的49%下降至36%，服务业、建筑业、制造业所占比重增加，分别达到43.6%、14.5%和8.6%。加速发展中小实体企业是卡塔尔振兴工业、实施经济多元化战略的主要目标之一。截至2016年底，卡塔尔共注册工厂707家，较2000年的334家增长1倍多，从业人员达88 600人。卡塔尔的2017—2022年新五年规划，把增加非石油经济部门在国民经济中的贡献作为优先任务，并将聚焦于推动制造业、科技和专业服务、金融服务、信息通信、旅游和物流等六个领域的发展。

叙利亚以油气长输管道、炼油厂改造、电厂建设改造、石油勘探项目为主。其自然资源丰富，工业基础薄弱，市场空间大，发展有潜力，市场管理不规范，政府操作的项目较多。

2010年之前，苏丹以石油、公用设施项目为主。2010年之后，苏丹开始努力发展黄金和其他贵金属的采掘业以及农业。苏丹矿业部正在寻求将矿业工业特别是黄金、铁、铬、黑砂和锰等本地化，以支持国家经济发展。自2015年以来，有17个国家的162家公司在苏丹从事矿业生产，其中51家是外国公司，111家为苏丹国有矿业公司。此外，还有177家公司从事小矿开采。

沙特阿拉伯工程项目居中东之首，石油化工项目规模大且多，建设资金充足，基本由欧美公司垄断。近年来，沙特阿拉伯已渐渐摆脱单一依靠石油天然气的经济发展模式，致力于规划发展除油气以外的其他产业，走多元化产业发展道路，因此基础设施建设全面铺开。这些使投资商对沙特阿拉伯的房地产和建筑行业的投资呈现增长态势。其工程发包领域很广，涉及石油、石化、公路、铁路、港口、机场、城建、轻轨等，是一个新兴的工程承包大市场。中国公司在中小型项目上有空间，该市场发展潜力大。随着建筑业的发展，工程承包市场竞争激烈，最近几年沙特阿拉伯建筑业在国民经济中一直保持较高的增长速度，逐步成为其国民经济中除石油外的重要产业，行业年平均增长率为3.6%。经过30多年的时间，沙特阿拉伯已经形成了一批有实力的建筑业群体，如德勒-巴拉克公司、海法公司、苏维克特公司等。据统计，沙特阿拉伯全国拥有7.1万家承包公司，有等级资质的承包商大多集中在三个地区：54%在利雅得、15%在吉达、14.7%在麦加。这些本地公司具有一定的技术、设备和管理经验，能承揽劳动密集型、技术含量不高的大型工程项目，并能利用当地廉价的劳动力，是沙特阿拉伯建筑市场的主体。这些公司的存在导致沙特阿拉伯工程承包市场工程报价低，利润空间小，竞争激烈，而且往往没有预付款，政府项目一般采取按完成工程量延期三个月支付的方式。技术含量高的工程承包及咨询项目，目前仍由西方公司统领市场。近年来韩国的一些大型企业开始进入沙特阿拉伯工程承包市场的竞争行列。目前，随着沙特阿拉伯政府和中国政府经济贸易关系的不断加强，沙特阿拉伯政府承认中国30多家大型国有企业如中石化、中铁建、中水电等为合格承包商。中石化、中铁建已在沙特阿拉伯承揽到大型的工程建设项目。

也门的电站、原有天然气管道、炼厂改造，水泥厂建设等项目，基本需要融资、BOT（建设-经营-转让）或其他投资方式，市场空间大，竞争不激烈，但投资环境不好，国家资信不高，人身安全存在隐患。

伊拉克以土建、道路、学校和宾馆工程项目等为主，同时存在炼厂、油管线、油库等修复项目，但因目前安全局势仍不稳定，中国企业难以独自进入承揽大型工程建设项目。

利比亚以石油天然气勘探开发，油气管道、水利管道、炼油厂改造为主。利比亚石油天然气资源居非洲首位。利比亚自1986年以来，长期受到美国等国际社会制裁，油气田开发长期停滞，炼油厂装置陈旧，需要改造，国家基础建设有待更新。随着2016年国际社会对利比亚解除制裁，利比亚正在逐步加大开放国门力度。因资金存在问题，对于炼油等大型工程建设项目，国家石油公司倾向以投资、融资承建；中、小工程建设项目较多，不需要投融资。另外，利比亚工程项目付款条件较好。

20世纪70年代末，中资企业先后进入科威特承包劳务市场，承揽的业务主要是土建工程项目，大多为劳务分包式。自90年代起，中资企业在科威特实施了几个较大型的承包工程，如中石油集团1995年承建的27号、28号集油站项目，合同总额3.915亿美元；1992年艾哈迈迪炼油厂修复项目；中石化集团1996年承建的油码头项目等，这些项目在科威特均产生了较大的影响。截至2012年，在科威特实施承包工程、国际贸易和劳务合作的中资企业有22家。其中，从事建筑工程总承包的中资企业有中建、中国港湾、中冶、中国水电和葛洲坝等企业。中国土木、中国机械工业、北京城建和上海建工等几家中资公司也积极进入科威特工程承包市场；通信行业的华为、中兴及石化行业的中石化国际及中石化炼化等公司也在科威特开展业务。据商务部统计，2012年我国企业在科威特新签合同23份，合同总金额达17.7亿美元，同比增长13.9%；完成营业额7.2亿美元，同比增长9.5%。从新签合同额来看，房屋建筑项目贡献最大，占比96%；从完成营业额来看，仍然是房屋建筑项目完成比重最大，占比81%。

10.2 中东市场的贸易特性与营销环境

10.2.1 中东市场贸易特性

1）产品档次

中东对商品的需求是全方位、多层次的，高档与中低档商品均有市场。中东人口众多，市场广阔，相对发达国家而言技术和环保的壁垒较低，于是一些经常受到欧美发达国家壁垒阻隔的企业纷纷转向开拓中东市场。中东是欧、美、日工业发达国家机电产品的传统市场。这些产品大都质量好，档次较高，价位也高。由于中东还存在支付能力较差的中小企业和消费水平低的市民，低档次、低价格产品也很有市场，形成高价格、高档次产品和低价格、低档次产品市场共存的局面。新兴工业国家和发展中国家制造的机电产品往往在中低端市场上，低价格是获得竞争优势的主要因素。

2）消费者人口

拥有9 150万人口（2015年）的埃及，是中东消费者数目最多的市场；其次是伊朗（6 600万）、伊拉克（2 380万）、沙特阿拉伯（2 270万）及也门（1 800万）。按名义国内部生产总值（GDP）计算，沙特阿拉伯占整区GDP的27%，是中东最大的经济体；随后是以色列（16%）、埃及（14%）、伊朗（12%）、阿联酋（10%）及科威特（5%）。

3）消费者年龄

中东消费者平均年龄偏低。以沙特阿拉伯为例，四成人口年龄不足14岁，而15～24岁以及25～39岁的人士则分别占总人口的18%及24%。因此，中国香港出口的玩具在当地大有需求。此外，时尚手表、影音设备及服装也很受当地消费者欢迎。至于电脑、电脑周边设备及配件等资讯科技产品，在当地十分普遍。

4）消费结构

阿联酋、沙特阿拉伯、以色列和埃及的GDP共占区内GDP的2/3。中东国家的家庭成员人数较发达国家为多。在沙特阿拉伯和阿联酋，每个家庭平均分别有8名和6名成员。因此，家庭用品和家具在当地市场十分畅销，但购买力颇为参差。举例来说，卡塔尔的人均收入每年超过2万美元，叙利亚的人均收入每年却只有465美元。换言之，卡塔尔消费者一般较叙利亚消费者富裕得多。此外，阿联酋、以色列及科威特消费者的购买力，也高于伊朗、伊拉克和也门的消费者。一般来说，在收入较高的国家，消费者多选择品质较高的产品和知名品牌，所以中高价产品最能迎合他们的需要。可是，在这些高收入国家，国民的收入并不一定平均分配。例如，阿联酋有许多来自南亚的劳工，他们只有能力购买低档产品；而在沙特阿拉伯，亦有不少消费能力有限的底层人士，买主有明显的价格取向性。

5）市场贸易操作

纵览国际贸易市场，从贸易限制方式大体分为配额类市场和自由贸易市场两类。配额类市场通常是指欧美市场，受到配额的限制，使产品稳定在一定的利润范围内；自由贸易市场指中东、南美洲市场等，是开放式市场，产品激烈竞争、利润偏低。例如，迪拜市场最主要的贸易特点是以批发为主的经营方式，产品以中低价为主，质量要求中等，求购数量巨大，主要为转口贸易，现货交易和订货贸易形式同时进行。其产品质量和价格分级如下：

质量好和价格高的名牌产品需求约占10%～15%，主要以欧美国家和日本产品为主，如石油冶炼，军火等高附加值产品，这类产品利润可以达到20%左右，控制在国际财团、国际大公司的手中。

质量中等和价格一般的产品需求占65%～85%，主要以韩国、中国台湾、中国大陆生产的轻工、机电、服装、日用等常规产品为主，这类产品的利润可以达到8%～12%，常常由厂家和中小型国际贸易公司来经营操作。

质量差和价格非常低的产品需求仅仅占5%～10%，主要以印度和中国家庭作坊式企业生产的一般消耗品为主，这类产品的利润仅为3%～4%，以购买库存的形式来完成，主要由生产企业和购买商一次交易完成，中间贸易商很难操作。

一般来讲，中东人热情、友好并且具有团队精神，群体的自豪感和对客人慷慨是基本的品格。在企业关系中，中东人喜欢通过信誉良好的第三方开展业务，同时他们也喜欢面对面沟通，通常不以信件或电话的方式来做决策。例如，迪拜人做生意喜欢面对面，不大在意产品背后的东西，比如生产企业的规模、档次等。产品价廉物美是他们的首选，在经营方式上比较简单：现货交易（No Goods, No Trade），常常一手交钱，一手交货。阿拉伯商人是同个人而非公司开展业务，因此建立良好的个人关系，彼此信任和尊敬是通往成功的企业关系的最为重要的因素。企业在开发适销对路产品的同时，要加强服务。对大客户采取门对门的服务，尽量减少中间环节，缩短供货周期；对小客户尽可能提供多样化的品种。另外，中东商人习惯看样订货并且工作效率较低，所以要拓展中东产品市场，扩大出口，在中东设立分公司或代表处是最有效的方法。此外，寻找理想的代理，随时跟踪用户，更容易成交。同时要注意几点：

通过各种渠道，认真了解当地市场和客户背景，不要轻易邮寄样品，对客户情况完全熟悉后，再考虑按照步骤有秩序进入。

进入当地市场后，对待客户的询价，不要轻易降价，要考虑在合理的利润范围之内做好售后服务工作，在合同和询价单中列明产品的详细特点，包括质量保证期限，使产品的报价包含原始附加值和售后保证两个部分，产品的报价从简单的材料报价逐步转向品牌和服务附加值报价，增加产品的附加值。

市场竞争要遵循合理性和有序性，从低级的恶性竞争向质量和品牌竞争发展，不要单单追求订单数量，要向高质量和高附加值发展。

10.2.2　中东市场营销环境分析

1）市场范围和特点

中东地区是欧亚非三大洲的交界点，也是东半球大陆的中心，具有极其重要的商业和战略地位。

（1）政治情况（political）

中东地区是世界能源储存量最高的地区之一，是以美国为首的发达国家争夺石油资源的重要战场。大国的干预和各国内部的政治斗争，使本地区的局势动荡不安。

（2）经济情况

从自然资源看，中东拥有丰富的石油和天然气资源，是世界能源的供给中心，也是西方国家的主要能源供应地。中东地区作为全球油气资源最集中的地方，2003年石油产量占全球30.4%。截止到2014年底，石油探明储量占全球的45.7%，天然气储量占42.7%。

整个中东地区是一个蓬勃发展的庞大市场，每年的贸易总额达2 000亿美元之多。中东地区纺织品和服装市场每年需求量超过100亿美元。海湾地区的人口从1970年的4 600万增长到1990年的1亿，到2010年达到1.7亿，属于全世界人口增长最快的地区之一。中东部分国家人口数量见表10-1。人均很强的购买力及海湾市场的日益成熟导致对轻工产品、服装、防织品巨大的、持续增长的需求。同时，这些地区几乎是一种纯消费的市场。

表10-1　　　　　　　　　中东部分国家人口数量（2014年）

国家	沙特阿拉伯	约旦	科威特	伊拉克	也门	阿联酋	伊朗
人口	2 868万	634万	269万	2 894万	2 382万	479万	6 643万

海湾六国人均GDP非常高（见表10-2），它反映了这些产油国石油收入高、人口少的特点，经济结构主要依赖于资源，轻工业、农业基础非常薄弱，对进口消费品的

依赖度很高，是典型的消费型国家，国民整体消费能力比较强。

表10-2　　　　　　　　　**海湾六国GDP（2014年）**　　　　　　　单位：美元

国家	沙特阿拉伯	约旦	科威特	卡塔尔	也门	阿联酋
GDP（亿）	7 525	368	1 771	2 118	445	3 872
人均（万）	2.62	0.58	6.6	9.3	0.18	8.1

中东市场的辐射作用也十分明显，沙特阿拉伯的吉达港和阿联酋的迪拜港作为中东地区两大港口，有优厚的免税政策和自由的贸易经济，成为转口非洲和周边海湾国家最大的贸易批发市场，贸易覆盖人口达13亿，接近中国的总人口。在这两个城市里云集了非洲近30多个国家的客商，他们常年在这里采购日用、轻工、电器、服装类货物。通常其进口交易额度的75%转口非洲市场，20%转口周边海湾国家，5%直接在当地消费。

（3）社会情况

中东地区又是各种文化、多民族激烈碰撞的交界处。这里是三大宗教（犹太教、基督教、伊斯兰教）的诞生地，其中伊斯兰教在该地区的影响巨大。以巴冲突，既有民族冲突的因素，也有宗教冲突的因素，而伊斯兰教各教派之间的斗争一直以来也成为影响重大局势的重要因素。中东成为世界宗教、民族问题最复杂的地区。

该地区的消费市场的特点与民族、宗教有密切的关系。首先，一年两度的消费高峰，分别是在伊斯兰教的"开斋节"和"古尔邦节"，这是中东常年不变的市场规律。其次，销往中东市场的产品大都带有浓厚的民族特色，比如洁白的阿拉伯大袍、女人包裹面部的头巾、做礼拜用的毯子、朝觐前沐浴用的浴巾等。这些宗教特色形成产品的独特之处，也直接影响到企业的产品开发。

（4）技术情况

除食品外，中东市场对进口的产品缺乏统一的技术标准。衡量产品质量的标准就是市场的检验。所以，对中东地区的产品出口，基本上是按照样品成交。交货以及发生问题后进行索赔，都以成交确认样品为准。

这样，一方面，中东各国对进口商品没有统一的技术标准，降低了技术性贸易壁垒的可能性，使出口企业进入该市场相对比较容易；同时，缺乏技术标准也会导致贸易纠纷的解决难度加大。

2）市场特征和机会

（1）稳定性

中东地区自身的纺织、服装以及轻工业十分弱小，能力有限，面对来自中国、印度、巴基斯坦、泰国、印度尼西亚、土耳其等国大量优质价廉纺织品的冲击，其仅存的一点点加工业岌岌可危，在中东市场上份额很小。而该地区对纺织品、服装的需求量很大，而且款式变化很小，每人一年要消费十几件甚至几十件阿袍，男女均是如此。变化的是人们服饰的更新，消费人口的不断增加。滚滚人流，商机无限。稳定的消费人群，基本固定的消费产品，年年稳定的增长，成为中东市场一个重要的特点。

中东市场的购买周期性比较明显，企业在销售上要抓住这两个消费高峰，在生产安排和租船订舱等出口环节上要提前筹划，在资金运作上要有所倾斜。

（2）增长性

中东地区是以石油开采和加工为主导的经济，基本上都是高福利国家，人均国内生产总值很高，贫困人口很少，民众消费能力很强。从低档的日用品、服饰，一直到豪华的奢侈品，如宝石、豪华轿车、游艇等，在中东都有很大的市场。同时，来自世界各地的朝拜者，更是一个无比庞大的消费群体。随着石油价格的飙升，中东国家的收入也在急剧增加，从而也导致民众消费能力的提高。因此，中东地区市场的增势强劲，市场潜力巨大。实际上，中国向海湾六国出口量也是年年上升的趋势。

（3）自由性

由于中东市场的石油经济的特点，各国的工业主要是围绕石油的开采、加工工业，其他工业相对而言就十分弱小，政府也不予重视。它们对轻纺产品及其他消费品的进口都是采取放任自流的态度，对于进口几乎没有任何限制，关税也仅有4%~5%，有些国家甚至没有关税。由于有充足的石油资源，这些国家也都没有外汇管制，外汇的流入流出没有任何限制。基于以上原因，该地区贸易的自由性特点比较明显，进入该市场相对比较容易。

（4）竞争性

自由性带来的众多竞争者，使该市场成为完全竞争市场，价格敏感度很高。许多产品成本的透明度很高，利润很低。竞争性不仅来自众多国内的同业者，也来自于买家的还价能力。由于常年大批量购进同类产品，因此这些买家对市场的行情了如指掌。这些客商由于购买量大，对市场行情又很熟悉，所以还价能力很强，因此，对出口商来说，如何获得利润，的确要下一番功夫。

（5）复杂性

中东市场是一个充满机会、前景良好的热点市场，但是受政治、经济、宗教等因素的影响，该地区也是世界上情况最复杂的市场。当地缺乏轻纺产品生产能力的特点，使物美价廉的中国产品在中东地区有充分的商机。但是，由于该地区复杂的宗教和政治背景，以及以美国为首的西方国家为维护其石油利益而直接插手中东各国事务，该地区局势动荡不安，市场充满变数。

10.3 中东国家市场营销的方法和途径

10.3.1 我国传统产品在中东市场的营销现状

目前，我国的传统产品在中东市场上的销售有喜有忧，概括起来有以下三点：

（1）一些传统产品已获得市场青睐

尽管我国商品在中东市场上的竞争力远远落后于一些发达资本主义国家，然而体现悠久的历史文明的传统产品仍然对中东国家有着很大的吸引力。已进入该市场的我国商品有一些已取得较可喜的成绩。

（2）出口规模仍然受到限制

首先，我国外贸企业在有限的几种商品上相互竞争，因此在一定程度上影响了产品的出口规模，削弱了竞争力。其次，我国商品始终存在着质量、包装、交货期不太令人满意的问题。最后，我国外贸企业在中东市场上缺乏强有效的市场策略，缺乏与竞争对手的战略意识。

（3）提高产品质量，积极参加当地举办的商品展览会

我国外贸企业要大举进军中东市场必须以传统产品为起点，着重改善产品质量，并通过商展将中国产品形象灌输到中东市场，加强贸易信息往来，加深对中东市场的了解，为打开新局面做出加强而有效的战略部署。随着中东局势的相对稳定，各国企业对该市场已做出了迅猛的反应，使得近几年中东的贸易展览会如雨后春笋，规模也越来越大。

10.3.2 我国与中东地区贸易中存在的问题

改革开放以来，我国与中东各国的经贸关系不断发展，贸易额成倍增长。据统计，1980年我国对中东国家的进出口总额为15.7亿美元，到1990年已增至20.8亿美元，年均递增3.2%，其中出口额由11.4亿美元增至16.13亿美元，年均增长4.1%。从国别来看，1980年我国与阿联酋的贸易额仅9 166万美元，1990年已达到3.4亿美元，10年间增长了2.7倍，其中出口额增长了2.9倍。2015年贸易额达到548亿美元。同期我国与叙利亚的贸易额由8 294万美元增至1.8亿美元，10年内增长了1.2倍。此外，同期我国对土耳其的出口额由87万美元增至7 363万美元，10年间增长了84倍。我国出口的主要商品，如服装、丝绸、布匹、食品、祈祷毯、手工具、缝纫机等很适应当地消费者的需求，某些商品在中东市场上已经建立起良好的信誉。

尽管如此，我国对中东市场的出口增长仍然较为缓慢，且近年来对个别国家（如埃及、伊朗等）的出口还有较大幅度的下降。此外，与其他国家相比，我国对中东地区的出口占该地区进口总额的比重仍很低，而发达国家却占了70%的比重。即使是一些发展中国家和地区（如韩国、印度等）的出口比重也比我们高。目前我国对中东的出口仍存在一些障碍，制约着我国对中东市场出口的扩大。

（1）进出口结构不适应

这是双方贸易发展不利的基础因素。中东的进口产品主要是机械运输设备、其他制成品、食品和初级品四大类。其中机械运输设备以及其他制成品所占的比重一般都在70%～80%。在我国的出口货单中，初级原材料和半成品不为中东所需要，机电产品无法与工业大国的产品竞争，建筑材料在质量、规格等方面一般不符合中东进口要求。我国向中东出口的主要是纺织品和服装、轻工业品、食品以及茶叶、土畜产品。这种情况必然限制中东从我国的进口。

（2）出口市场集中

由于我国对中东的出口主要集中于少数国家（如阿联酋、沙特、叙利亚、科威特等国），而对其他的中东国家，尤其是像卡塔尔、伊朗这些人均国民收入较高的产油大国，没有形成较大规模的出口，销售面因此没有全面铺开。这样一方面制约了我国对中东市场贸易的扩展，另一方面也不利于分散出口风险，容易造成出口贸易的剧烈波动。

（3）市场调研不够

中东市场各种商业活动都与宗教习俗密切相关，贸易方式也较为特殊。对此我们缺乏深入的调查研究，没有根据中东地区的市场特性、消费习惯和贸易惯例，适当调整有关的生产和销售策略，造成我们的信息不灵、销售网络松散、贸易方式死板，出口的产品品种、花色、质量、包装也不能完全适应中东市场的需求。

（4）外贸体制不完善

现行的外贸体制也在很大程度上抑制了对中东的出口，这主要表现在我国与中东开展贸易存在着两个"隔层"：第一个隔层是国内生产单位与中东市场之间存在着外贸公司这样一个隔层；第二个隔层是我国外贸公司与中东商人之间不能全面直接打交道，必须通过和总监代理商交易，买断和卖断。这必然影响我国对中东地区的商品出口。

10.3.3　开拓中东市场的政策建议

积极开拓中东市场，首先要求国家在宏观方面制定出有效的对外贸易政策，以便为企业开拓中东市场创造一个良好的外部环境，这是企业开拓中东市场的前提。

1）制定出口商品发展战略

开拓中东市场是一项长期的、战略性的任务，为了有力地指导生产和销售，必须制定出开拓中东市场的出口商品发展战略。

前些年，我国的战略重点放在充分利用劳动密集型产品的出口上。具体来说，主要是巩固和发展适销的中低档轻纺产品、传统农副土特产品、食品和建材的出口；同时加强对现有企业的技术改造，加速发展深加工、精加工产品，增加现有产品的附加价值，提高档次，并积极创造条件，有计划、有步骤地提高技术密集型产品的出口比重，以便为战略转换做好准备。今后，我国对中东地区的出口要转向主要依靠技术密集型产品和资本密集型产品的输出。也就是说，随着我国科技水平的提高和机、电、仪生产能力的增强，我们对中东市场的出口要以通用机械、运输设备和工程建筑机械、高档耐用消费品等产品为主，并有选择、有重点地发展高技术产品的出口。

2）建立贸易基地，加强与中东各国的直接贸易联系

可以选择阿联酋港口城市、中东最大的转口贸易港——迪拜——作为海湾地区的贸易基地。迪拜在历史上就是海湾地区的贸易中心，这里地理位置优越、交通运输发达、各项基础设施和通信条件较为完善，免除一切税收，可作为一个加工、仓储、中转之地。

3）拓宽销售面，全方位开拓中东市场

对重点地区的商品出口必须采取多渠道、多层次、全方位的输出方式，不仅要增加对产油国的商品输出，而且要增加对非产油国的出口。

4）加强市场调研，疏通销售渠道

首先，国家应集中一定数量的专业骨干人员，建立起完整的信息情报系统，专门从事中东市场的调查，认真研究该地区的民情、风俗和市场特点对商业活动的影响，密切注意中东市场的新动向，及时将有关信息反馈给企业，增强企业的应变能力。其

次，国家应尽力帮助企业熟悉当地的贸易习惯做法，选择合适的本地人充当我们的代理人，充分利用推销力量，加强企业的推销工作。最后，尽可能发挥海外华侨和外籍华人的桥梁作用，加强与海湾各国政府间的联系，疏通渠道，逐步克服情报不灵、信息闭塞所带来的不利影响。

5）争取以承包工程带动商品出口

我们在积极重返海湾劳务、承包市场的同时，应努力使承包项目与扩大商品出口紧密地结合起来，通过承揽承包工程来带动我国产品（如建材、设备等）的出口，从而尽可能增加对中东市场的商品出口。

6）完善外贸体制，促进工贸结合

当前完善外贸体制的关键是要进一步密切工贸结合，采取多种形式解决产销隔绝问题。首先，支持有出口条件的工业企业自营出口。企业一经批准，就应独立承担创汇任务。外贸企业也应支持企业自营，对自营商品原市场、客户、经营做法、国外注册商标等要毫无保留地向自营单位介绍。其次，大力开展出口代理业务。凡愿将其一大类商品或某一单个商品委托外贸代理出口业务的企业，外贸企业应积极协助其做好相关工作。最后，进一步加强工贸协助，维持外贸出口关系。外贸的经营情况要向生产企业公开，要让生产部门共同参与对外谈判，共同出国考察、推销，使生产部门直接掌握中东市场信息，共同为生产适销对路的产品、扩大外贸出口而努力。

10.3.4 开拓中东市场的营销策略

积极开拓中东市场除了国家在宏观上制定出有效的对外贸易政策外，企业还必须根据自身的资源（如资产、信息、商标等）和能力（如技术、销售、管理等）状况，制定出正确的微观营销策略，这是开拓中东市场的关键。只有这两方面相辅相成、密切配合，开拓中东市场才能成功。

1）产品方面

（1）生产低成本产品

目前，日本、美国、西欧国家的厂家在中东地区销售的是复杂的高价格、高边际利润产品，而新兴工业国家都面临着劳动力成本提高、货币增值等不利因素。针对这种情况，我们应该积极利用劳动力成本低的比较优势，充分发挥现有的生产技术和能力，集中生产简单、小型、更为标准化的产品，并努力使产品成本在生命周期的初期就逐渐降下来。这样我们的产品价格就低，竞争力就强。

（2）保持产品不断创新

不断开发新产品是企业竞争的生命力所在，我们的企业应努力开发出比竞争对手更具有特色、功能更多的新产品，来满足中东市场日益变化的消费需求。这不仅可以提高产品的竞争力，扩大市场份额，而且有利于避免竞争风险，增强经营的稳定性。

（3）提供高质量和高服务的产品

高质量是国际市场的通行证。开拓中东市场的我国外贸企业必须把提高产品质量放在首位，认真借鉴日本的成功经验，大力推行全面质量管理，使生产第一线的每个职工都成为产品质量的保证人，并建立严格的质量检查、监督体系，从根本上解决出口产品的质量问题。与此同时，还应该为国外消费者提供优质的售后服务，来充分保证出口产品的质量。

2）价格方面

（1）跟随竞争的定价策略

参照竞争对手的价格制定与之相近的价格，这种策略迎合了消费者对价格的期望，尤其适合于食品、杂货等行业。目前我国对中东出口的这类产品较多，这种价格策略应成为我国企业主要的价格策略之一。

（2）回避竞争的定价策略

从一开始便将产品价格定得很低，从而打消竞争对手欲进入公司所占领市场的念头，为长期占领该市场打下基础。由于我国对中东的出口商品大多属于已制造和模仿的产品，因此从进入中东市场之初就采取低价策略，也是一种行之有效的办法。

（3）引导竞争的定价策略

当企业开发出一种全新的产品时，通常以高价来吸引某一特定阶层的消费者，并开创名牌、高档消费品的声誉。这种策略可以为企业带来巨额利润，但也容易招来更多的竞争对手，使产品的生命周期缩短。因此，我国外贸企业一旦采取了这一策略，就必须密切注意竞争对手的出现，并通过产品的更新换代创造出系列产品和商标的专利保护等，以保持自己"高档"消费品的优势，巩固市场地位。

3）渠道方面

（1）先攻入一点站稳脚跟

刚刚进入中东市场的我国企业一般都面临销售障碍。这时，我国企业应把营销的重点集中在特定的市场、个别的批发商和零售商或个别顾客上，为其后的市场渗透铺平道路。

（2）建立销售网络

选择一家有能力的客户作为中东地区的总代理，由总代理在整个地区对产品进行分销。如果一时找不到合适的总代理，最好在各国各找一个代理商或经销商，分别负责各国的分销和管理工作。我国向中东出口的阿袍之所以畅销，其中最重要的一条经验就是选择了合适的代理人。

（3）利用所在国企业的品牌和商标

索尼公司在20世纪50年代建立起自己的销售网之前，出口晶体管收音机就利用了美国公司的品牌和商标，这一方式非常有效。我国企业应该积极利用中东地区有影响力、信誉好的企业的品牌和商标来生产和销售自己的产品，以便更有力地开拓中东。

（4）建立地区销售组织

完全依赖外国中介机构会失去控制和管理自己销售渠道的能力，这种能力在国外市场不断增加时尤为重要。因此，我国外贸企业在进入中东市场后应积极着手建立自己的海外销售分支机构，并围绕这些分支机构逐步发展海外经营网络，扩大在中东市场上的销售份额。

4）促销方面

（1）努力扩大广告宣传

我国外贸企业必须十分重视开展产品的广告宣传工作，不仅要向中间商宣传，更要向广大的中东消费者宣传。在中东各国进行广告宣传，最值得考虑的问题是消费者的文化程度和政府对广告的种种限制。此外，在阿拉伯国家做广告要确保广告的形式和内容不得超越其宗教和道德规范。为使广告更符合中东市场的特殊要求，我国企业应与其代理商、批发商和零售商共同商讨制订销售产品的广告计划，以便使产品顺利进入中东市场。

（2）积极运用人员推销

由于阿拉伯人十分喜欢讨价还价，甚至许多人为其在买卖中能显示这种技巧而感到欣慰，以便从中获得乐趣。因此，我国外贸企业必须注重运用人员推销这种形式。不但要培养一支进入中东市场的强大推销队伍，强化推销工作，而且要制定出一个价格底线，使推销人员在此基础上灵活地与客户协商定价。

10.3.5　关于我国企业开发中东市场的营销建议

1）调整出口商品结构，开发新市场

中东各国至今基本仍属单一石油经济，所需商品从交通运输工具、通信设备、高技术电子产品、机电、建材、医疗器械到日常生活用品几乎全依赖进口，市场容量很大，交易极其频繁。

据了解，我国商品在中东市场上仍然存在一蜂窝上、互相竞低价的现象，许多商品的价格比国内某些地区还低。由于中东市场管制不严，我国的一些国家专卖品得不到保护，从而蒙受损失。目前，中东市场上我国的纺织品和地毯的积压量很大，价格已压至很低。商品品种越来越少，交易范围越来越窄。

可喜的是某些行业的尝试已获得了一定的成功。如电器市场历来是日本企业的天下，我国电器产品在中东市场已迈出了艰难而又成功的一步，为我国发展越来越迅猛的电器工业开拓了一个新市场。

2）积极参加政府招标市场的竞争，并扩大劳务输出

中东的政府招标市场发展迅猛，尤其是海湾战争之后，各国纷纷采取措施发展生产，出现了新的建设高潮。海湾的重建工程有相当一部分要通过政府招标市场去实现。

中东的政府贸易一般以生产资料、军需品、政府专修工程和教育设备为主，多采取招标的形式，招标价格都很高，换汇成本较低。

由于政府招标市场风险相对较小，工程规模大，是获取高额利润的最佳途径，我们在许多项目上均有能力参与角逐。同时，由于我国在中东的外交政策较成功，参与政府贸易的机会增大，具实力的公司应加强信息调研，制定完整、长期的战略措施，积极参与中东政府招标市场的竞争。

由于海湾各国人口每年都在增长，失业人口增加，各国已开始控制外籍人就业，提倡和鼓励就业本地化。但是由于这些国家缺乏较高层次的工程、技术、管理人员，我国的劳务输出如能结合政府招标市场的大宗项目，将会大大加强竞争力。

3）努力开拓轻工业投资项目，拓展补偿贸易

中东各国纷纷制定相关政策以吸引外国投资。我国企业应抓住这个机会，积极尝

试对中东地区直接投资，投资项目主要以轻工业为主，因为：

①中东是一个除石油工业外各方面的生产都比较落后的地区，而市场上对于轻工业品的消费需求很大，因此轻工业大有可为。将工厂开到前沿市场去将有利于提高企业的应变能力，缩短市场反馈时间和中间环节。

②我国在轻工业方面已取得令人瞩目的成绩，拥有一定的技术优势和实力。拓展中东投资市场能帮助一些国内发展迅猛的企业乘机寻求跨国经营的道路。

③轻工业的投资周期较短，见效快，是我们进入这个大市场的良好途径。另外，由于海湾各国已开始实施补偿贸易计划，鼓励外资以补偿贸易方式投资于海湾市场，我国企业应抓住时机对海湾市场做更深入的研究，扩展对海湾各国的补偿贸易。

随着中国政府关于《推动共建丝绸之路经济带和21世纪海上丝绸之路的愿景与行动》文件的颁布，"一带一路"倡议迈向具体实施阶段。中东地区是古代海陆"丝路"的交汇地带，又是现今"一带一路"实施的关键区域。中东国家与中国是"一带一路"建设的天然盟友，中国人民与中东各国人民之间的"民心相通"有着深厚的历史基础，所以在"一带一路"背景下，中国企业要抓住机遇，积极主动创造条件，推动中国和中东国家的共同发展和繁荣。

本章小结

相对于欧美市场、日本市场来说，中东是个新的领域，加之独特的宗教色彩和单一的石油经济，令很多企业一直不敢前往开发。本章对中东国家、地区组织、市场营销环境进行了概述与分析，并提出了进入中东市场的营销方法和途径，望能对相关企业提供经验和启示。

思考题

1.名词解释：

阿拉伯国家联盟　石油输出国组织　中西亚经合组织

2.试分析中东市场营销环境。

3.简述中东市场的特点。

4.分析中国与中东国家的贸易情况。

5.企业应该如何开拓中东市场？

6.案例分析

中国自主名牌车企挺进中东市场

中东地区规模最大、最具影响力的专业性汽车展会迪拜车展于2015年11月10日在迪拜国际展览中心拉开帷幕。广汽传祺、东风风神、东风猛士、上汽名爵、上汽大通、奇瑞艾瑞泽、奇瑞瑞虎、江淮瑞风等一批中国自主品牌车型强势出击，展示了中国自主品牌汽车的实力。

这是中国自主品牌汽车企业强势出击中东市场的重要举措，也是借助国家"一带一路"倡议，使中国汽车加速走出去的市场战略部署。第一次参加迪拜车展的广汽传祺品牌，成为本届车展一颗耀眼的新星。

中国自主品牌的后起之秀广汽传祺，在迪拜车展上举行了明星车型传祺GS4中东地区首发仪式。中国驻阿联酋大使常华、中国驻迪拜总领事李凌冰、阿联酋Gargash集团总裁Samere Gargash等贵宾出席了广汽传祺新闻发布会，中东地区经销商及100多家当地媒体悉数到场，现场反应非常热烈。

专程从阿布扎比赶到迪拜的常华大使，在广汽传祺展台对广汽集团执行董事、广汽乘用车公司总经理吴松说，作为中国的驻外使节，能够看到中国制造的自主品牌汽车参展，并且行驶在当地的公路上，感到十分自豪。常华大使和李凌冰总领事还一起坐进展车体验，对中国汽车达到如此高的水准表示非常欣慰。

两年一届、已连续举办13届的迪拜国际车展，云集了全世界顶尖汽车品牌，吸引了全球媒体的高度关注。广汽乘用车公司是第一次参加迪拜车展，携2.0时代产品传祺GS4、GA6、GS5 Super等车型闪耀登场，引起到场媒体、观众及经销商的高度关注。

过去几届迪拜车展，也有中国汽车企业参加，但是都没有本届车展来得多，本届展出的产品水准也大为提高。

吴松对记者说，迪拜是中东的香港，是国际自由港。虽然迪拜所在的阿联酋人口并不多，市场也有限，但是通过迪拜，可以辐射到整个中东地区。中东地区是陆上丝绸之路和海上丝绸之路的交汇点，覆盖沙特阿拉伯、阿联酋、埃及、伊朗等20多个国家的近5亿人口。目前中东市场汽车保有量总体偏低，市场发展潜力巨大。作为中东地区规模最大、品牌最全的汽车盛会，迪拜车展具有很大的影响力，这也是广汽传祺下大力气参加迪拜车展的原因。

吴松表示，传祺的第二代产品，在整车平台、动力总成等核心技术上实现突破，高品质、高性能优势日益凸显，已完全具备与国际品牌相当的水准，在一些方面还有独特的优势。这次传祺2.0参加迪拜车展，就是希望把最优秀的产品和服务奉献给迪拜和中东的消费者，为中东人民提供更好的选择。

2015年初，广汽传祺首次参加底特律车展，就引起了广泛的关注。许多国际资深汽车记者都很惊叹广汽传祺能够推出如此有竞争力的展车。

在传祺展台现场，吴松接受了美国彭博社、中国国际广播电台、海湾新闻等国际知名媒体的专访。他把传祺2.0时代的全面蜕变归功于体系能力的不断塑造。

吴松在采访中表示，广汽传祺经过8年努力，整合全球优势资源，构建了广汽全球研发网、广汽生产方式、全球化的供应链体系、集群网络营销服务模式，传祺的构建了整车及动力总成平台，形成传祺品牌持续发展的核心竞争优势。

传祺不仅在安全、性能和品质等方面表现抢眼，造型设计更颠覆了中国汽车品牌在外国人眼中的形象。整车平台构建了完整的数据体系和产品进化序列，独立开发并构建A/A0级、B/C级平台以及新能源汽车。

吴松介绍说，未来几年广汽传祺的产品布局进一步加速。2016年4月将推出C级轿车 GA8，10 月推出中大型七座 SUV GS8，推动传祺品牌持续向上。传祺的动力总成采用广汽融合全球先进技术独立开发的 GS 系列发动机。GS8 首款机型 1.3T，性能全面超越传统 2.0L；即将推出的 1.5TGDI，超越传统 2.3L 动力。广汽还将推出 G 系列全新升级的 1.8T 和 2.0T 机型，性能完全达到国际先进水准。变速箱采用世界先进技术和自主开发相结合，构筑强大的动力总成系统。

车展开幕短短两天时间，中东地区一些汽车经销商纷纷与广汽传祺洽谈，愿意成为传祺在当地的特约经销商。

目前传祺已经在全球 18 个国家建立了营销网络，在阿联酋、科威特、黎巴嫩、卡塔尔等中东 8 个国家市场布局了销售和服务渠道。传祺进入中东市场，颠覆了过去中国汽车低质、低价、低端的形象，树立了"中国最好汽车品牌"的形象。传祺进入科威特短短一年，销量翻了 3 倍，占当地中国品牌汽车销量的 40%，跃居第一。同时由于传祺的进入，当地的日韩品牌纷纷开始降价，目前传祺与日韩同级车处于同一价格带，成为唯一以中高端产品成功切入海外市场的中国汽车自主品牌。

上汽集团携旗下名爵和上汽大通两大自主品牌最新产品亮相迪拜车展，同时，上汽中东公司正式成立。这标志着上汽集团开始大举进攻中东市场。

东风汽车集团副总经理刘卫东也出现在迪拜车展东风展台。此次迪拜车展，东风汽车带来了自主品牌风神系列产品。在北京参加了反法西斯战争和抗日战争胜利 70 周年阅兵仪式的东风猛士军用越野车也参加了展出，吸引了许多媒体和观众的眼球。

曾经多次采访过迪拜车展的一位国内媒体人发现，前些年曾在迪拜车展上大出风头的一些国内车企，并没有参加本届迪拜车展。这说明参展不是目的，扩大汽车出口才是硬道理。只有提供适销对路、有竞争力的汽车产品，再加上必要的市场推广，才能够在国际市场上站住脚。对于意欲走出去的中国自主品牌汽车企业来说，参加不参加国际车展，关键还要看能不能带动自身产品扩大出口。

资料来源　张毅.自主品牌车企挺进中东市场［EB/OL］.［2018-02-11］.http://www.sohu.com/a/41294680_191175.

问题：

中国自主品牌的后起之秀广汽传祺是如何进入中东市场并树立"中国最好汽车品牌"形象的？

资料链接：在中东多极化趋势中寻求多边合作

主要参考文献

［1］杨光，王林聪. 中东发展报告 No.18（2015—2016）［M］. 北京：社会科学文献出版社，2016.

［2］刘中民，朱威烈，孙德刚. 中东地区发展报告："一带一路"建设与中东（2015—2016）［M］. 北京：时事出版社，2016.

［3］刘苍劲，罗国民. 国际市场营销［M］. 4版.大连：东北财经大学出版社，2016.

［4］赵雪梅. 拉丁美洲卷［M］. 北京：对外经济贸易大学出版社，2012.

［5］胡荣花，郑静. 欧盟内部贸易格局探析［J］. 世界经济研究，2006（5）.

［6］李计广. 欧盟贸易政策体系与互利共赢的中欧经贸关系［M］. 北京：对外经济贸易大学出版社，2009.

［7］米健. 欧洲单一市场法律制度［M］. 北京：中国大百科全书出版社，1994.

［8］应展宇. 变革中的欧洲金融体系：1980—2000［J］. 世界经济，2005（7）.

［9］FRATZSCHER M. Financial market integration in Europe：on the effects of EMU on stock markets［J］. International Journal of Finance & Economics，2002，7（3）：165-93.

［10］复旦大学欧洲问题研究中心. 欧盟经济发展报告［M］. 上海：复旦大学出版社，2005.

［11］SHERWOOD R M. Intellectual property and economic development［M］. Boulder，COLO.：Westview Press，1990.

［12］霍克曼，考斯泰基. 世界贸易体制的政治经济学［M］. 刘平，等，译. 北京：法律出版社，1999.

［13］赫蒂根. 欧洲法［M］. 张恩民，译. 5版. 北京：法律出版社，2003.

［14］GOVAERE L. The Use and abuse of intellectual property rights in EC Law［M］. London：Sweet & Maxwell，1996：60.

［15］闫红珍，童西琳. 国际贸易理论［M］. 北京：科学出版社，2005.

［16］潘朝杰. 我国纺织品出口欧盟营销环境分析［J］. 当代经理人，2006（21）.

［17］LOPRIENO M. 欧洲联盟生态标志方案：环境政策营销工具［J］. 产业与环境，1998（1-2）.

［18］杨晓燕. 欧盟企业营销管理［M］. 北京：高等教育出版社，2010.

［19］褚永娴，朱孝静. 中欧经贸关系存在的问题与对策［J］. 合作经济与科技，2009（4）.

［20］周瑾. 从 NAFTA 内美墨之间的不平衡看美洲经济一体化［J］. 国际观察，2000（6）.

［21］黄丽馨.东盟十国的投资环境分析与我国企业"走出去"战略［J］. 时代经

贸：学术版，2007（10）．

　　［22］林在明．企业利用华商网络"走出去"的思考［J］．发展研究，2004（5）．

　　［23］李雪岩．中国企业拓展东南亚市场的营销策略探索［J］．广西财经学院学报，2010（10）．

　　［24］赵玉焕．区域经贸集团［M］．广州：暨南大学出版社，2007．

　　［25］刘靖北，张维克，程玉海，等．独联体各国概览［M］．上海：华东师范大学出版社，1993．

　　［26］王涛生，黄志红，瞿林，等．国际市场营销学［M］．长沙：国防科技大学出版社，2005．

　　［27］贝内特，布莱斯．国际营销［M］．刘勃，译．3版．北京：华夏出版社，2005．

　　［28］王兴智．国际市场进入与营销方法［M］．北京：中国国际广播出版社，2003．

　　［29］袁南生．国际贸易百国禁忌［M］．重庆：重庆出版社，1995．

　　［30］希尔．当代全球商务［M］．曹海陵，刘萍，译．5版．北京：机械工业出版社，2009．

　　［31］李明德．拉丁美洲的科学技术［M］．北京：世界知识出版社，2006．

　　［32］卢国正．拉丁美洲国家贸易政策体系［M］．北京：中国商务出版社，2006．

　　［33］刘军，沈一强．中东市场开发实战［M］．北京：中国海关出版社，2009．